Tarnen · Täuschen · Lügen

Gunther Klosinski (Hrsg.)

Tarnen · Täuschen · Lügen

Zwischen Lust und Last

attempto
VERLAG

Bibliografische Information der Deutschen Nationalbibliothek

Die Deutsche Nationalbibliothek verzeichnet diese Publikation in der Deutschen Nationalbibliografie; detaillierte bibliografische Daten sind im Internet über <http://dnb.d-nb.de> abrufbar.

Titelbild: Gunther Klosinski, Schwan im Himmel schwimmend (Fotomontage 2009).

© 2011 · Narr Francke Attempto Verlag GmbH + Co. KG
Dischingerweg 5 · D-72070 Tübingen

Das Werk einschließlich aller seiner Teile ist urheberrechtlich geschützt. Jede Verwertung außerhalb der engen Grenzen des Urheberrechtsgesetzes ist ohne Zustimmung des Verlages unzulässig und strafbar. Das gilt insbesondere für Vervielfältigungen, Übersetzungen, Mikroverfilmungen und die Einspeicherung und Verarbeitung in elektronischen Systemen.

Internet: www.attempto-verlag.de
E-Mail: info@attempto-verlag.de

Satz: CompArt satz+edition, Mössingen

Printed in Germany
ISBN 978-3-89308-411-1

Inhalt

Vorwort 7

Florian Kießling & Josef Perner
    Entwicklung der Lüge 9

Arnold Retzer
    Täuschen, Lügen und das Problem der Wahrheit in gelingender
    Kommunikation 35

Karl-Josef Kuschel
    „Er täusche mich, so viel er kann ..." *(René Descartes).*
    Zum Risikocharakter des Grund- und Gottvertrauens 45

Nina Schneider
    Daily Soaps: Eine Gefahr für Jugendliche? 55

Gunter Pleuger
    Tarnen und Täuschen in der Diplomatie 65

Martin Streicher
    Lügen vor Gericht.
    Tarnen, Täuschen, Lügen aus der Sicht gerichtlicher Verfahrensordnungen .. 73

Marianne Clauß
    Falschaussagen, Hintergründe und Folgen für Belastungszeugen 89

Hans Stoffels
    False Memory-Syndrome.
    Eine Herausforderung für die Psychotherapie 97

Wilhelm Felder
    Täuschungsformen und ihre Protagonisten in Trennungs- und
    Scheidungsfamilien 119

Gunther Klosinski
    Tarnen, Täuschen und Lügen.
    Kinder- und jugendpsychiatrische Anmerkungen zum
    Besuchsrechtssyndrom, zur jugendlichen Hochstapelei
    und zum Phänomen der Pseudologia phantastica 127

Michael Günter
    Narzisstische Selbsttäuschung, Lüge und Gewalt im Gewand
    der Rechtschaffenheit 143

Gottfried Maria Barth
Tarnen, Täuschen und Lügen im stationären Setting der Kinder- und Jugendpsychiatrie 153

DIETER STÖSSER
Gefahren der Tarnung und Täuschung.
Kooperation im Dreieck: Kinder- und Jugendpsychiatrie, Klinikschule und Jugendhilfe 181

HARTMUT OSSWALD
Placebo: Seine Anwendung und Wirksamkeit 193

HANS-ULRICH SCHNITZLER & ANNETTE DENZINGER
„Ehrlichkeit" in der akustischen Kommunikation bei Tieren 205

SUSANNE TRAUZETTEL-KLOSINSKI
„Ich seh' etwas, was Du nicht siehst".
Täuschungen bei der visuellen Wahrnehmung 213

ZU DEN AUTOREN 229

Vorwort

Im Alltag begegnen wir auf Schritt und Tritt dem großen Spektrum uns umgebender maskierter Unwahrheiten: Sei es ein Beschönigen, Verschleiern, Mogeln oder „Über-den-Tisch-Ziehen". Dabei ist die Fähigkeit zur Lüge und zur Täuschung unter entwicklungspsychologischen Aspekten auch ein Indikator für soziale Intelligenz, die u. a. die Einsicht in motivationale Aspekte des Verhaltens voraussetzt und damit ein Verständnis für psychologische Kausalität. Zahlreiche Sprichworte verweisen auf Alltagswahrheiten wie z. B.: „Der Ehrliche ist der Dumme" und „im Deutschen lügt man, wenn man höflich ist".

Dass Lüge und Täuschung nicht nur in der psychiatrischen-psychotherapeutischen Arbeit mit unseren Patienten und Familien eine Gegebenheit ist, mit der wir rechnen müssen, sondern dass auch zahlreiche Interessensgruppen in unserer Gesellschaft auf Tarnen, Täuschen und Lügen geradezu setzen, damit rechnen, zeigt sich u. a. in der jetzigen Finanz- und Wirtschaftskrise, aber auch in zahlreichen Aspekten der Werbung um den „König Kunde" in unserer Konsumgesellschaft. Wie viel Ehrlichkeit, Offenheit und Wahrheit vertragen wir? Wann scheint eine „Umschreibung" der Wahrheit nicht nur sinnvoll, sondern geradezu erforderlich, da womöglich die Wahrheit nicht ertragen werden kann, sie die Menschen depressiv oder panisch machen könnte?

Im vorliegenden Buch wird das Thema Tarnen, Täuschen, Lügen mit interdisziplinären Beiträgen differenziert beleuchtet. Nicht nur Psychiater begegnen Menschen, die lügen im Sinne von Betrügern, Hochstaplern und Heiratsschwindlern, sondern auch Richter und Psychotherapeuten, die damit konfrontiert sind, was unsere Persönlichkeit und unser Gedächtnis aus Erfahrungsinhalten macht und wie Wirklichkeit konstruiert und an die persönlichen Sichtweisen auch adaptiert werden kann. In Glaubhaftigkeitsbegutachtungen beim Vorwurf des sexuellen Missbrauchs wird deutlich, wie beeinflussbar unsere Kinder durch Suggestionen und Abhängigkeitsverhältnisse sind, wie Kinder im Ambivalenzkonflikt zu „Gleichklang-Lügen" neigen, um es sowohl dem Vater als auch der Mutter, die heillos zerstritten sind nach einer Trennung und Scheidung, rechtzumachen. Phänomene wie die einer multiplen Persönlichkeit, oder eines Fantasiegefährten und das „False-memory-Syndrome" zeigen uns die Vielfalt auf, die es im Bereich psychopathologischer Entwicklungen gibt.

Aber auch das Vorgaukeln von Scheinwirklichkeiten in den Medien ist zum Problem geworden für all jene Medienkonsumenten, denen es nur schwer gelingt, den Überstieg und Ausstieg von der normalen Tagesrealität in eine

Traumwelt und virtuelle Realität zu meistern. Unser Gehirn konstruiert Wirklichkeit und unterliegt dabei ganz offensichtlich Gesetzmäßigkeiten, die überindividuell sind, wie uns optische Täuschungen in den entsprechenden Bildern sehr anschaulich zeigen. Auch Erwartungshaltungen gehen ein in die Konstruktion von Wirklichkeit in einer Welt, die wir uns auch „vorgaukeln", wobei wir, ohne dass wir es stets merken, von Vorannahmen und Erwartungen gleichsam programmiert werden, wie uns die Placebo-Effekte immer wieder zeigen.

Ein Blick über den Zaun ist spannend, wenn wir uns der Frage stellen, wie Tiere zur Tarnung und Täuschung fähig sind bzw. wie ehrlich sie miteinander kommunizieren. Sich-Ver-Hören, Ver-Sehen passiert uns in der Kommunikation laufend. Daneben lügen wir im Durchschnitt ein bis zwei Mal pro Tag und belügen jeden dritten Gesprächspartner aus ganz unterschiedlichen Gründen: Um aufzufallen, um dem anderen nicht wehzutun oder um Dinge „schön zu reden".

Wie viel List und Fähigkeit zur Tarnung, zum Täuschen und zum Lügen im Miteinander und in der Auseinandersetzung mit anderen ist hilfreich und geradezu als Strategie notwendig? Wie viel Ehrlichkeit, Offenheit und Verlässlichkeit ist andererseits unabdingbar, um Vertrauen in Gruppen und Partnerschaften entstehen zu lassen?

Die interdisziplinären Beiträge zum Thema sollen nachdenklich machen, aber auch Vorurteile abbauen und den Blick weiten, um das Ausmaß von Lust – und Frust – beim Tarnen, Täuschen und Lügen zu ermessen und richtig einzuschätzen: Es geht auch um die Fähigkeit, Täter und Opfer zu erkennen und die Abhängigkeit der Akteure voneinander besser zu verstehen. Die Beiträge sind nicht nur für Psychiater, Psychotherapeuten und Pädagogen geschrieben, sondern auch für fachfremde Neugierige, die sich einem Alltagsphänomen vertiefernd nähern wollen, um zu verstehen, wie sie andere manipulieren und selbst manipuliert werden durch den Einsatz von bewusster und unbewusster Tarnung, Täuschung oder gar Lüge.

Tübingen, im September 2010　　　　　　　　　　　　　　*Gunther Klosinski*

FLORIAN KIEßLING & JOSEF PERNER

Entwicklung der Lüge

Einleitung

Von den Pionieren der Lügenforschung zu aktuellen Forschungsfragen

Die Entwicklung kindlicher Lügen wird seit über 100 Jahren wissenschaftlich untersucht[1]. Auf der Grundlage umfangreicher Alltagsbeobachtungen ihrer drei Kinder, haben Clara und William Stern (1909) versucht, die Entwicklung der kindlichen Lüge nachzuzeichnen und dabei große Sorgfalt darauf verwandt, die Lüge gegen andere Formen der Falschaussage abzugrenzen. Eine wichtige Unterscheidung, die sie dabei getroffen haben, und die auch die aktuelle Lügenforschung beschäftigt, ist die zwischen Lügen einerseits und Erinnerungstäuschungen sowie Scheinlügen andererseits. Während Lügen von den Sterns als bewusste Falschaussagen definiert wurden, die gemacht werden, um in einer anderen Person eine falsche Sichtweise zu erzeugen, handelt es sich im Fall der Erinnerungstäuschung und der Scheinlüge um Falschaussagen, die zwar den Anschein einer Lüge haben, jedoch die Kriterien der Lüge nicht erfüllen, da beispielsweise kein Bewusstsein für die Falschheit der Aussage vorliegt (z.B. falsche Erinnerung) oder keine Täuschungsabsicht besteht (z.B. im Fantasiespiel gemachte Falschaussage). Trotz einzelner Berichte anderer Autoren über Fälle von Lügen in den ersten drei Lebensjahren, nahmen sie an, dass Kinder ab etwa 4 Jahren beginnen ein Verständnis des Lügenbegriffs zu entwickeln (Stern 1965/1914). Ein Hinweis für ein noch unvollständiges Verständnis des Lügenbegriffs in dieser Zeit ist jedoch die Beobachtung von Fällen kindlichen „Wahrheitsfanatismus". Dieser ist dadurch gekennzeichnet, dass Kinder die Revision ihrer einmal gemachten Äußerungen als „Lügen" betrachten und somit Besorgnis darüber zeigen, dass Andere folglich eine falsche Sichtweise besitzen[2]. Weiterhin haben bereits die Sterns auf die besondere Bedeutung der Entstehungskontexte früher Lügen hingewiesen und auf die damit verbundene Beobachtung, dass Scheinlügen (z.B. Angstlügen) vor allem in solchen Situationen auftreten, in denen Kinder zu Antworten gedrängt werden. Letzteres ist eine Beobachtung, die mittlerweile zum Grundwissen bei der Vernehmung kindlicher Zeugen gehört.

Die Grundlinien der Sternschen Ideen zu den kognitiven Anforderung der Lüge und hier insbesondere die zentrale Bedeutung des kindlichen Verständnisses über die Entstehung und die Konsequenzen falscher Sichtweisen sind in der Folge theoretisch untermauert und empirisch bestätigt worden. Diese Forschung wird im ersten Teil des Kapitels mit der Vorstellung des Ansatzes zum Verständnis falscher Sichtweisen ausgeführt.

Die Erforschung dessen, was die Sterns als Scheinlüge bezeichnet haben, ist gerade in den letzten Jahren verstärkt in das Säuglingsalter ausgeweitet worden und beinhaltet somit auch nonverbale Täuschungen. Dabei hat sich gezeigt, dass Kinder bereits im ersten Lebensjahr gegenüber Anderen Handlungen ausführen, die zwar aus dem kindlichen Verhaltensrepertoire stammen, jedoch so eingesetzt werden, dass Andere dazu geführt werden, deren Bedeutung falsch zu interpretieren, und daraufhin selbst Handlungen ausführen, die zum Vorteil des Kindes sind. Eines der frühesten Beispiele ist die Beobachtung erkennbar „falschen" Weinens, um jemanden zu sich zu rufen, das von unbekümmerten Phasen unterbrochen wird, in denen auf eine Reaktion des Anderen gewartet wird (ab 8/9 Monate, Reddy 2007). Aufgrund der Ausweitung kindlicher Täuschungen auf nonverbales Verhalten sollte der Begriff der Scheinlüge daher durch den weiter gefassten Begriff der Scheintäuschung ersetzt werden und dieser von der (echten) Täuschung abgegrenzt werden. Wie im Fall der Scheinlüge stehen sich auch hier zwei Lager gegenüber: Einerseits die Enthusiasten, die frühes kindliches Täuschungsverhalten bereits auf den Besitz einer mentalistischen Verhaltenstheorie zurückführen (intentionale Täuschung), und andererseits die Skeptiker, die das Verständnis nicht-mentalistischer Verhaltensregeln, sogenannter Verhaltensschemata (behaviour rules, Povinelli & Vonk 2004), als Grundlage früher kindlicher Täuschungshandlungen betrachten.

Die Entwicklung der kindlichen Lüge ist mit der bewussten Erzeugung falscher Sichtweisen in anderen jedoch noch lange nicht abgeschlossen. So scheinen Kinder erst im Alter von 6 bis 8 Jahren eine Lüge gegenüber Nachfragen aufrechterhalten zu können. Auch die Fähigkeit verschiedene Arten von Sprechakten (z.B. Lüge vs. Scherz, Ironie) sowie Lügen von Höflichkeitslügen unterscheiden zu können, scheint eine spätere Entwicklung zu sein. Als kognitive Basis dieser Fähigkeiten wird das Verständnis höherer mentaler Zustände, d.h. das Verständnis der rekursiven Natur von Sichtweisen, diskutiert.

Was steckt in einer Lüge?

Bei einer Lüge handelt es sich um eine Falschaussage, in der sich der Sprecher 1.) bewusst ist, dass seine Aussage falsch ist, 2.) die Absicht hat in einer anderen Person eine falsche Sichtweise zu erzeugen, 3.) beabsichtigt, dass die andere Person entsprechend dieser Sichtweise handelt, 4.) um daraus einen Vorteil zu erzielen.

Wie eine genauere Betrachtung zeigt, sind diese Kriterien notwendig, um die Lüge von einer ganzen Reihe weiterer Falschaussagen abzugrenzen. So handelt es sich in dem Fall, in dem sich der Sprecher seiner Falschaussage nicht bewusst ist, um einen Irrtum (Kriterium 1). Weiterhin können bewusste Falschaussagen gemacht werden, ohne die Absicht zu verfolgen, eine falsche Sichtweise in der anderen Person zu erzeugen, wie beispielsweise im Fall der ironischen Bemerkung. Hier ist sich der Sprecher a) bewusst, dass der Hörer sein Wissen teilt, und b) nimmt an, dass die bewusste Falschaussage auf dieser Grundlage als solche zu erkennen ist (2). Auch kann der Sprecher mit seiner bewussten Falschaussage zwar die Absicht verfolgen die Sichtweise der anderen Person zu beeinflussen, nicht aber deren Verhalten. Das ist häufig beim Scherz bzw. Witz der Fall. Die absichtlich erzeugte falsche Sichtweise wird hier oft vor der Handlung aufgelöst oder steht in keinerlei Zusammenhang mit einer konkreten Handlung (3). Schließlich kann zwischen verschiedenen Zielen unterschieden werden. Zumindest in unserem Alltagsverständnis sind Lügen dadurch gekennzeichnet, dass der anderen Person durch die Falschaussage ein Schaden erwächst. In geringerem Maße fallen darunter Höflichkeitslügen, also Falschaussagen, die zwar die Kriterien 1) bis 3) erfüllen, die aber zum vermeintlichen Schutz der anderen Person gemacht werden bzw. Scherze, bei denen weniger der Schaden oder der Schutz der anderen Person im Vordergrund steht, sondern der (hoffentlich geteilte) Spaß (4).

Die zentrale Bedeutung der Intention

Eine Handlung setzt sich zusammen aus der Tat und der dieser zugrundeliegenden Intention, also dem Inhalt der Absicht. Zur Veranschaulichung des Unterschieds zwischen einer Tat und einer Handlung soll ein Beispiel dienen. Die Tatbeschreibung: Eine Person zieht den Abzug einer Pistole, ein Schuss löst sich, eine andere Person wird getroffen und stirbt. Beschränkt sich die hinter dieser Tat liegende Absicht des Schützen darauf, durch das Ziehen des Abzugs den Schuss auszulösen, nicht aber den Anderen zu töten, wird die Handlung von der Rechtsprechung als fahrlässige Tötung eingestuft. War dem Schützen dagegen bewusst, dass das Ziehen des Abzugs zum Tod des Anderen führen wird, handelte er also vorsätzlich, gilt die Handlung als Totschlag oder aber im Fall des Vorliegens „niedriger Beweggründe" wie Mordlust oder Habgier als Mord. Zurück zum Thema der Lüge lässt sich die prototypische Tat wie folgt beschreiben: Eine Person sagt etwas Falsches, was zur Irreführung der anderen Person führt und letztlich deren Verhalten beeinflusst. Entsprechend kann hier unterschieden werden, ob die Irreführung vom Sprecher unbeabsichtigt oder beabsichtigt ist. Dies entspricht einer Unterscheidung, die in der vergleichenden Verhaltensforschung eine wichtige Rolle spielt. Byrne und

Whiten (1988) unterschieden in diesem Zusammenhang zwischen „tactical" und „intentional deception". Die taktische Täuschung definierten sie[3] als eine Handlung, die zur Misinterpretation eines anderen Individuums führt, welche vom Täuscher aber weder beabsichtigt noch vorhersehbar ist und das zukünftige Verhalten des Getäuschten beeinflusst. Die intentionale Täuschung finden wir nirgendwo definiert. Dies könnten wir aber in unserem Sinne durch folgenden Zusatz zur taktischen Täuschung erreichen, nämlich, dass der Täuscher beabsichtigt, misinterpretiert zu werden.

Zusammenfassend können wir die Parallele von Totschlag bzw. Mord einerseits und fahrlässiger Tötung andererseits zu intentionaler und taktischer Lüge so formulieren: Beabsichtigt man einen Schuss, der tötet, dann wird der tödliche Schuss zum Totschlag bzw. Mord. Beabsichtigt man zu schießen, ohne zu wissen und zu wollen, dass dieser Schuss jemanden tötet, dann ist der tödliche Schuss ein Fall fahrlässiger Tötung. Parallel dazu: Beabsichtigt man mit einer Handlung (einem Sprechakt), einen Beobachter (Hörer) irre zu führen und damit den Beobachter (Hörer) zu einem ihm abträglichen und für einen selbst vorteilhaften Verhalten zu veranlassen, dann ist diese Handlung eine „beabsichtigte Täuschung (Lüge)". Führt dagegen eine Handlung (ein Sprechakt) zur Irreführung eines Beobachters (Hörers) und damit zu einem für ihn nachteiligen und für einen selbst vorteilhaften Verhalten, ohne dass dabei die Irreführung beabsichtigt wurde, dann ist diese Handlung eine „taktische Täuschung (taktische Unwahrheit)".

Das Verständnis falschen Glaubens als Vorbedingung zum Lügen

In einer Vielzahl von Studien und unter Einsatz verschiedener Methoden haben Entwicklungspsychologen untersucht, ab wann Kinder andere Personen täuschen können. Neben einzelnen Studien, in denen spontanes kindliches Täuschungsverhalten in Alltagssituationen untersucht wurde, und auf die in einem späteren Abschnitt eingegangen wird, wurde die Fähigkeit zu lügen bislang überwiegend im Rahmen strukturierter Situationen untersucht. Letztere haben gemein, dass Kinder meist im Rahmen spielerischer Kontexte motiviert werden einen Vorteil zu erlangen, wobei hier entscheidend ist, dass die experimentelle Aufgabe so konstruiert ist, dass dieses Ziel nur erreicht werden kann, indem in der anderen Person eine falsche Sichtweise erzeugt wird. Ein fehlendes Verständnis dafür, dass Sichtweisen subjektive Repräsentationen und somit manipulierbar sind, soll in diesen Aufgaben dagegen zum Scheitern führen. Vorherrschende Methoden, mit Hilfe derer dieser Ansatz untersucht wird, sind das *selektive Täuschungsparadigma* und das *Versuchswiderstehungsparadigma* („temptation resistance paradigm").

Ein Beispiel für ersteres liefert eine Untersuchung von Peskin (1992). Sie ließ Kinder zunächst Sticker nach ihrer Attraktivität sortieren. Danach wurden jeweils drei Sticker ausgegeben, ein attraktiver, ein mittelmäßig-attraktiver und ein unattraktiver Sticker. Dem Kind wurde daraufhin erklärt, dass es aus diesen einen auswählen darf, jedoch erst *nachdem* eine von zwei Spielpuppen ihre Wahl getroffen hat. Eine der Spielpuppen wurde als hilfsbereit und freundlich beschrieben (kooperativ): „Sie wählt niemals den Sticker, den du magst, da sie nicht möchte, dass du traurig bist." Die zweite Puppe wurde dagegen als egoistisch und boshaft beschrieben (konkurrierend): „Sie wählt immer den Sticker, den du haben möchtest. Ihr ist es egal, ob du traurig bist." Im Fall der konkurrierenden Puppe wurde das Kind darüber hinaus vor jedem Durchgang ermutigt zu überlegen, was es sagen oder tun kann, so dass diese Puppe nicht den Sticker auswählt, den das Kind am liebsten haben möchte. Als nächstes wurden beide Puppen entfernt und das Kind wurde gefragt, welchen Sticker es am liebsten mag. Nachdem das Kind seine Wahl getroffen hatte, wurde ihm mitgeteilt, dass nun entweder die kooperierende oder die konkurrierende Puppe zurückkehren wird und es wurde vorher nochmals daran erinnert, wie sich die jeweilige Puppe verhalten wird. Die Testfrage bestand darin, dass das Kind bei Rückkehr der Puppe von dieser jeweils gefragt wurde, welchen Sticker es haben möchte. Die Kinder waren also motiviert selektiv zu täuschen, in dem sie der kooperativen Puppe den Sticker zeigten, den sie tatsächlich am liebsten mochten, der konkurrierenden Puppe dagegen einen der anderen beiden Sticker. Es zeigte sich, dass nahezu alle 3- bis 5-Jährigen der kooperierenden Puppe zeigten, welchen Sticker sie am liebsten mochten. Gegenüber der konkurrierenden Puppe waren mehr als die Hälfte der 4-Jährigen und fast alle 5-Jährigen in der Lage ihre Präferenz in mindestens einem von vier Versuchsdurchgängen *geheimzuhalten*. Demgegenüber waren lediglich etwa 30% der 3-Jährigen dazu in der Lage: Anstatt die konkurrierende Puppe durch eine absichtliche Falschaussage von dem Sticker abzulenken, versuchte über die Hälfte dieser Altersgruppe die Puppe *physisch* daran zu hindern, indem sie den attraktiven Sticker in ihren Besitz nahmen und sich weigerten ihn herauszugeben. Dieses Verhalten wurde dagegen von nur etwa 30 Prozent der 4-Jährigen und nur von einzelnen 5-jährigen Kindern gezeigt. Die Tatsache, dass die jüngeren Kinder die konkurrierende Puppe *physisch* daran zu hindern versuchten den attraktiven Gegenstand zu erhalten sowie ihre deutliche Enttäuschung, die sie beim Verlust von Stickern zeigten, spricht gegen die Alternativerklärung, dass die Altersunterschiede auf Motivationsunterschiede bzw. auf ein mangelndes Aufgabenverständnis dieser Kinder zurückzuführen ist. Vielmehr scheint ihnen das *konzeptuelle Verständnis* zu fehlen, dass die Sichtweise der konkurrierenden Puppe beeinflusst werden kann. Unterstützung erhält diese Annahme durch eine Studie von Sodian (1991). Auch hier waren jüngere

Kinder in der Lage, eine kooperierende Puppe wahrheitsgemäß zu informieren, und scheiterten dabei, eine konkurrierende Puppe zu täuschen und dies sowohl in einem Kontext, in dem sich die konkurrierende Puppe dem Kind gegenüber egoistisch verhielt (Experiment 1), als auch in einem Kontext, in dem diese sich einer anderen Puppe gegenüber unmoralisch verhielt (Exp. 2). Die 3;6-jährigen Kinder zeigten in beiden Aufgaben signifikant schlechtere Leistungen als die Gruppe der 4- und 5-Jährigen. Im dritten Experiment dieser Studie ist Sodian direkt der Frage nachgegangen, ob die Schwierigkeiten der jüngsten Kinder auf ein fehlendes *konzeptuelles Verständnis* zurückzuführen ist, oder ob andere Aspekte der Aufgabe dafür verantwortlich sind. Hierzu wurden den Kindern zwei Aufgaben gestellt, die in ihrer Struktur sehr ähnlich waren, sich jedoch darin unterschieden, ob das Kind selektiv Einfluss auf die *Sichtweise einer anderen Person* (Täuschung) oder auf *physikalische Aspekte der Situation* (Sabotage) nehmen muss, um sein Ziel zu erreichen. Ist ein konzeptuelles Defizit ursächlich für die Probleme jüngerer Kinder, dann sollten sie bei Aufgaben scheitern, welche die Manipulation der Sichtweisen anderer Personen erfordern, nicht notwendigerweise aber bei solchen, die diesen zwar strukturell ähneln, jedoch lediglich die Manipulation der physikalischen Welt erfordern. In der Täuschungsaufgabe sollte das Kind vor Ankunft der kooperativen bzw. konkurrierenden Puppe angeben, welche Schachtel es benennen wird, wenn es befragt wird, wo sich der attraktive Gegenstand befindet. In der Sabotageaufgabe erhielt das Kind ein Schloss und wurde aufgefordert, vor Ankunft der jeweiligen Puppe eine der beiden Schachteln zu verschließen. Um sein Ziel zu erreichen, musste das Kind in dieser Aufgabe also vor Ankunft der kooperierenden Puppe die leere Schachtel abschließen und vor Ankunft der konkurrierenden Puppe die gefüllte Schachtel. Es zeigt sich, dass Kinder deutlich größere Probleme bei der Lösung der Täuschungs- als bei der Sabotagebedingung hatten. Ein weiteres interessantes Ergebnis ist, dass die Kinder weitaus größere Schwierigkeiten hatten, auf die leere Schachtel zu zeigen, als die leere Schachtel zu verschließen. Trotz Unterschieden im Antwortformat (verbal, zeigen vs. verschließen) und Kontext (Kooperation vs. Konkurrenz) liefert dieses Ergebnis weitere Evidenz gegen die Alternativerklärung, dass die Probleme jüngerer Kinder ausschließlich auf inhibitorische Defizite zurückzuführen sind. Letztere hätten sich darin zeigen sollen, dass jüngere Kinder sich ganz grundsätzlich der Anziehung des attraktiven Gegenstands nicht entziehen können. Im vorliegenden Fall hätte ihnen also beides schwer fallen sollen; sowohl auf die leere Schachtel zu zeigen (Täuschungsbedingung, Konkurrenzsituation), als auch diese zu verschließen (Sabotagebedingung, Kooperationssituation).

Wie bereits erwähnt, ist ein weiterer Aufgabentyp, um den Entwicklungsstand des kindlichen Täuschungsverhaltens zu untersuchen, das sogenannte

Versuchungswiderstehungsparadigma. Aufgaben in diesem Paradigma haben gemeinsam, dass in einer *Eingangsphase* zunächst die Versuchung der Kinder erhöht werden soll, eine Handlung auszuführen. So wird Kindern in manchen Aufgaben zuerst ein attraktives Spielzeug gezeigt, welches sie nur kurz berühren dürfen. In anderen Aufgaben wird mit ihnen zunächst ein Ratespiel gespielt, in dem sie nach Hinweisen des Versuchsleiters Fragen beantworten sollen, deren richtige Beantwortung belohnt wird. Die Hinweise in den Ratespielaufgaben sind dabei eindeutig und einfach genug, dass bereits 3-jährige Kinder die anschließenden Fragen richtig beantworten können. So haben beispielsweise Polak und Harris (1999) Kindern Hinweise zu versteckten Stofftieren gegeben (z.B. Tiergeräusche), deren Identität sie erraten sollten (z.B. Stofftierkatze).

Nachdem die Kinder das Spielzeug kurz berühren durften, bzw. direkt vor der Auflösung einer der Ratespielaufgaben, beginnt der *Testdurchgang*. Hier verlässt der Versuchsleiter unter einem Vorwand den Testraum und fordert die Kinder zuvor auf, das Spielzeug während seiner Abwesenheit nicht zu berühren bzw. nicht heimlich nach der Lösung der Ratespielaufgabe zu schauen (z.B. nachzuschauen, welches Stofftier versteckt wurde). Die Kinder werden während der Abwesenheit des Versuchsleiters gefilmt. Dieser kehrt, je nach Verhalten des Kindes, entweder in den Testraum zurück, sobald es sich über das Verbot hinweggesetzt hat, oder spätestens nach einem festgelegten Zeitraum weniger Minuten. Bei seiner Rückkehr stellt der Versuchsleiter eine Reihe von Fragen, wobei er die Kinder zunächst fragt, ob diese den Gegenstand berührt bzw. nach der Lösung geschaut haben (Standardfrage: z.B. „Als ich weg war, hast du da nach dem Stofftier geschaut?"). Im Fall von Ratespielaufgaben wird den Kindern daraufhin die Ratespielfrage gestellt (*Identitätsfrage:* z.B. „Was glaubst du, welches Stofftier versteckt ist?"), gelegentlich wird auch nach der *Quelle* ihres Wissens (z.B. „Woher wusstest du das?") oder nach weiteren Details gefragt, die die Kinder nur dann wissen können, wenn sie sich über das Verbot hinweggesetzt haben (Fangfragen). Im Versuchungswiderstehungsparadigma ist bislang vor allem untersucht worden, worauf Unterschiede zwischen Kindern zurückgeführt werden können, die a) sich in Abwesenheit des Versuchsleiters über das Verbot hinweggesetzt haben, und solchen, die sich an das Verbot gehalten haben, b) die leugnen sich über das Verbot hinweggesetzt zu haben und solchen, die dies gestehen, sowie zwischen Kindern, die geleugnet haben geschaut zu haben und c) die Lüge gegenüber Nachfragen aufrechterhalten können und solchen, die sich selbst verraten.

Es zeigt sich, dass in beiden Situationen (attraktives Spielzeug und Ratespiel) die meisten Kinder im Vorschulalter der Versuchung erliegen und die Handlung trotz Verbots in Abwesenheit des Versuchsleiters ausführen. Der Anteil dieser Kinder liegt im Fall von Ratespielaufgaben in den meisten Studien mit Vorschulkindern bei über 80% (Lewis, Stanger, & Sullivan 1989;

Polak & Harris 1999 (Exp. 2); Talwar & Lee 2008). Die Frage danach, worin sich nun Kinder, die sich über das Verbot hinwegsetzen von solchen unterscheiden, die sich über die gesamte Wartezeit an das Verbot halten, ist wohl auch aufgrund der geringen Anzahl letzterer bislang kaum untersucht worden. Jedoch zeigte sich in der Untersuchung von Talwar und Lee (2008), dass Kinder, die sich an das Verbot des Versuchsleiters hielten, in einem ebenfalls eingesetzten Maß zur Erfassung moralischer Urteile die *Einhaltung von Versprechen* als signifikant wichtiger bewerteten als Kinder, die heimlich schauten. Bezüglich des Geschlechts sowie weiterer Maße zum konzeptuellen Verständnis von Lügen, zum Verständnis falschen Glaubens erster und zweiter Ordnung und inhibitorischer Kontrolle unterschieden sich die Gruppen dagegen nicht. Während in der Stichprobe 3- bis 8-Jähriger auch keine Alterseffekte auftraten, zeigten sich solche in einer weiteren Studie für eine ältere Stichprobe 6- bis 11-jähriger Kinder (Talwar, Gordon & Lee 2007). Der Anteil der Kinder, die sich über das Verbot hinwegsetzten und heimlich schauten, verringerte sich hier mit zunehmendem Alter (78% der Erstklässler (M=80 Monate), 45% der Drittklässler (106 Monate) und 31% der Fünftklässler (122 Monate)).

Bei Rückkehr des Versuchsleiters werden die Kinder gefragt, ob sie sich über das Verbot hinweggesetzt haben oder nicht (Standardfrage, z.B. „Als ich weg war, hast Du Dir da heimlich das Spielzeug angesehen?", Talwar & Lee 2008). Von den Kindern, die heimlich geschaut haben, leugnet oder schweigt der Großteil auf die Testfrage (62% der 33–37 Monate alten Kinder in Lewis et al. 1989; 82% 3–6-jähriger bzw. 84% 2–6-jähriger Kinder in Polak & Harris 1999; 64% 3–8-jähriger Kinder in Talwar & Lee 2008, 93% 6–11-jähriger Kinder in Talwar et al. 2007), während die verbleibenden Kinder gestehen. Klare Hinweise dafür, dass es sich bei den Antworten der Leugner tatsächlich um *bewusste Falschaussagen* und nicht lediglich um *Erinnerungsfehler* handelt, lieferten Polak und Harris (1999). In ihrer Studie führten sie neben der Experimentalbedingung eine Kontrollbedingung ein, in der einer Gruppe von Kindern erlaubt wurde, die kritische Handlung auszuführen, was auch sämtliche Kinder taten. Hinterher dazu befragt, ob sie geschaut hatten, gaben sämtliche Kinder dieser Gruppe wahrheitsgemäß an, geschaut zu haben. Auch sämtliche Kinder der Experimentalgruppe, die sich an das Verbot gehalten hatten, berichteten wahrheitsgemäß, nicht geschaut zu haben. Die einzige Ausnahme bildeten Kinder, die sich in der Experimentalbedingung über das Verbot hinweggesetzt hatten. Von diesen gaben weniger als 20% wahrheitsgemäße Antworten (Exp. 1: 18% (5/28), Exp. 2: 16% (9/57).

Worauf ist aber der Unterschied zwischen Geständigen und Leugnern in der Experimentalaufgabe zurückzuführen? Die Ergebnisse von Polak und Harris (1999, Exp. 2) replizierend, konnten Talwar und Lee (2008) zeigen, dass Kinder, die leugneten geschaut zu haben, signifikant besser in Aufgaben zum

Verständnis falschen Glaubens erster Ordnung abschnitten als Geständige. Erstere besitzen also eine bessere Vorstellung davon, dass Menschen richtige und falsche Sichtweisen über Dinge in der Welt haben können als letztere. Ähnlich wie bei den Aufgaben zur selektiven Täuschung scheint somit auch im Fall der absichtlichen Falschaussage über eine verbotene Handlung ein Verständnis dafür notwendig zu sein, dass anderer Personen mentale Repräsentationen der Welt besitzen, die deren Verhalten beeinflussen und manipulierbar sind (z.B. um nicht bestraft zu werden). Ein weiteres Ergebnis der Studie von Talwar und Lee (2008) ist, dass Leugner signifikant bessere Leistungen bei Aufgaben zur inhibitorischen Kontrolle (Stroop-Aufgaben) zeigen als Geständige. Hierbei handelt es sich um die Fähigkeit, eine vorherrschende, aber falsche Reaktion auf einen Reiz unterdrücken zu können, um eine schwächere, aber richtige Reaktion auszuführen. Dieses Ergebnis fügt sich ein in eine Reihe von Untersuchungen, die auf den Zusammenhang zwischen inhibitorischer Kontrolle und dem Verständnis falscher Sichtweisen hinweisen (Russell, Mauthner, Sharpe, & Tidswell 1991; Perner & Lang 1999). Ein genauerer Blick auf das Ergebnis der Studie von Talwar und Lee (2008) zeigt aber auch, dass sowohl das Verständnis falschen Glaubens als auch die inhibitorischen Fähigkeiten der untersuchten Kinder insgesamt nur begrenzt dazu beitragen, zwischen Leugnern und Geständigen zu unterscheiden. Weiterhin ist der proportionale Anteil der Leugner über die Altersgruppen hinweg hoch (64%). Bedeutsame Altersunterschiede bestehen keine. Worauf kann dieses Ergebnis zurückgeführt werden? Eine mögliche Erklärung hierzu liefern die Sterns (1909) mit ihrer Unterscheidung zwischen *volitionalen* und *deklarativen* „Nein" Antworten. In beiden Fällen wird geleugnet eine Handlung ausgeführt zu haben, aber während in einem volitionalen „Nein" aus Sorge vor negativen Konsequenzen der Wunsch zum Ausdruck kommt, ein früheres Fehlverhalten ungeschehen zu machen (z.B. „Ich wünschte, ich hätte nicht geschaut"), bzw. zu vermeiden, mit diesem konfrontiert zu werden (z.B. „Nein, ich möchte nicht darüber reden"), steht hinter einem deklarativen „Nein" die Absicht, in der anderen Person eine falsche Sichtweise zu erzeugen (z.B. Er denkt, dass ich nicht geschaut habe), um auf diese Weise negativen Konsequenzen des Verbotsübertritts zu entgehen. Möglicherweise sind Leugnungen jüngerer Kinder zunächst noch eher volitional und bekommen über die Jahre einen zunehmend deklarativen Hintergrund.

Zusammenfassend können wir also festhalten, dass Kinder aller Altersgruppen überwiegend leugnen ein Verbot übertreten zu haben. Dabei zeigt sich, dass Leugner ein besseres Verständnis falscher Sichtweisen besitzen und kognitiv flexibler sind als Kinder, die ihr Fehlverhalten eingestehen.

Argumente für ein früheres Auftreten

Der im vorherigen Abschnitt beschriebene Ansatz, in dem kindliches Lügenverständnis auf das Verständnis falscher Sichtweisen zurückgeführt wird, ist verschiedentlich kritisiert worden. So ist darauf hingewiesen worden, dass Kinder in Alltagssituationen bereits weit vor dem 4. Lebensjahr andere Personen täuschen bzw. belügen. In der Erklärung früheren nonverbalen und verbalen Täuschungsverhaltens kann dabei zwischen zwei Ansätzen unterschieden werden. In ersteren wird das Verständnis falscher Sichtweisen zwar ebenfalls als zentral für kindliches Täuschungsverhalten betrachtet, die bislang eingesetzten Methoden werden jedoch kritisiert, da diese zu hohe pragmatische und linguistische Anforderungen vor allem an jüngere Kinder stellten und somit deren Fähigkeiten unterschätzen (Chandler, Fritz & Hala 1989; Hala, Chandler & Fritz 1991; Lewis & Osborne 1990). In letzteren wird dagegen die zentrale Relevanz des kindlichen Verständnisses falscher Sichtweisen im Fall früher Täuschungshandlungen in Frage gestellt. Weitere Argumente und empirische Befunde dieser Kritiker werden im Folgenden vorgestellt und diskutiert.

Früherer Beginn des Verständnisses falscher Sichtweisen

An den bislang vorgestellten Studien ist kritisiert worden, dass die dort eingesetzten Aufgaben zu geringe Anforderungen stellen und somit die kindlichen Fähigkeiten unterschätzen. So haben Chandler und Kollegen argumentiert, dass bereits zweieinhalbjährige Kinder in der Lage sind, in einer anderen Person eine falsche Sichtweise zu erzeugen (Chandler et al.1989; Hala et al. 1991). In einem ihrer Experimente (Chandler et al. 1989) versteckte eine Puppe einen attraktiven Gegenstand in einer von vier Schachteln. Auf dem Weg zu der Schachtel hinterließ sie Spuren in einer vorher unberührten Sandfläche. Es sollte nun überprüft werden, ab wann Kinder den Informationswert der Sandspuren verstehen und eine andere Person auf eine falsche Fährte führen würden. Aufgefordert, der Puppe im Rahmen eines Versteckspiels dabei zu helfen einen Schatz zu verstecken, so dass ein zweiter Versuchsleiter diesen nicht fände, manipulierten bereits 2;6-jährige Kinder die Originalspuren und erschwerten dem zweiten Versuchsleiter damit die Suche. Die Alternativerklärung, dass die Kinder Gefallen daran gefunden haben könnten, Spuren in den Sand zu zeichnen und somit den Versuchsleiter unbeabsichtigt in die Irre führten, konnte auf diese Weise jedoch nicht ausgeschlossen werden. Klärung zwischen diesen beiden Interpretationen der Ergebnisse könnte jedoch eine Kontrollbedingung liefern, in der die Spuren hätten erhalten werden müssen, um einer Person zu ermöglichen den Schatz zu finden. In ihrer Replikation der Studie haben Sodian, Taylor, Harris und Perner (1991) ebendies getan.

Kinder wurden vor die Wahl gestellt vor Ankunft einer kooperierenden bzw. konkurrierenden Puppe bestehende Spuren entweder wegzuwischen oder zu verstärken. Hier zeigte sich, dass lediglich ein Drittel der 3-Jährigen jedoch nahezu alle 4-Jährigen die Spuren in Abhängigkeit von der Puppe selektiv „richtig" manipulierten: Während die Originalspuren im Fall der kooperierenden Puppe verstärkt wurden, wurden sie im Fall der konkurrierenden Puppe verwischt. Im Experiment von Chandler et al. (1989) scheint der Manipulation der Spuren vor Ankunft des konkurrierenden Versuchsleiters somit zumindest im Fall der 2;6-jährigen Kinder häufig keine Täuschungsabsicht zugrunde gelegen zu haben (Sodian et al. 1991, für eine kritische Diskussion des Replikationsversuchs von Hala et al. 1991 siehe Sodian 1994).

In einer Reihe von Experimenten haben Ruffman, Olson, Ash und Keenan (1993) den Versuch unternommen, zu überprüfen, ob das mehrfach replizierte Ergebnis, dass Kinder bis zum Alter von etwa 4 Jahren Täuschung nicht verstehen, auf ein konzeptuelles Defizit (die Unfähigkeit zu verstehen, dass Täuschung ein Weg ist, um eine falsche Sichtweise zu erzeugen) oder auf pragmatische Anforderungen der Aufgaben zurückzuführen ist (die Unfähigkeit einer Geschichte zu folgen oder angemessene Folgerungen daraus zu ziehen). In drei Experimenten fanden sie keine Evidenz dafür, dass Kinder unter 4 Jahren die Bedeutung falscher Hinweise in Täuschungskontexten verstehen. Jüngere Kinder konnten weder richtig vorhersagen, dass falsche Hinweise im Getäuschten zu einer falschen Sichtweisen führen, noch konnten sie selbst solche Hinweise erzeugen. So haben sie beispielsweise in ihrem ersten Experiment 3- bis 5-jährigen Kindern die Geschichte von John, seiner Schwester und Mr. Bubby im Puppenspiel vorgespielt. In dieser Geschichte zieht John die großen Schuhe seiner Schwester an, um absichtlich große Fußspuren im auf dem Küchenfußboden verstreuten Mehl zu hinterlassen. Diese sollen Mr. Bubby darüber täuschen, wer von den beiden Kindern einen Keks gestohlen hat. Im Verlauf der Geschichte wurde den Kindern sogar mitgeteilt, dass Johns Verhalten Mr. Bubby zu einer falschen Sichtweise geführt hat. Obwohl die Kinder eingangs ein Training erhielten, um von der Größe der Schuhabdrücke auf den Besitzer der Schuhe zu schließen, und trotz der Betonung der Täuschungsabsicht und -handlung sowie Kontrollfragen, anhand derer wesentliche Merkmale der Geschichte rekapituliert wurden („Wer hat den Keks genommen?", „Hat Mr. Bubby das gesehen?", „Waren große oder kleine Schuhabdrücke im Mehl?"), wurde die anschließende Frage zur Sichtweise Mr. Bubbys nur von 34% der 3-Jährigen und signifikant häufiger richtig von 71% der 4-Jährigen beantwortet. Vor allem die 3-Jährigen gaben an, dass Mr. Bubby denkt, dass John den Keks gestohlen hat. Dieses Ergebnis ist umso erstaunlicher, da zur richtigen Beantwortung dieser Frage lediglich der Teil der Geschichte wiederholt werden musste, in dem Mr. Bubbys falsche Sichtweise bereits benannt wurde. Obwohl überwiegend richtige Antworten auf die Kontrollfragen zeigen, dass zentrale Aspekte der Geschichte genau verfolgt wurden, waren gerade die jüngeren Kinder nicht in der Lage daraus entsprechende Schlüsse zur Entstehung einer falschen Sichtweise zu ziehen. Während hier, wie in früheren Studien zum Täuschungsverständnis, das Scheitern in der Täuschungsaufgabe als Indikator für ein mangelndes konzeptuelles Verständnis interpretiert wurde (Peskin 1992; Sodian 1991), haben Ruffman et al. (1993) das Verständnis falscher Sichtweisen darüber hinaus zeitgleich in einem neutralen Kontext im Rahmen einer Täuschender-Behälter-Aufgabe untersucht. Hier zeigt sich, dass die Leistungen der Kinder in beiden Aufgaben vergleichbar gut waren und hoch miteinander korrelierten.

Weitere Evidenz gegen die Annahme, dass Aufgaben zum Verständnis falschen Glaubens aufgrund zu hoher Aufgabenanforderungen die kindlichen Fähigkeiten unterschätzen, liefern Peskin und Ardino (2003). Neben letzteren Aufgaben untersuchten sie kindliche Täuschungshandlungen in Alltagssituationen, wobei sie hierbei gezielt Aufgaben auswählten, deren erfolgreiche Ausführung die Fähigkeit zur intentionalen Beeinflussung der Sichtweise einer anderen Person voraussetzten. Erfasst wurde das kindliche Verhalten in der Rolle des sich Versteckenden und des Suchenden beim *Versteckspiel* mit einem Versuchsleiter sowie die Fähigkeit ein *Geheimnis* über eine Überraschung gegenüber einem weiteren Versuchsleiter für sich behalten zu können. Es zeigte sich, dass kritische Maße kindlichen Sozialverhaltens über beide Situationen hinweg signifikant miteinander korrelierten und ein daraus kombiniertes Maß wiederum signifikant mit Leistungen in Aufgaben zum Verständnis falschen Glaubens erster Ordnung korrelierten. Weiterhin zeigte sich, dass zwar bereits 94% der 3-Jährigen im vorhinein die Rollen im Versteckspiel richtig benennen konnten, dass dagegen lediglich 17% dieser Altersgruppe, jedoch bereits 78% der 4-Jährigen und 94% der 5-Jährigen fähig waren, im Versteckspiel selbst sicherzustellen, dass der Suchende nicht weiß, wo der Versteckte ist. Kinder, die in einer der beiden Rollen scheiterten, haben sich beispielsweise in der Rolle des Versteckers nicht außerhalb des Blicks des Suchenden versteckt oder haben in der Rolle des Suchenden dem Verstecker mitgeteilt, wo dieser sich verstecken soll. Auch Kinder, die erfolgreich ein Geheimnis für sich behalten konnten, waren älter als diejenigen, die dies nicht konnten (33% der 3-Jährigen, 67% der 4-Jährigen, 89% der 5-Jährigen).

Frühes Täuschungsverhalten: Die zweifelhafte Natur der taktischen Täuschung

Reddy und Kollegen haben kritisiert, dass die Fixierung auf den Erwerb des Verständnisses falscher Sichtweisen in der Lügenforschung dazu geführt habe, dass frühes Täuschungsverhalten nur unzureichend untersucht und dabei als

Scheinphänomen abgetan wurde (Newton, Reddy, & Bull 2000; Reddy & Morris 2004; Reddy 2007). In ihren Verhaltensbeobachtungsstudien zu ersten Formen nonverbalen und verbalen Täuschungsverhaltens verwenden die Autoren die bereits eingangs erwähnten, ursprünglich aus der Primatologie stammenden Kriterien der „taktischen Täuschung" (Byrne & Whiten 1988). Taktische Täuschungen werden definiert als Handlungen, die 1) aus dem normalen Verhaltensrepertoire des Handelnden stammen, 2) in einer Weise eingesetzt werden, die dazu führt, dass ein anderes Individuum die Bedeutung der Handlung wahrscheinlich misinterpretieren wird, 3) und dies wiederum zum Vorteil des Handelnden ist. An dieser Stelle ist es zum einen wichtig herauszustellen, dass in der Definition der *taktischen* Täuschung bewusst die Frage ausgeklammert wird, ob dem Täuschungsverhalten ein repräsentationales Verständnis mentaler Zustände zugrunde liegt oder nicht. Zum anderen sei daran erinnert, dass letzteres sowohl das zentrale Kriterium der eingangs aufgestellten Definition der Lüge bzw. allgemein der absichtlichen Täuschung ist, wie auch des bislang vorgestellten Ansatzes zur Bedeutung des Verständnisses falscher Sichtweisen.

Reddy und Kollegen haben eine von Byrne und Whiten (1990) entwickelte funktionale Klassifikation taktischer Täuschungen an den Kindheitskontext adaptiert und kommen somit zu folgenden Hauptkategorien, in die sie ihre Verhaltensbeobachtungen einordnen: „1) Etwas bzw. sich selbst vor jemandem verstecken, 2) Ablenkung der Aufmerksamkeit des Anderen weg von einem Ort, um auf diese Weise ein Ziel an diesem Ort zu erreichen, 3) Erzeugung eines Eindrucks, durch den der Handelnde seine Intention kaschiert und der das Erreichen des Ziels fördert. Der erzeugte Eindruck kann auch neutral sein, d.h. dem Anderen als von geringer bzw. keiner Bedeutung erscheinen, wie zum Beispiel im Fall unterdrückter Aggressionen oder unterdrückten Lächelns, 4) Verwendung eines sozialen Werkzeugs (Manipulation eines Dritten, um den Anderen bewusst zu beeinflussen), 5) Gegentäuschung (die Erfolgsaussicht der taktischen Täuschung des Anderen verringern; dies mag oder mag nicht beinhalten, dass dieser Täuschung durch eine eigene Täuschung entgegengetreten wird); S. 7–9, Reddy 2007, eigene Übersetzung)". Bis auf Gegentäuschungen konnten Beispiele für sämtliche Kategorien vor einem Alter von 2;5 Jahre beobachtet werden, einige davon bereits im ersten Lebensjahr (siehe Reddy 2007).

Eine frühe Beobachtung von „Ablenkung" wird bereits über ein 11 Monate altes Mädchen berichtet, das seinen Toast nicht essen mochte und während es den Blick der Mutter mit dem eigenen Blick auf sich zog, den Toast nahm und mit einer „heimlichen Bewegung" hinter sich warf (Reddy 2007). Ein Beispiel für gespielte Tapferkeit liefert der Fall eines 2½-jährigen Jungen, der auf einem Tisch spielte, obwohl er gewarnt wurde, er könnte herunterfallen und sich dabei wehtun. Der Junge fiel vom Tisch und schien sich dabei wehgetan zu haben.

M. erinnerte ihn: „Ich habe dir gesagt, dass du dir weh tun würdest", worauf der Junge gezwungen lachte und antwortete: „Das hat nicht wehgetan!" M. konnte erkennen, dass er sich weh getan hatte, da er mit einer ziemlichen Kraft gefallen war und sich auf die Lippe biss (Reddy 2007).

Die vorherigen Abschnitte zusammenfassend zeigt sich also folgendes Bild: In der Vergangenheit sind eine Reihe klar strukturierter experimenteller Testaufgaben eingesetzt worden, deren Entwickler den Anspruch erheben, dass erfolgreiches Verhalten in diesen Aufgaben in Form von Falschaussagen oder sonstigen falschen Hinweisen (irreführende/ falsche Zeigegesten und Spuren) indikativ für das zugrundeliegende Verständnis der Manipulierbarkeit mentaler Repräsentationen ist (z.B. Peskin 1992; Sodian 1991; Sodian et al. 1991; Lewis et al. 1989; Polak & Harris 1999). Trotz des Versuchs, mögliche pragmatische und linguistische Anforderungen solcher Aufgaben zu reduzieren, zeigt sich übereinstimmend, dass Kinder erst ab einem Alter von 4 Jahren die zur erfolgreichen Lösung erforderlichen Verhaltensweisen zeigen auch in mehr oder weniger bekannten Alltagskontexten (Peskin & Ardino 2003). Dieser Evidenz stehen Ergebnisse aus Verhaltensbeobachtungen gegenüber, die zeigen, dass kindliches Täuschungsverhalten im Alltag sehr früh auftritt, vielfach bereits im ersten Lebensjahr. Die Frage, die sich stellt, ist, inwieweit solchen Handlungen ein *nicht-mentalistisches Verständnis menschlichen Verhaltens* entweder im Sinne gelernter Verhaltensstrategien oder im Sinne von Verhaltensschemata (*behavioural rules*, Povinelli & Vonk 2004) zu Grunde liegt oder aber bereits eine *mentale Theorie menschlichen Verhaltens*. Im Folgenden werden diese theoretischen Positionen eingehender betrachtet, in dem Befunde aus Verhaltensbeobachtungen und Experimenten herangezogen werden.

Kognitive Grundlagen taktischer Täuschungen

Eine Reihe anekdotischer Berichte über frühes verbales Täuschungsverhalten (z.B. Stern & Stern 1909; Perner 1991) haben zu der Annahme geführt, dass es sich im Fall früher Täuschungen um *gelernte Verhaltensstrategien* handeln könnte, die Kinder in der Vergangenheit erfolgreich eingesetzt haben, um gewünschte Ziele zu erreichen bzw. um Unerwünschtes zu vermeiden (Sodian 1991). So berichtet Stern (1965/1914) die Beobachtung Aments (1899). Dieser schildert den Fall eines Mädchens (1;9), das an Schafblattern erkrankt war und offenbar gelernt hatte, jede schmerzhafte Berührung mit „weh, weh" zu beantworten, woraufhin sie in Ruhe gelassen wurde. Nachdem das Kind gesundet war, verwendete es dieselben Worte weiterhin floskelhaft und unangemessen, beispielsweise in Situationen, in denen es eifrig spielte und nicht angerührt werden wollte. Neben a) einer geringen Vielfalt sind eben diese Aspekte, nämlich b) die Unflexibilität in Form und c) die Unangemessenheit im Gebrauch als Kriterien diskutiert worden, um zwischen einem auf *gelernten Verhaltensstrategien* beruhenden und einem auf dem *Verständnis mentaler Repräsentationen* basierenden Täuschungsverhalten zu unterscheiden (siehe z.b. Reddy & Morris 2004; Sodian 1991, 1994).

Die Ergebnisse einer Reihe von Studien zeigen jedoch, dass kindliches Täuschungsverhalten bereits sehr früh recht vielfältig ist (Newton et al. 2000; Reddy 1991; Wilson, Smith, & Ross 2003). So berichteten sämtliche Mütter in der Tagebuchstudie von Newton et al. (2000) über Täuschungsverhalten ihrer 2;5 Jahre alten Kinder. Dabei wurden insgesamt 14 verschiedene Arten von Täuschungsverhalten beobachtet, wobei 11 der 14 Arten für mindestens 50% der Kinder im Untersuchungszeitraum berichtet wurden (7 von 14 für mindestens 79%).[4]

Ergebnisse aus Beobachtungsstudien zu kindlichem Täuschungsverhalten in Alltagssituationen scheinen ebenfalls der Annahme klar zu widersprechen, dass frühe Täuschungen unflexibel sind (Newton et al. 2000; Wilson et al. 2003). So berichten beispielsweise Newton et al. (2000, Exp. 2) in der Einzelfallstudie eines 2;5-jährigen Kindes über einen Beobachtungszeitraum von 4 Monaten, in dem das Kind im „falschen Glaubenstest" keine Anzeichen für ein Verständnis falscher Sichtweisen zeigte, dass dieses verschiedene Formen gebrauchte, um Verhalten zu leugnen (z.B. „Nein", „Niemand", „Ich habe Dich nicht angepuckt"). In drei der insgesamt sechs beobachteten Situationen, in denen das Kind etwas leugnete, wurde darüber hinaus die Leugnung umformuliert (z.B. von „Nein" zu „Nein, hab ich nicht" oder von „Niemand" zu „Ja" als Antwort auf die Frage „Niemand?", S. 310). Auch wurden die Leugnungen in unterschiedlichen Kontexten und auf unterschiedliche Fragen gegeben, teils sogar ohne dass zuvor eine Frage gestellt wurde. Letztlich zeigte sich also, dass Form und Kontext angemessen waren, dass die verbalen Täuschungen also keinesfalls als eine Art „Zauberspruch" auch situationsunangemessen waren und somit leicht durchschaut werden konnten so wie im eingangs erwähnten Beispiel Aments (1899). In ihrem Vergleich des alltäglichen Täuschungsverhaltens 2- und 4-jähriger Kinder konnten Wilson et al. (2003) letzteres Ergebnis bestätigen. Von den insgesamt 621 als Lügen klassifizierten Falschaussagen wurden lediglich 2 als unplausibel erkannt, wobei beide von 4-jährigen Kindern erzählt wurden. In einem Fall wurde ein Hund, der klar sichtbar neben einem Elternteil saß, beschuldigt ein Geschwisterkind getreten zu haben. Im anderen Fall behauptete ein Kind, das Bild einer Frau nicht sehen zu können. Diese Behauptung war unplausibel, da das Kind nicht wissen konnte, dass eine Frau auf dem Bild abgebildet war, ohne letzteres zuvor gesehen zu haben.

Zusammenfassend machen diese Befunde deutlich, dass frühkindliches Lügenverhalten keinen rigiden Schemata zu folgen scheint und somit wahrscheinlich nur sehr begrenzt auf einfaches Verstärkungslernen zurückgeführt werden kann. Jedoch zeigt die vergleichende kognitive Analyse von Verhaltenserklärungen, die auf Verhaltensschemata (*behaviour rules*: Povinelli & Vonk 2004), und solchen, die auf einer mentalen Theorie beruhen, dass der kritische Unterschied zwischen beiden Erklärungsansätzen nicht in ihrer Rigidität bzw. Flexibilität bestehen kann (Penn & Povinelli in press; Perner 2010). Ohne an dieser Stelle auf die tiefere Problematik einzugehen, lässt sich dieser Punkt an der Untersuchung von Newton et al. (2000) illustrieren. Hier wurde beispielsweise ein „Nein" auf die Frage „Hast Du das Ei zerbrochen?" als *falsche Verneinung* eingestuft, während „Adam" als Antwort auf „Wer war das?" als *falsche Beschuldigung* klassifiziert wurde. Wie lässt sich solch variables, flexibles und plausibles Antwortverhalten auf der Grundlage nicht-mentalistischer Verhaltensschemata erklären? Kinder könnten in diesen Fällen einer Verhaltensregel gefolgt sein, die sich wie folgt beschreiben lässt: Wenn man nach etwas gefragt wird, das man getan hat, aber nicht hätte tun sollen und Strafe oder andere negative Konsequenzen vermeiden möchte, dann sollte man eine Antwort geben, die einen selbst nicht impliziert. Ein solches Schema verbunden mit dem kindlichen Wissen, dass man eine „ja-nein-Frage" anders beantworten muss als eine „wer-Frage", kann das Antwortverhalten ebenso gut erklären wie eine mentale Theorie. Daraus folgt, dass die Antwortflexibilität kein hinreichendes Anzeichen für ein Verständnis mentaler Vorgänge ist. Die Antwort auf die Frage, worauf frühkindliche Lügen basieren, bleibt also weiterhin offen, und damit auch die Antwort auf die Frage, ob frühkindliche Täuschungshandlungen auf die Beeinflussung der Handlungen selbst oder der hinter diesen Handlungen liegenden mentalen Zustände abzielen.

Spätere Entwicklung des kindlichen Lügenverständnisses

Zwischen Täuschungen über den Ort eines Gegenstandes (selektives Täuschungsparadigma) bzw. der Leugnung, eine Handlung ausgeführt zu haben (Versuchungswiderstehungsparadigma), und komplexeren Täuschungshandlungen, wie sie im Alltag, vor allem aber in Form der mehr oder weniger kunstvollen Intrigen vorzufinden sind, die den Stoff von TV Soaps und (Theater-)Dramen bilden, liegt ein weites Feld. Spätere Entwicklungsschritte des kindlichen Lügenverständnisses, die bislang untersucht wurden und die im Alter von 6 bis 8 Jahren erstmals auftreten, sind die Fähigkeit a) eine Lüge gegenüber Nachfragen aufrechterhalten zu können, b) zwischen verschiedenen Arten der Falschaussage (Lüge vs. Ironie und Scherz) und c) zwischen verschiedenen Arten von Lügen unterscheiden zu können (Lüge vs. Höflichkeitslüge). Gemeinsam scheint diesen Fähigkeiten, dass sie ein Verständnis höherer mentaler Zustände erfordern, genauer das Verständnis der *rekursiven Natur* von Sichtweisen (Perner & Wimmer 1985; Perner 1988, Miller 2009). Was damit gemeint ist, wird im folgenden Abschnitt kurz erläutert.

Die rekursive Natur von Sichtweisen

Im Zusammenhang mit der richtigen Lösung von Aufgaben im selektiven Täuschungs- und Versuchungswiderstehungsparadigma ist die Bedeutung des Verständnisses falscher Sichtweisen diskutiert worden. Um sein Ziel zu erreichen, so die Annahme, muss das Kind in beiden Paradigmen die Sichtweise der anderen Person zu seinen Gunsten beeinflussen: Im ersten Fall ist es das Ziel des Kindes im Anderen eine falsche Sichtweise über den Ort eines Gegenstands (z.B. „Die böse Puppe denkt, dass der Gegenstand in der leeren Schachtel ist"), im zweiten Fall eine falsche Sichtweise über eine frühere Handlung zu erzeugen (z.B. „Der Versuchsleiter denkt, dass ich nicht heimlich geschaut habe"). In beiden Fällen bezieht sich der Inhalt dessen, was der Andere glaubt bzw. glauben soll (Proposition) auf *Dinge in der Welt*. Experimentelle Aufgaben, anhand derer die Entwicklung dieses Verständnis erfasst werden, sind die bereits in früheren Abschnitten erwähnten Aufgaben zum Verständnis falschen Glaubens (erster Ordnung). Im Fall des Verständnisses mentaler Zustände *höherer Ordnung* beginnen Kinder dagegen die rekursive Natur von Sichtweisen zu verstehen. Das bedeutet, dass sie verstehen, dass sich Propositionen nicht nur auf Dinge in der Welt, sondern auch auf *mentale Zustände* beziehen können: Personen können Sichtweisen über die Sichtweisen Anderer besitzen (z.B. „Der Versuchsleiter denkt, dass ich nicht weiß, welchen Gegenstand er versteckt hat"). Erfasst wird die Entwicklung dieses Verständnisses meist durch Aufgaben zum Verständnis falschen Glaubens zweiter Ordnung (Perner & Wimmer 1985; Sullivan, Zaitchik, & Tager-Flusberg 1994). Welche Auswirkungen Letzteres für die weitere Entwicklung der kindlichen Lüge hat, wird im Folgenden anhand von Studien zur Aufrechterhaltung der Lüge sowie der Unterscheidung zwischen verschiedenen Arten der Falschaussage gezeigt und diskutiert.

Aufrechterhaltung einer Lüge („feign ignorance"/„leakage control")

In den bereits vorgestellten Rateaufgaben zum Versuchungswiderstehungsparadigma wird im Anschluss an die *Standardfrage* meist eine zusätzliche Frage zur *Identität des Gegenstands* und in einzelnen Fällen auch zur *Quelle des Wissens* gestellt (z.B. in Talwar & Lee 2008: Standardfrage: „Als ich weg war, hast du da nach dem Spielzeug geschaut?", Identitätsfrage: „Welches Spielzeug, glaubst Du, ist es?"), Quellenfrage: „Woher wusstest Du, welches Spielzeug es ist?"). Dabei geben die Antworten auf die letzteren beiden Fragen Hinweise darauf, ob Kinder in der Lage sind, ihre ursprüngliche Leugnung, sich über das Verbot hinweggesetzt zu haben, aufrecht erhalten können oder sich in Widersprüche verwickeln, indem sie bei der Beantwortung der Nachfragen über Wissensinhalte berichten, die sie unerlaubterweise erworben haben. Dies ist möglich, da den Kindern im *Testdurchgang*, im Gegensatz zu allen vorherigen Durchgängen, ein *falscher* oder *uninformativer Hinweis* zur Identität des versteckten Gegenstands gegeben wird: Im Fall eines falschen Hinweises versteckt der Versuchsleiter im Testdurchgang beispielsweise eine Ente, imitiert als Hinweis auf die Identität des Gegenstands aber das Grunzen eines Schweins, um vor den Testfragen den Raum zu verlassen. Kinder, die während der Abwesenheit des Versuchsleiters heimlich schauen und somit die tatsächliche Identität des Gegenstands kennen, müssen, um nicht ertappt zu werden, also nicht nur leugnen geschaut zu haben (Standardfrage), sondern die Identitäts- und Quellenfrage auf Grundlage des *Informationsstands und -zugangs* beantworten, den sie dem Versuchsleiter über ihr eigenes Wissen zuschreiben. Im Beispiel leugnen erfolgreiche Kinder also nicht nur geschaut zu haben, sondern behalten ihr unerlaubt erworbenes Wissen über die tatsächliche Identität des Gegenstands (Ente) für sich und benennen in der Beantwortung der Identitätsfrage stattdessen den Gegenstand, auf den aus dem vorherigen (falschen) Hinweis des Versuchsleiters geschlossen werden muss (Grunzen → Schwein). Kinder, die ihre Täuschung noch nicht aufrechterhalten können, verraten sich bei der Beantwortung der Identitätsfrage dagegen mit der Angabe des tatsächlich versteckten Gegenstands (Ente), den sie nicht kennen sollten, es sei denn sie haben unerlaubterweise geschaut.

Worin unterscheiden sich wiederum Kinder, die ihre Lüge gegenüber Nachfragen aufrechterhalten, von denen, die die tatsächliche Identität des Gegenstands preisgeben? Wie bereits erwähnt, zeigte sich in den Untersuchungen von Polak und Harris (1999, Exp. 2) sowie von Talwar und Lee (2008), dass sich zum einen die überwiegende Zahl 2- bis 6-jähriger bzw. 3- bis 8-jähriger Kinder über das Verbot hinwegsetzte und heimlich nach einem versteckten Gegenstand schaute und zum anderen von diesen Kindern der überwiegende Teil auf die Standardfrage hin leugnete, geschaut zu haben. Zwischen der Leugnung und der Leistung in Aufgaben zum Verständnis falschen Glaubens erster Ordnung bestand in beiden Untersuchungen ein signifikanter Zusammenhang. Anders ist das im Fall der Aufrechterhaltung der Lüge. Von den Leugnern scheiterten etwa 60% (Polak & Harris 1999, Exp. 2, Mittelwert beider Antwortformate) bzw. 72% (Talwar & Lee 2008) dabei, ihre Lüge bei der Beantwortung der Identitätsfrage aufrechtzuerhalten. Auch bestand kein signifikanter Zusammenhang zwischen Antworten auf die Identitätsfrage und dem Ver-

ständnis falschen Glaubens erster Ordnung. Gleiches gilt für die in der Untersuchung von Talwar und Lee (2008) nachfolgend gestellte Quellenfrage.
Warum sollte es aber einfacher sein, *Verhalten* im Gegensatz zu *Wissenszuständen* zu verbergen? Neben einem motivationalen Konflikt, der darin bestehen könnte, einerseits das eigene Fehlverhalten verbergen und andererseits die richtige Antwort geben zu wollen, vermuten Polak und Harris (1999) das Vorliegen eines weiteren konzeptuellen Defizits, nämlich der Fähigkeit eine *Sichtweise über eine Sichtweise* einschätzen zu können. Dieses Defizit könnte es jüngeren Kindern unmöglich machen zu berücksichtigen und zu manipulieren, was die andere Person über ihre mentalen Repräsentationen weiß (z.B. Sie denkt, dass ich glaube, dass ...). In diesem Fall würde die Fähigkeit, eine Lüge gegenüber Nachfragen aufrechterhalten zu können, erfordern, dass das Kind ein Verständnis falscher Sichtweisen zweiter Ordnung besitzt. Hierbei muss es nicht nur die Sichtweise des Anderen über Dinge in der Welt manipulieren (z.B. „Ich habe nicht geschaut"), sondern mentale Repräsentationen der anderen Personen über eigene mentale Repräsentationen (z.B. Er denkt, dass ich glaube, dass ein Schwein in der Schachtel ist). Antworten auf die Identitäts- und Quellfrage müssen somit vor dem Hintergrund der Rückschlüsse überprüft werden, die der andere wiederum aus der Information ziehen kann, die vom Kind preisgegeben werden. Aufgrund dieser Überlegungen haben Polak und Harris (1999) spekuliert, dass Kinder im Alter von 6 bis 7 Jahren in der Lage sein sollten, eine Lüge aufrechterhalten zu können, da sie in diesem Alter beginnen, Aufgaben zum Verständnis falschen Glaubens zweiter Ordnung zu lösen (Perner 1988; Sullivan, Zaitchik, & Tager-Flusberg 1994; Überblick bei Miller 2009).

Unterstützung erhält diese Annahme durch Studien von Talwar et al. (2007; 2008). In einer dieser Studien (Talwar & Lee 2008) stand die Aufrechterhaltung der Lüge im Zusammenhang mit einer Aufgabe zur inhibitorischen Kontrolle (Identitätsfrage). Weiterhin waren es ältere und wiederum Kinder, die Aufgaben zum Verständnis falschen Glaubens zweiter Ordnung abschnitten, die ihr unerlaubt erworbenes Wissen gegenüber dem Versuchsleiter verheimlichen konnten (Quellenfrage). Talwar et al. (2007) verwendeten eine weitere Methode. Hier spielte der Versuchsleiter mit den 6–11-jährigen Versuchsteilnehmern zunächst ein Ratespiel. Dazu las er Fragen und jeweils vier Antwortalternativen vor, die auf die Vorderseite von Ratespielkarten geschrieben waren. Nach der Beantwortung der Frage (z.B. „Wo lebt der Präsident der Vereinigten Staaten (von Amerika)?") wurden die Karten umgedreht. Auf der Rückseite der Karten standen die richtigen Antworten auf die Fragen. Diese waren in einer anderen Farbe geschrieben als der Text auf der Vorderseite. Weiterhin war auf der Rückseite ein Tier abgebildet, das in keinerlei Zusammenhang mit den Frageinhalten stand. Nach der richtigen Beantwortung zweier Fragenkarten (für drei richtige Antworten erhielten die Kinder einen Preis) begann der *Testdurchgang*, in dem der Versuchsleiter den Kindern wiederum erst die Fragenkarte vorlas („Welcher Entdecker hat Tunesien entdeckt?") und ihnen mitteilte, dass er für kurze Zeit weg müsse und sie aufforderte in seiner Abwesenheit nicht auf die Rückseite der Karte zu schauen. Als vermeintlich „richtige" Antwort im Testdurchgang war auf der Rückseite der Karte ein Fantasiename angegeben (Profidius Aikman), der in rot markiert war. Weiterhin war dort ein Löwe abgebildet. Bei seiner Rückkehr stellte der Versuchsleiter Standard-, Identitäts- und Quellenfrage[5] und belohnte Kinder für richtige Antworten mit einem Preis. Anschließend wurde ihnen mitgeteilt, dass das Spiel nun vorbei sei, dass der Versuchsleiter aber noch zwei Fragen habe. In diesen „Fangfragen" (*entrapment questions*) wurden die Kinder zu weiteren (unwichtigen) Details auf der Rückseite der Karte befragt, nämlich zur Farbe der Schrift (Farbfrage) und zu dem dort abgebildeten Tier (Tierfrage). Unter anderem zeigte sich, dass Kinder, die auf die Standardfrage leugneten in Abwesenheit des Versuchsleiters heimlich geschaut zu haben signifikant häufiger richtige Antworten auf Identitäts-, Farb- und Tierfarbe gaben (ca. 50%) als Kinder, die nicht heimlich schauten und somit die richtige Antwort erraten mussten (Identitätsfrage: 28%, Farb- und Tierfrage: ca. 20%), Unter den Leugnern waren es dabei die Kinder, die bessere Leistungen in den Aufgaben zum falschen Glauben zweiter Ordnung zeigten, die ihre Lügen sowohl gegenüber Farb-, als auch Tier-Fangfrage aufrechterhalten konnten. Im Fall der Tierfrage waren es weiterhin die älteren Kinder, die inkorrekte Angaben machten. Zusammenhänge zwischen Standard- bzw. Quellenfrage und Aufgaben zum falschen Glauben zweiter Ordnung bestand für diese, im Vergleich zu (Talwar & Lee (2008) etwas ältere Stichprobe, jedoch nicht.

Die Ergebnisse von Studien zur Aufrechterhaltung kindlicher Lügen zeigen zusammenfassend also, dass vor allem Kinder, die älter und kognitiv flexibler sind sowie ein besseres Verständnis von der Rekursivität mentaler Zustände besitzen (falscher Glauben zweiter Ordnung), ihre Lüge auch gegenüber Nachfragen aufrechterhalten können.

Das Verständnis des Unterschieds zwischen Lügen und anderen Arten absichtlicher Falschaussagen

In der eingangs aufgestellten Definition der Lüge ist bereits darauf hingewiesen worden, dass Lügen und andere Formen der Falschaussage gemeinsame Kriterien teilen. So wurde am Beispiel der Ironie darauf hingewiesen, dass es sich dabei wie im Fall der Lüge auch, um eine bewusste Falschaussage handelt. Der zentrale Unterschied zwischen beiden besteht jedoch darin, dass sich der

Sprecher im Fall der Ironie bewusst ist, dass der Hörer sein Wissen teilt. Weiterhin nimmt der Sprecher an, dass seine Falschaussage als solche von dem Hörer auf Grundlage ebendieses geteilten Wissens zu erkennen ist. Der Hörer wird die Falschaussage des Sprechers wiederum dann als Ironie beurteilen, wenn er überzeugt ist, dass der Sprecher sein Wissen teilt, d.h. der Sprecher weiß, dass er weiß, dass es sich um eine Falschaussage handelt. Ist er sich dagegen sicher, dass der Sprecher sein Wissen nicht teilt, wird er die Falschaussage des Sprechers als Lüge oder andere Form der Falschaussage interpretieren (z.B. Irrtum), jedoch nicht als Ironie. Das Verständnis von Sichtweisen zweiter Ordnung scheint hier erforderlich, um die Bedeutung verschiedener Falschaussagen richtig interpretieren zu können. Ein Kind, das das Wissen eines Sprechers über die Sichtweise einer anderen Person in seinem Urteil nicht berücksichtigen kann, wird diese Unterscheidung zumindest nicht auf der Basis einer Analyse der Sichtweisen der Protagonisten treffen können. Im Anschluss an Leekam (1991) sind Sullivan, Winner und Hopfield (1995) in ihrer Untersuchung genau dieser Frage nachgegangen. Sie erfassten die Leistungen 5- bis 7-jähriger Kinder in Aufgaben zum Verständnis des Unterschieds zwischen Lüge und Scherz. Der Unterschied zwischen beiden Formen der Falschaussage entsprach dabei dem gerade beschriebenen Unterschied zwischen Lüge und Ironie. So wurde beispielsweise die Geschichte von Mike und seiner Mutter erzählt und mit Puppen vorgespielt. In der Geschichte teilt die Mutter Mike mit, dass er erst dann Nachtisch bekommt, wenn er seine Erbsen aufgegessen hat. Um einen Anruf zu beantworten verlässt die Mutter daraufhin die Küche, und der zurückbleibende Mike, der Erbsen hasst, beschließt diese nicht zu essen. Während die Mutter in der Scherzversion der Geschichte bei ihrer Rückkehr sieht, dass Mike seine Erbsen nicht gegessen hat, sieht sie dies in der Lügenversion nicht. In beiden Versionen sagt Mike anschließend zu seiner Mutter: „Ich habe meine Erbsen ganz brav aufgegessen!" („I did a really good job finishing my peas"). Daraufhin wurden die Kinder gefragt, ob Mike gelogen oder einen Scherz gemacht hat. Zusätzlich wurde eine Aufgabe zum Verständnis falschen Glaubens zweiter Ordnung durchgeführt. Es zeigte sich, dass der Anteil der Kinder, die letztere richtig lösen konnten, nicht aber zwischen Scherzen und Lügen unterscheiden konnten, signifikant größer war, als der Anteil der Kinder, die zwar zwischen Scherzen und Lügen unterscheiden konnten, jedoch bei den Fragen zum Verständnis falschen Glaubens zweiter Ordnung scheiterten. Diese Asymmetrie weist darauf hin, dass das Verständnis von Sichtweisen zweiter Ordnung eine Voraussetzung für die Fähigkeit ist, zwischen Scherz und Lüge unterscheiden zu können. Filippova und Astington (2008) konnten in ihrer Untersuchung zeigen, dass die Entwicklung hin zu einem vollständigen Verständnis ironischer Bemerkungen schrittweise erfolgt. Sie erzählten ihren 5-, 7- und 9-Jährigen sowie erwachsenen Versuchspersonen beispielsweise die Geschichte von Robert und seinem besten Freund Oliver, die in der gleichen Fußballmannschaft spielen. In seinem ersten Spiel verpasst Robert zahlreiche Torchancen und am Ende verliert seine Mannschaft. Nach dem Spiel sagt Oliver zu Robert: „Du bist wirklich ein ganz großartiger Torschütze" Im Anschluss wurden die Kinder gefragt, ob Robert meint, was er sagt (Bedeutung), ob er denkt, was er sagt (Sichtweise), ob Oliver möchte, dass Robert glaubt, was er sagt (kommunikative Absicht), und was Olivers Motivation für seine Aussage ist (Motivation, Einstellung). Es zeigte sich, dass die Anzahl richtiger Antworten auf Fragen, die sich an eine Reihe solcher Geschichten anschlossen, mit dem Alter deutlich zunahm. Weiterhin zeigte die genauere Analyse der einzelnen Fragen, dass diese in 81 von 96 Fällen in der oben angegebenen Reihenfolge richtig beantwortet wurden, d.h. „schwierigere" Fragen wurden in den allermeisten Fällen nur dann richtig beantwortet, wenn auch „leichtere" Fragen richtig beantwortet werden konnten. In den abschließenden Regressionsanalysen zur Bestimmung der Einflussfaktoren auf den Ironie-Gesamtwert zeigte sich, dass sowohl ein aus verschiedenen Aufgaben zum höheren Verständnis von Sichtweisen gebildetes Maß (u.a. Aufgaben zum Verständnis falschen Glaubens zweiter Ordnung) als auch das Sprachverständnis unabhängig voneinander im Zusammenhang mit den Leistungen in den Ironieaufgaben stand und dies auch nach Kontrolle des Alters, des Arbeitsgedächtnisses (*digit span*) und des Verständnisses des Emotionsausdrucks in der Sprachmelodie (Prosodie) in einem früheren Schritt.

Fazit

Die Entwicklung des kindlichen Täuschungsverständnisses bis zum Alter von etwa 8 Jahren lässt sich in mindestens drei Phasen unterteilen. Diese scheinen in Verbindung mit allgemeineren Einsichten in die Grundlagen menschlichen Verhaltens zu stehen. In einer ersten Phase, ab einem Alter von etwa 6–9 Monaten, zeigen Kinder erste Verhaltensweisen, die sich als „taktische Täuschungen" klassifizieren lassen und die mit zunehmendem Alter vielfältiger und komplexer werden. Während in der Definition der taktischen Täuschung bewusst offen gelassen wird, ob die Täuschungshandlung des Kindes, auf der Grundlage nicht-mentalistischer Verhaltensschemata, direkt auf die Handlung des Getäuschten abzielt oder aber, auf der Grundlage einer mentalistischen Theorie, auf dessen der Handlung zugrundeliegenden mentalen Zustände, ist es genau letztere Frage, die derzeit im Interesse der Lügenforschung steht. Diskutiert wird hier, wie empirisch zwischen beiden Erklärungsansätzen unterschieden werden kann und, damit verbunden, worin sich ein möglicher Übergang von einem auf Verhaltensschemata zu einem auf einer mentalistischen Theorie beruhenden Verständnis menschlichen Verhaltens widerspiegeln könnte. Der seit langem diskutierte und am besten erforschte Kandidat für den Übergang von einem nicht-mentalistischen zu einem mentalistischen Verständnis der Täuschung ist das Verständnis falscher Sichtweisen erster Ordnung. Sowohl Ergebnisse aus Studien im Rahmen des selektiven Täuschungsparadigmas, des Versuchungswiderstehungsparadigmas, aber auch naturalistischer Verhaltensbeobachtungen legen nahe, dass Kinder ab einem Alter von etwa 4 Jahren Andere über die bewusste Beeinflussung mentaler Zustände täuschen können. Diese Leistungen stehen nicht nur im Zusammenhang mit den Leistungen in Aufgaben zum expliziten Verständnis falschen Glaubens, sondern können auch durch eine Verringerung linguistischer und pragmatischer Anforderungen der Aufgaben kaum beeinflusst werden.

Das Verständnis der rekursiven Natur mentaler Zustände mit 5 bis 6 Jahren scheint wiederum im Zusammenhang mit einer Reihe weiterer Entwicklungen des Täuschungsverständnisses zu stehen. Dazu gehört neben der Fähigkeit, eine Lüge gegenüber Nachfragen aufrechterhalten zu können, auch die Fähigkeit zwischen verschiedenen Formen der Falschaussage (Lüge vs. Ironie, Witz, Sarkasmus etc.) sowie verschiedenen Formen der Lüge (unmoralische Lüge vs. Höflichkeitslüge) unterscheiden zu können.

Anmerkungen

[1] Im Folgenden wird der Begriff der Täuschung als Oberbegriff verwendet, der sowohl die nonverbale, als auch die verbale Form beinhaltet. Als Begriffe für die verbale Form werden sowohl „Lüge", als auch „verbale Täuschung" verwendet.

[2] So berichten die Sterns über ihren Sohn Günther (5;4): „G. rief mich abends: *Muttchen, ich habe doch in Berlin bei Tante W. gesagt, ich will Onkel Doktor (Arzt) werden. Nun will ich doch aber gar keiner werden, das ist doch eine Lüge* (Stern, 1965/1914, S. 498)".

[3] „Accordingly, we first present a provisional definition of such intimate tactical deception": (i) acts from the normal repertoire of an individual, (ii) used at low frequency, and in contexts different from those in which it uses the high frequency (honest) version of the act, (iii) such that another, familiar individual, (iv) is likely to misinterpret what the acts signify, (v) to the advantage of the actor (Byrne & Whiten 1988, p. 206).

[4] Im einzelnen zeigte sich, dass sämtliche Mütter von Situationen berichteten, in denen ihre Kinder leugneten etwas getan zu haben, von dem die Mütter sicher waren, dass sie es getan hatten; falsche Entschuldigungen vorbrachten, um etwas Unliebsames zu vermeiden oder etwas Gewünschtes zu erhalten. Ebenso machten die meisten Kinder scherzhafte Falschaussagen (z.B. Kind kündigt an auf dem Fußboden zu schreiben, um im nächsten Moment zu sagen, dass das nur ein Scherz war), beschuldigten andere Personen ungerechtfertigterweise, behaupteten fälscher-

weise eine Handlung vollendet oder die Erlaubnis für eine Handlung erhalten zu haben. Weiterhin behaupteten viele in solchen Situationen „sich nicht weh getan zu haben" oder „dass ihnen etwas egal sei", in denen Mütter sicher waren, dass dies nicht stimmte. Seltenere Fälle verbaler Täuschungen waren *vorgetäuschte Ignoranz, falsche Prahlerei* oder *Geschichten* (z.B. „Als ich in der Armee war ..."). Weiterhin wurden eine weitere Leugnungskategorie und eine Restkategorie kodiert.

5   Standardfrage: „Als ich weg war, hast du da nach der Antwort geschaut?" („When I was gone, did you peek at the answer?"), Identitätsfrage: „Wer glaubst du hat Tunesien entdeckt?"(„Who do you think discovered Tunisia?"), Quellenfrage: „Woher wusstest du das?" („How did you know that?"), Farbfrage: „Welche Farbe hat die Schrift auf der Rückseite dieser Karte?" („What color is the writing on the back of this card?"), Tierfrage: „Welches Tier ist auf der Rückseite dieser Karte abgebildet?" („What animal is shown on the back of this card?").

Literatur

Ament, W. (1899): Die Entwicklung von Sprechen und Denken beim Kinde. Leipzig: Wunderlich.

Byrne, R. W., & Whiten, A. (1988): Machiavellian intelligence: Social expertise and the evolution of intellect in monkeys, apes and humans. Oxford: Clarendon Press.

Byrne, R. W., & Whiten, A. (1988): Tactical deception of familiar individuals in baboons. In R. W. Byrne, & A. Whiten (Eds.), Machiavellian intelligence: Social expertise and the evolution of intellect in monkeys, apes and humans (pp. 205–210). Oxford: Clarendon Press.

Byrne, R. W., & Whiten, A. (1990): Tactical deception in primates: the 1990 database. Primate Report, 27, 1–101.

Chandler, M. J., Fritz, A. S., & Hala, S. M. (1989): Small scale deceit: Deception as a marker of 2-, 3-and 4-years-olds' early theories of mind. Child Development, 60, 1263–1227.

Filippova, E., & Astington, J. W. (2008): Further development in social reasoning revealed in discourse irony understanding. Child Development, 79 (1), 126–138.

Hala, S., Chandler, M., & Fritz, A. S. (1991): Fledgling theories of mind: Deception as a marker of 3-year-olds' understanding of false belief. Child Development, 62, 83–97.

Leekam, S. R. (1991): Jokes and lies: Children's understanding of intentional falsehood. In A. Whiten (Ed.), Natural theories of mind (pp. 159–174). Oxford: Basil Blackwell.

Lewis, C., & Osborne, A. (1990): Three-year-olds' problems with false belief: conceptual deficit or linguistic artefact? Child Development, 61, 1514–1519.

Lewis, M., Stanger, C., & Sullivan, M. W. (1989): Deception in 3-year-olds. Developmental Psychology, 25, 439–443.

Miller, S. A. (2009): Children's understanding of second-order mental states. Psychological Bulletin, 135 (5), 749–773.

Newton, P., Reddy, V., & Bull, R. (2000): Children's everyday deception and performance on false-belief tasks. British Journal of Developmental Psychology, 18, 297–317.

Penn, D. C., & Povinelli, D. J. (in press): The comparative delusion: the "behavioristic"/"mentalistic" dichotomy in comparative theory of mind research. In R. Samuels, & S. Stich (Eds.), Oxford handbook of philosophy & cognitive sciences. Oxford: Oxford University Press.

Perner, J. (1988): Higher-order beliefs and intentions in children's understanding of social interaction. In J. W. Astington, P. L. Harris & D. R. Olson (Eds.), Developing theories of mind (pp. 271–294). Cambridge, UK: Cambridge University Press.

Perner, J. (1991): Understanding the representational mind. Cambridge, MA: MIT Press. A Bradford book.

Perner, J. (2010): Who took the cog out of cognitive science?—Mentalism in an era of anti-cognitivism. In P. A. Frensch, & R. Schwarzer (Eds.), Cognition and Neuropsychology: International Perspectives on Psychological Science (Volume 1) (pp. 241–261). London: Psychology Press.

Perner, J., & Lang, B. (1999): Development of theory of mind and executive control. Trends in Cognitive Sciences, 3 , 337–344.

Perner, J., & Wimmer, H. (1985): "John thinks that Mary thinks that...": Attribution of second-order beliefs by 5-to10-year old children. Journal of Experimental Child Psychology, 39, 437–471.

Peskin, J. (1992): Ruse and representations: On children's ability to conceal information. Developmental Psychology, 28 , 84–89.

Peskin, J., & Ardino, V. (2003): Representing the Mental World in Children's Social Behavior: Playing Hide-and-Seek and Keeping a Secret. Social Development, 12 (4), 496–512.

Polak, A., & Harris, P. L. (1999): Deception by young children following noncompliance. Developmental Psychology, 35 (2), 561–568.

Povinelli, D. J., & Vonk, J. (2004): We don't need a microscope to explore the chimpanzee's mind. Mind & Language, 19, 1–28.

Reddy, V. (2007): Getting back to the rough ground: deception and "social living". Philosophical Transactions of the Royal Society B, 362 (1480), 621–637.

Reddy, V., & Morris, P. (2004): Participants don't need theories: Knowing mind in engagement. Theory & Psychology, 14, 647–665.

Ruffman, T., Olson, D. R., Ash, T., & Keenan, T. (1993): The ABC's of deception: Do young children understand deception in the same way as adults? Developmental Psychology, 29, 74–87.

Russell, J., Mauthner, N., Sharpe, S., & Tidswell, T. (1991): The 'windows task' as a measure of strategic deception in preschoolers and autistic subjects. British Journal of Developmental Psychology, 9, 331–349.

Sodian, B. (1991): The development of deception in young children. British Journal of Developmental Psychology, 9, 173–188.

Sodian, B. (1994): Early deception and the conceptual continuity claim. In C. Lewis, & P. Mitchell (Eds.), Children's early understanding of mind: origins and development (pp. 385–401). Hove, UK: LEA.

Sodian, B., Taylor, C., Harris, P. L., & Perner, J. (1991): Early deception and the child's theory of mind: false trails and genuine markers. Child Development, 62 , 468–483.

Stern, C., & Stern, W. (1909): Erinnerung, Aussage und Lüge in der ersten Kindheit. Leipzig: Barth.

Stern, W. (1965): Psychologie der frühen Kindheit (i. Aufl. 1914, 8. unveränderte Auflage). Heidelberg: Quelle & Meier.

Sullivan, K., Winner, E., & Hopfield, N. (1995): How children tell a lie from a joke: The role of second-order mental state attributions. British Journal of Developmental Psychology, 13, 191–204.

Sullivan, K., Zaitchik, D., & Tager-Flusberg, H. (1994): Preschoolers can attribute second-order beliefs. Developmental Psychology, 30 (3), 395–402.

Talwar, V., Gordon, H. M., & Lee, K. (2007): Lying in the elementary school years: verbal deception and its relation to second-order belief understanding. Developmental Psychology, 43 (3), 804–810.

Talwar, V., & Lee, K., (2008): Social and cognitive correlates of children's lying behavior. Child Development, 79, 866–881.

Wilson, A., Smith, M., & Ross, H. (2003): The Nature and Effects of Young Children's Lies. Social Development, 12 (1), 21–45.

Danksagung

Dieser Beitrag wurde erstellt, als Florian Kießling Postdoctoral Fellow im Forschungsprojekt (contract number 043225) „Explaining Religion (EXREL)" of the Sixth Framework Programme FP6-2006-Nest-Path, Cultural Dynamics, Coordinator: Harvey Whitehouse (Oxford), Workpackage 4 (Salzburg): „Theory of mind and religion," war.

Arnold Retzer

Täuschen, Lügen und das Problem der Wahrheit gelingender Kommunikation

Mit dem Titel meines Vortrages verbinden sich eine Menge Fragen: Was ist Kommunikation? Was ist gar eine gelingende Kommunikation? Und welche Bedeutung können dabei das Täuschen und die Lügen haben? Aber vor allem auch die Frage: Was ist Wahrheit?

Die Wahrheit ist: Wir lügen alle!

Ich muss mich aber sofort korrigieren: Wir lügen nicht immer und vor allem lügen wir nicht überall! Ich bin wie so oft wieder einmal mit der Bundesbahn gereist und hatte wieder einmal wie schon so oft bei solchen Fahrten das sichere Evidenzerlebnis: Es gibt einen Ort der Wahrheit, an dem man sich nichts vormacht!

Dieser Ort ist der ICE. Dort wird man Zeuge der unglaublichsten Intimitäten. Seit Verbreitung des Mobiltelefons ist wohl die größte Abhöranlage des Landes nicht mehr in irgendeinem mysteriösen militärisch-geheimdienstlichen Komplex verborgen, sondern es ist die Deutsche Bahn.

Ich habe Schwüre, Bekenntnisse, Geständnisse, Beschwörungen, Koseworte und Kosenamen, weitreichende Entscheidungen, die Rücknahme von weitreichenden Entscheidungen, Denunziationen und noch viel mehr abgehört.

Insofern habe ich auch nie ganz verstanden, warum Herr Mehdorn wegen Abhörens von Mitarbeitern der Deutschen Bahn seinen Hut nehmen musste. Die Deutsche Bahn ist das größte Abhörprojekt unserer Republik.

Doch zurück zur Wahrheit. Mit der Wahrheit verbinden wir oft das Attribut aufrichtig und richtig. Ich will daher zunächst fragen, ob aufrichtig oder richtig eher ein positiver oder ein negativer Beitrag zu gelungener Kommunikation darstellen kann.

Beginnen möchte ich mit dem Einfachen, nämlich dort, wo einfach direkt und zähl- oder zahlbar das Gelingen bemerkt und gemessen werden kann. Dazu möchte ich eine kleine Geschichte erzählen (Retzer 2009, 164f.).

Es handelt sich um die Kommunikation zwischen einem Glücksspieler und dem Roulettisch in einem Spielcasino bzw. der Kommunikation zwischen zwei Glücksspielern über ihre Art, mit dem Roulettisch zu kommunizieren, oder wie man auch sagen könnte, um Metakommunikation. Also: die beiden Glücksspieler treffen sich in einem Spielcasino an der Bar und kommen miteinander ins Gespräch. Angeregt tauschen sie sich über ihre Spielerfahrungen aus. Einer der beiden hat gerade eine riesige Summe am Roulettetisch gewonnen, und der bisher glücklose Roulettspieler fragt ihn, wie er das gemacht hat. Er möchte vom offensichtlich erfolgreichen System des anderen profitieren. Der Gewinner erklärt: „Ich setzte auf eine einzige Zahl. Im Gewinnfall wird von der Bank der 35-fache Einsatz ausgezahlt. Dann ist es nur noch eine Frage, auf welche Zahl ich setze. Ich habe das so gemacht: Ich habe meinen Geburtstag genommen, ich bin am 7. Februar geboren, und den Geburtstag meiner Frau, sie ist am 4. September geboren, dann habe ich die beiden Geburtstage miteinander multipliziert und hatte schon meine Zahl, auf die ich gesetzt habe, nämlich 29." Sofort unterbricht ihn aufgeregt der bisher glücklose Spieler: „Also das stimmt doch nicht, das ist doch falsch! Wenn Sie am 7. und Ihre Frau am 4. geboren wurden und sie multiplizieren die beiden Geburtstage miteinander, dann kommt doch nicht 29, sondern 28 heraus!" Ruhig und entspannt entgegnet der erfolgreiche Spieler: „Wer hat eben gewonnen, Sie oder ich?"

Richtig zu rechnen, richtig zu sehen und daher auch richtig zu urteilen, wirklichkeits- oder wahrheitsgetreu – falls es das überhaupt gibt –, muss also in keiner Weise bedeuten, auch das gewünschte Ergebnis zu erzielen. Das scheint für das Glücksspiel, aber mit noch größerer Wahrscheinlichkeit für das intime Zusammenleben, etwa für das Familien-, Liebes- und Eheleben, zu gelten. Dort, wo es also um Kommunikation geht. Aber geht es dort um Wahrheit oder gar um richtig rechnen oder nicht eher um Rhetorik?

Aber was ist nun wieder Rhetorik?

Darüber wurde bekanntlich schon im alten Griechenland gestritten. Und die Rhetorik hatte einen zweifelhaften Ruf. Sie wurde etwa von Platon verdächtigt, dass sie nicht der Wahrheit diene, sondern eine Scheinkunst sei, die der Überredung oder gar der Schmeichelei zu Diensten sei. Ich teile diese Bedenken Platons nicht. Unter der Voraussetzung, dass Kommunizieren zum alltäglichen Geschäft von uns allen gehört, das gelingen und misslingen kann, begreife ich Rhetorik als die alltägliche Kunst, die Sprache zu verwenden, um andere zu überzeugen oder zu beeinflussen, und als ein Regelwerk, das ein Sprecher beachten sollte, um beachtet zu werden, also unabdingbar für gelingende Kommunikation.

Aber lassen wir den Ort des Glücksspiels und die Zeit Platons mal beiseite oder hinter uns und schauen wir uns in den gelingenden oder misslingenden Alltagskommunikationen unserer Gegenwart um, in Paar- oder Ehebeziehungen (Retzer 2009, 165ff).

Liebende sehen und zeigen sich zunächst ja von ihrer so genannten besten Seite. Dass dieser Teil nicht die ganze Wirklichkeit ist, werfen sich die beiden später noch oft vor. Erst vor dem Scheidungsrichter glaubt dann mancher zu merken mit wem er da eigentlich verheiratet war. Endlich, meist zu spät, scheint sich Realismus oder die Wahrheit einzustellen. Die Desillusionierung ist vollkommen und zugleich: eine vollkommen neue Art der Illusion! Denn das Bild des Bösen, das sich vom jeweils anderen im Prozess des Niedergangs einer Ehe und schließlich bei der Scheidung abzeichnet, ist nicht wahrer und wirklicher und richtig, also auch nicht realistischer als das Bild der guten Eigenschaften, das ihn in der Phase des Verliebtseins so anziehend gemacht hat. Oder, anders formuliert: Beide Bilder sind falsch. Beide sind Illusionen. Beide sind Täuschungen.

Nur: mit einem falschen positiven Bild lässt sich besser leben als mit einer negativen Illusion. Zumindest lassen sich so viele Studien über Paarbeziehungen verstehen. Sie unterstreichen welch wichtige Funktion die Erzeugung systematischer wechselseitiger Fehleinschätzungen, und vor allem deren Mitteilung, für das Gelingen einer intimen Gemeinschaft wie einer Ehe hat.

Wenn man also einen Ratschlag geben mag, dann den: Entlasten Sie sich von der Last des Realismus, entlasten Sie sich von der Anstrengung Ihren Partner so zu sehen, wie Sie denken, dass er wirklich ist. Färben Sie sich stattdessen Ihren Partner schön, glauben Sie an die positive Kraft der illusionären Verkennung, an die geschönte Täuschung. Seien Sie realistisch und setzen Sie die rosarote Brille auf. Und vor allem: behalten Sie sie auf! Realistische positive Illusionen sichern also eher als die Illusion des realistischen Blicks das Überleben der Ehe.

Die systematische, wohlwollende Verkennung in einer lang andauernden, als glücklich eingeschätzten Ehe, beschreibt eine Ehefrau folgendermaßen: *Als ich zugenommen hatte, hat er gesagt, er mag dicke Frauen. Und als ich wieder abgenommen habe, hat er gesagt, er mag schlanke Frauen. Irgendwann habe ich dann begriffen, dass er mich liebt.*

Ohne die systematische Täuschung erscheint es ganz und gar unvorstellbar, dass die Veränderungen, die sich an und in den Partnern in einer langdauernden Beziehung vollziehen, toleriert und ausgehalten werden könnten. Mit Alterungsprozessen lässt sich nun mal leichter umgehen, wenn wir uns ein paar Täuschungen erlauben. Nach dem alten Schlagermotto: „Bei mir biste scheen". Oder anders formuliert: Zum Gelingen einer erfolgreichen Ehe gehören unbedingt die von Psychologen und Psychotherapeuten oftmals denunzierten so genannten Körperbildstörungen.

Ohne die systematische Täuschung wäre es nur schwer erklärbar und geradezu unmöglich, also ein Wunder, ein schnarchendes, schlechtgelauntes, misstrauisches oder mimosenhaftes Wesen, das nicht nur sein Inneres, sondern – noch schlimmer – sein Äußeres bis zur Unkenntlichkeit verändert hat, dauerhaft zu mögen oder gar zu lieben.

Schönheit liegt bekanntermaßen im Auge des Betrachters. Warum sollte das in intimen Beziehungen also anders sein? In einer Studie (Barelds-Dijkstra

& Barelds 2008) wurden Ehepartner nach ihrem eigenen Aussehen und dem ihrer Partner befragt. Es wurden verschiedene Körperteile bewertet. Die Partner wurden sogar für schöner gehalten, als diese sich selbst sahen. Und nicht nur das: Je ausgeprägter die positiven Täuschungen, umso zufriedener waren die Paare mit ihrer Beziehung. Dies galt besonders für die Beziehungsqualität älterer Paare, d.h. je älter wir werden, umso wichtiger sind positive Täuschungen.

Je positiver man sich in seinem Partner täuscht, desto zufriedener ist man also auch mit der Partnerschaft. Positive Täuschungen schützen vor negativer Realität. Man muss sogar weitergehen: Illusionen erzeugen Realität. Denn positive Illusionen verändern beide Partner. Wenn wir an anderen die guten Seiten sehen, dann hat das direkte Auswirkungen auch darauf, wie wir uns selbst sehen und fühlen. Es ist ganz einfach angenehm, anzunehmen, man habe den idealen Partner! Andererseits nimmt der Partner mit der Zeit das Bild an, das man sich von ihm macht. Irgendwann glaubt man dann selbst, dass man so schön, großzügig und witzig ist, wie der andere glaubt, und tut alles, um dieses Bild zu bestätigen. Die Täuschung kann Realitäten erzeugen. So, wie der Kuss der Prinzessin den Frosch zum Prinzen macht.

Nur, zu weit darf auch die positive Täuschung nicht gehen. Absolut Unmögliches kann nicht wahr werden. Der Partner muss in das bestmögliche, aber eben doch noch mögliche Licht gerückt werden.

Negative Täuschungen haben aber offensichtlich den gleichen Effekt wie positive Illusionen. Beide Partner verändern sich. Der ins schlechtmöglichste Licht gerückte Partner wird diese Eigenschaften früher oder später annehmen: Negative Täuschungen erzeugen eine negative Realität: Der Prinz wird zum Frosch.

Wir haben die Freiheit der Wahl. Die Wahl, der jeweils kommunizierten Täuschung. Wer diese Freiheit der Wahl nutzt, wird sehr schnell und sehr nachhaltige Ergebnisse erzielen, im Guten wie im Schlechten. Man wähle also klug!

Voraussetzung dafür ist jedoch die Unterscheidung zwischen dem Erleben und dem Erzählen, eine Errungenschaft menschlicher Entwicklung. Vollziehen wir diese Differenz nicht, können hochproblematische Situationen entstehen, wie wir sie von schizophrenen Patienten kennen, wo die Grenze zwischen dem Inneren des Erlebens und dem Äußeren der Beziehung, der Kommunikation und den anderen aufgehoben wird und daher die Befürchtung aufkommt, die eigenen Gedanken und Gefühle könnten von anderen gedacht, erzeugt, manipuliert oder gar weggenommen werden.

Lügen ist eine anspruchsvolle Kommunikationsform auf der Grundlage von Empathie. Die Unwahrheit sagen, kann schließlich nur der, der die Wahrheit glaubt zu kennen. Um zur Lüge befähigt zu sein, muss man die Wahrheit und die Unwahrheit kennen. Wer also nichts kann, kann noch nicht einmal lügen.

Ludwig Wittgenstein (1953, 118) hat das Lügen als ein Sprachspiel bezeichnet, das gelernt sein will, wie jedes andere auch. Und es lässt sich daher auch die Frage stellen, welche Entwicklungsstörung vorliegt, wenn ein Kind nicht zu lügen gelernt hat. Lügen sind ein wesentlicher Teil der psychischen Entwicklung. Die Lüge, die von den Eltern nicht entdeckt wird, zeigt dem Kind, dass es kein Teil der Eltern ist und seine eigene unverwechselbare Identität hat.

Die Lügen, die am meisten Erfolg versprechen, die also gelingen, müssen nicht nur glaubhaft sein; sie müssen auch die Vorurteile, Schwächen und Ängste der Angelogenen ausnutzen, erfordern also ein hohes Maß an empathischer Kompetenz. Lügen spielt eine wesentliche Rolle bei der erwachsenen Selbststeuerung.

Aber was ist die Wahrheit über uns selbst?

Die Wahrheit über sich selbst wird meist als Selbsterkenntnis angesprochen. Verbreitet ist dabei die Auffassung, dass Selbsterkenntnis zu einem Zeichen der geistigen Gesundheit und dazu auch noch irgendwie zur „moralischen Pflicht" gehört: Der gesunde Mensch kennt sich selbst, und seine Selbsterkenntnis schließt das Wissen um seine Fehler und Mängel ein.

Aber: der geistig Gesunde besitzt stattdessen, offenbar auch oder vielleicht sogar überwiegend, die beneidenswerte Fähigkeit, die Realität in einer Weise zu verzerren, die seine Selbstachtung stärkt, den Glauben an seine persönliche Tüchtigkeit erhält und eine optimistische Sicht auf die Zukunft fördert. Täuschungen und hier nun besonders Selbsttäuschungen, sind für unser Überleben wichtig, ja unabdingbar.

Dieser letzte Satz ist nicht leicht auszusprechen und noch schwerer zu akzeptieren, da wir ja alle mehr oder weniger in einer Kultur des Wahrheitsfundamentalismus aufgewachsen sind und mit der Milch der frommen Denkungsart gesäugt wurden. Fromm, weil uns nahegelegt wurde, dass es da jemanden gibt, der immer weiß, was im Inneren eines jeden von uns Menschen vorgeht. Der christliche Gott.

Wobei der christliche Gott schon die verschärfte Form des Wahrheitsbesitzers ist und daher eine viel aufdringlichere Präsenz darstellt, wie noch der jüdische Gott des Alten Testaments. Letzterer erscheint erbärmlich uninformiert: Laufend muss er Engel zu den Menschen schicken, um herauszufinden, was wirklich los ist. Geht es in Sodom und Gomorrha wirklich so schlimm zu, dass es seinen Zorn verdient? Gibt es nun 50 oder 40 oder 30 oder 20 oder gar nur 10 Gerechte oder was ist dort eigentlich los?

Sein Zugang zum Innenleben der Sterblichen scheint erstaunlich begrenzt zu sein. Will er bspw. feststellen, wie ergeben Abraham ihm gegenüber ist, kann er ihm nicht einfach ins Herz schauen, sondern muss den ultimativen Test durchführen: die Opferung von Abrahams geliebtem Sohn Isaak. Für den christlichen Gott dagegen finden die eigentlichen Dramen in den Herzen der Sünder statt, und Taten sind nur der äußere Ausdruck dessen, was sich im Inneren abspielt, und Gott kann dort hineinschauen.

Angesichts dieser Schwerpunktverschiebungen von der jüdischen zur christlichen Göttervorstellung, bis hin zur angestrengten, Selbsterkenntnis erzeugenden Selbstbeobachtung, wiegen bestimmte Sünden notwendigerweise schwerer als andere. Täuschung und Lüge in allen Spielarten wird zum Verbrechen, weil sie symptomatisch sind für eine Diskrepanz zwischen dem, was Innen wohnt, und dem, was nach außen offenbart wird. Zu lügen heißt dann dem Bösen zu folgen. Es ist eine schwere Sünde, wenn man, um als rechtschaffend zu gelten, nach außen darstellt, was im Inneren nicht vorhanden ist.

Ein solch schwer Geprüfter ist etwa der schwedische Schriftsteller Per Ole Enquist, der in seiner Biografie mit dem Titel „Ein anderes Leben" (2008) darstellt, dass er einer ist, der erst zu einem gläubigen Menschen wird, wenn er seine Sünden bekennt. Er hat allerdings ein Problem: Woher die Sünden nehmen, um durch deren Bekenntnis ein anständiger Mensch zu werden? Er erfindet eine Sünde. Er gibt an, dass er Bonbons im Laden geklaut hat, bekennt dann anständigerweise diese Sünde, wird aber der Lüge überführt. Es kommt heraus, dass er die Bonbons nicht geklaut haben kann. Die Indizien sprechen gegen ihn. Nun hat er aber endlich eine wahre Sünde, d.h. eine wahre Lüge, die er bekennen und dadurch zu einem anständigen Menschen werden kann. Enquists bestechende Schlussfolgerung: Wenn es die Lüge nicht gäbe, müsste man sie erfinden, damit man ein anständiger Menschen sein oder zumindest werden kann.

In der späten Moderne des 20. Jahrhunderts taucht eine weitere Form der Relativierung von Selbstbezüglichkeit in der Selbsterforschung auf. Es ist das balancierende Spiel zwischen Faktizität und Fiktion. Ein Beispiel dafür ist das als „Autobiographie eines Schriftstellers" untertitelte Werk „Die Tatsachen" (engl. „Facts") von Philip Roth (1988).

In einem (fiktiven?) Briefwechsel zwischen dem (fiktiven?) Schriftsteller Philip Roth und Nathan Zuckerman, einer (wirklichen?) Romanfigur Philip Roths, kommunizieren beide über Fiktion und Wirklichkeit der Autobiographie. Zuckerman zu Philip Roth: „... die Verzerrung, die Wahrheitstreue genannt wird, ist Ihr Metier nicht – Sie sind einfach zu real, um sich voller Offenbarung zu stellen. Nur durch Verstellung können Sie sich von den verfälschenden Erfordernissen der ‚Offenheit' befreien" (Roth 1988, 219f).

Dort, wo Wahrheitsfanatismus und Transparenzanspruch zusammentreffen, ist der Ort wo Paranoia und Selbstauflösung zu entstehen pflegen. Die Idee und Forderung der Selbsttransparenz kann selbst schon als ein Symptom erscheinen, da sie die Grenze von Innen und Außen auflöst. Der Unterschied zwischen Erleben und Erzählen existiert nicht mehr, paranoide Ideen des Gemacht- und Beeinflusstwerdens sind dann nicht verrückt, sondern logisch und folgerichtig.

Wenn das eigene Selbst kristallklar, wirklich und transparent ist, muss das Unklare, Unwirkliche und das Bedrohliche bei den anderen sein. Ebenso wie die Transparenz die anderen auflöst, löst nun die Transparenz des eigenen Selbst das Ich auf. Das Ich löst sich hier auf, indem die Ich - Umwelt - Differenz aufgelöst wird. Das Ich lässt sich von innen nicht halten. Je fester das Selbst als ein transparenter Kristall gefasst und gehalten werden soll, um so eher rinnt es wie Wasser in der festhaltenden Hand davon. Die Gewissheitsanstrengung erzeugt die Ungewissheit.

Wiederum ein Dichter, also englisch formuliert ein Produzent von „fiction" im Unterschied zum Produzenten von „non-fiction", bringt es auf den Punkt und beschreibt das, was geschieht: „Jeder Mensch erfindet sich im Laufe seines Lebens eine Geschichte, die er meist unter Aufwendung von viel Mühe und Leid für seine Biografie hält." So beschreibt Max Frisch (1976) den Menschen als Geschichtenerzähler und Geschichtenerfinder. Menschen erfinden und erzählen aber nicht nur Geschichten, sondern sie leben dann auch noch in diesen Geschichten, mehr oder weniger gut.

Hält man sich an eigene Erfahrungen und vulgärpsychologische Mutmaßungen, also an alltagstaugliches Gelingen, dann wären die beliebtesten Gründe oder Motive für ein Leben in den alltäglichen Unwahrheit wohl diese: sich Ärger ersparen wollen, gemocht werden wollen, Bequemlichkeit – und Höflichkeit. Ja, die Höflichkeit; sie gebietet schon den Nachwachsenden, den trockenen Sandkuchen der Großtante, wahrheitswidrig, als köstliche Speise zu preisen. Sogar die Lügenfrequenz wissen kundige Lügenforscher anscheinend zu ermitteln; sie wollen herausgefunden haben, dass Durchschnittsmenschen unseres Kulturkreises täglich rund zweihundertmal – ob zaghaft oder dreist – lügen. Und das auch nicht erst seit gestern, es hat sich bewährt. Das Leben oder Überleben scheint durch diese, durch Lügen und Täuschung angereicherte gelingende Kommunikation wahrscheinlicher zu werden.

Das war schon bei Odysseus so, dem lügenhaften Helden Homers, dem klugen Strategen, dem Erfindungs- und Listenreichen, der tausend Tricks kennt: Polytropos. Der sich selbst und seine Kameraden rettet, indem er gelungen mit Polyphem, dem Zyklop, kommuniziert. Ihm einen falschen Namen – „ich heiße niemand" – nennt und ihn täuscht, indem er und seine Gefährten, unter Schafen versteckt, aus der Gefangenschaft der Höhle entkommen. Aber auch schon früher hat er gelungen mit seinen Feinden kommuniziert und den grausamen Trojanischen Krieg durch das Danaergeschenk des Trojanischen Pferdes, also durch eine Täuschung, beendet.

Weit verbreitet und daher wohl doch in der Lebenspraxis besser als Ihr Ruf ist also das Lügen und Täuschen. Eine Anwältin für das Lob des Lügens und

Täuschens kann man überraschenderweise in Hannah Arendt finden. In ihrem auf Deutsch 1969 publizierten Essay über „Wahrheit und Politik" zeigt sie eine auf den ersten Blick verblüffende Verwandtschaft auf, und zwar die Verwandtschaft zwischen dem menschlichen Vermögen, Dinge zu ändern und der rätselhaften Fähigkeit zu sagen: „Die Sonne scheint", während es draußen Bindfäden regnet. Wäre unser Verhalten wirklich so bedingt, wie manche Verhaltensforscher sich einreden, so würden wir wohl nie imstande sein dies kleine Mirakel zu vollbringen. Das aber heißt, dass unsere Fähigkeit zu lügen – so Hannah Arendt – zu den wenigen Daten gehört, die uns nachweislich bestätigen, dass es so etwas wie Freiheit wirklich gibt. Wer lügt, erkennt bestimmte Tatsachen nicht als Tatsachen an, jedenfalls nicht als ‚notwendige'. So stellt er seine Freiheit unter Beweis. Oder anders ausgedrückt: Wer lügt, handelt; und wer lügend handelt, verändert die Welt.

Davon kann natürlich auch der, der sich eine zeitlang an diesem Ort, an dem wir uns jetzt befinden, dem Ort der Freiheit der Wissenschaft, ein oder mehrere Lieder singen. Täuschen und Lügen ist eine durchaus gebräuchliche und bewährte Methode, um an Universitäten gelungen zu kommunizieren. Man muss dabei noch nicht einmal spektakulär aufgeflogene gefälschte Forschungsergebnisse und getürkte Studien im Sinn haben. Es genügt vollkommen, an die Formierung von Zitierseilschaften und den Wahrheitsgehalt von Impaktfaktoren zu denken.

Lassen Sie mich zum Schluss noch auf ein mir im Zusammenhang von Lügen, Täuschung und der sogenannten Wahrheit weit verbreitetes Missverständnis hinweisen. Ein Missverständnis, das dem Gelingen von Kommunikation oftmals sehr im Wege stehen kann. Ich meine das Missverständnis der Gleichsetzung von technischer und menschlicher Kommunikation.

Bei der technischen Kommunikation – also beispielsweise der Signalübertragung per Telefon – hängt das Gelingen der Kommunikation weitgehend von der eindeutigen Signaleingabe des Senders ab. Klappt dann noch eine Übertragung ohne Signalverlust, kommt das gesendete Signal wohlbehalten so, wie es vom Sender gesendet wurde, beim Empfänger an.

In der menschlichen Kommunikation dagegen liegt die Sache ganz anders. Dort spielt nicht der Sender, sondern der Empfänger den entscheidenden Part. Die Information in menschlicher Kommunikation entsteht im Ohr des Hörers und nicht in erster Linie im Mund des Sprechers. Will ein Sprecher wissen, was seine Frage bedeutet, muss er warten, bis der Empfänger ihm die Antwort gibt.

Dazu ein Beispiel für eine gelungene menschliche Kommunikation in Form einer kleinen Geschichte (M.E.G.a.Phon Nr. 19, April 1994). Lassen Sie sich dazu ins mittelalterliche Rom entführen:

Der Papst möchte die Juden aus Rom vertreiben. Die Situation eskaliert. Ein Bürgerkrieg droht. Schließlich bietet der Papst eine öffentliche Debatte mit einem Vertreter der Juden an. Gewinnen die Juden die Debatte, dürfen sie bleiben. Gewinnt der Papst, so müssen sie gehen. Aber keiner der Rabbiner ist bereit sich der Diskussion zu stellen, da es alle für ein dummes Spiel halten, in eine Diskussion einzutreten, in der der Papst gleichzeitig Teilnehmer und Schiedsrichter ist. Schließlich meldet sich der Synagogendiener und bietet an mit dem Papst zu diskutieren. Die Rabbiner sind anfangs nicht einverstanden, da es sich eigentlich nicht ziemt, dass der Synagogendiener eine so wichtige Sache vertritt und mit dem Papst diskutiert. Da aber sonst niemand gegen den Papst unter diesen Bedingungen antreten will, stimmen sie schließlich zu.

Der Tag der Debatte ist da.

Nur: Der Papst ist sich unterdessen seiner Sache auch nicht mehr so ganz sicher. Er hat Zweifel, ob er in jedem Fall gegen die talmudgeschulten Juden mit ihrer Rhetorik und Fähigkeit, Paradoxien zu benutzen, öffentlich bestehen kann. Da er die Spielregeln bestimmen kann, legt er fest, dass komplett nonverbal diskutiert wird.

Die Debatte beginnt:

Der Papst ballt die Faust und zeigt mit erhobenem Zeigefinger energisch in Richtung Himmel. Der Synagogendiener zeigt genauso energisch auf die Erde. Der Papst reagiert sofort und zeigt wieder mit dem Zeigefinger zum Himmel. Der Synagogendiener erhebt die rechte Hand und zeugt mit entschiedener Gestik drei Finger. Der Papst kommt etwas ins Stocken. Aber nach nur kurzem Zögern greift er in seinen Mantel und zeigt einen wunderbar runden Apfel. Ohne Zögern greift der Synagogendiener in seinen Mantel und zieht etwas umständlich eine Tüte hervor. Er öffnet die Tüte und zeigt ein jüdisches Fladenbrot. Der Papst senkt den Kopf und sagt: „Sie haben gewonnen."

Der Papst zieht sich mit den erschütterten Kardinälen zurück. „Tut mir leid," sagt er, „der Mann war extrem schlagfertig, das war ein Meister des Debattierens. Ich hatte keine Chance." Die Kardinäle fragen, was denn vorgegangen sei, denn keiner hat verstanden, was eigentlich ablief. Der Papst analysiert den Ablauf: „Das war doch offensichtlich. Ich habe mit dem Zeigerfinger zum Himmel gezeigt und gesagt: ‚Es gibt nur einen Gott.' Mein jüdischer Konkurrent hat gekontert, indem er auf den Boden zeigte: ‚Es gibt jedoch auch einen Teufel in der Hölle.' Und was soll ich da sagen? Das ist ja schließlich unser eigener katholischer Glaube. Dann habe ich gesagt: ‚Gott ist jedoch mächtiger.' Und der jüdische Kollege hat mit drei erhobenen Fingern geantwortet: ‚Aber nur, weil es der dreieinige Gott ist.' Und was soll ich da sagen, dass ist doch schließlich unser eigener Glaube. Dann wollte ich ihn reinlegen und zeigte ihm einen Apfel als Symbol für diese Irrlehre, dass die Erde eine

Kugel ist. Und was macht er? Er zeigt mir ein Fladenbrot und sagt damit, dass die Erde in Wirklichkeit eine Scheibe sei. Ja – und da hatte ich verloren."

Aber auch die Rabbiner waren verdutzt und ratlos über den Ablauf der Debatte und vor allem darüber, mit welcher zauberhaften Geschwindigkeit der Synagogendiener das Blatt zu ihren Gunsten wenden konnte. Sie befragten ihn, wie er das gemacht hätte.

Der sagt: „Meiner Meinung nach war das Ganze eine Farce. Zuerst zeigt mir der Papst seine Faust mit erhobenem Finger und droht: ‚Ihr fliegt raus aus Rom.' Da zeigte ich ihm aber, dass wir auf jeden Fall dableiben. Dann zeigte er noch mal seine Faust mit erhobenem Finger und sagte: ‚Und ihr fliegt trotzdem raus.' Da sagte ich ihm: ‚Das kannst du noch dreimal sagen, und wir bleiben trotzdem da.' Ja, und was macht er dann? Er greift plötzlich in seinen Mantel und zeigt mir seine Vesper. Dann habe ich ihm meine Vesper gezeigt."

Literatur

Arendt, H. (1969): Wahrheit und Politik. In: Arendt, H. & Nanz, P. (2006): Über Wahrheit und Politik. Berlin (Wagenbach): 7–62.

Barelds-Dijkstra & Barelds (2008): Positiv Illusions about One's Partners's Physical Attractiveness. Body Image 5: 99-108.

Enquist, Per Ole (2008): Ein anderes Leben. München (Hanser) 2009.

Frisch, M. (1976): Unsere Gier nach Geschichten. In: Gesammelte Werke IV. Hrsg. Von Hans Meyer. Frankfurt/Main (Suhrkamp).

M.E.G.a.Phon Nr. 19, April 1994 und in: Trenkle, B. (1994): Das Ha-Handbuch der Psychotherapie. Heidelberg (Auer).

Retzer, A. (2009): Lob der Vernunftehe. Eine Streitschrift für mehr Realismus in der Liebe. Frankfurt/Main (S. Fischer).

Roth, P. (1988): Tatsachen. München (Hanser) 1991.

Wittgenstein, L. (1953): Philosophische Untersuchungen. Frankfurt/Main (Suhrkamp 2003)

Karl-Josef Kuschel

„Er täusche mich, so viel er kann ..." *(René Descartes)*
Zum Risikocharakter des Grund- und Gottvertrauens

Die Verwerfung der Lüge in den drei prophetischen Religionen

Wer als Theologe in einen Diskurs eintritt zum Thema „Tarnen, Täuschen, Lügen" hat anscheinend leichtes Spiel. Denn er kann sich darauf berufen, dass seit Jahrtausenden in allen großen religiösen und ethischen Traditionen der Menschheit der Satz gilt, der in der heute populären Fassung lautet: „Du sollst nicht lügen!" Es handelt sich um das nachmals berühmte achte Gebot, das in der Tora Israels zusammen mit den vier letzten Geboten lautet: „Ehre deinen Vater und deine Mutter. [...] Du sollst nicht morden. Du sollst nicht die Ehe brechen. Du sollst nicht stehlen. Du sollst nicht Falsches gegen deinen Nächsten aussagen" (Ex 20,12–16, vgl. Dt 5,16–20).

Eindrucksvoll stellt insbesondere der große „Lobpreis auf das Gesetz Gottes", wie er im Psalm 119 vorliegt, die Verachtung der Lüge heraus. Der Beter fleht zu Gott:

> Halte mich fern vom Weg der Lüge;
> begnade mich mit Deiner Weisung! [...]
> Aus deinen Befehlen gewinne ich Einsicht,
> darum hasse ich alle Pfade der Lüge. [...]
> Ich hasse die Lüge, sie ist mir ein Greuel,
> doch deine Weisung habe ich lieb. (Ps 119,29,104,163)

Das Neue Testament der Christen setzt die Tora Israels voraus. Es weist ein Doppeltes zurück. Erstens ein Bild Gottes, bei dem Gott selber als Täuscher oder Lügner hingestellt werden dürfte (Hebr 6,18) und zweitens einen Menschen, der sich der Lüge hingibt: „Belügt einander nicht", so heißt es beispielsweise in den ermahnenden Passagen des *Briefes an die Kolosser*, „denn ihr habt den alten Menschen mit seinen Taten abgelegt und seid zu einem neuen Menschen geworden, der nach dem Bilde seines Schöpfers erneuert wird, um ihn zu erkennen" (Kol 3,9f.). Im *Jakobusbrief* heißt es entsprechend: „Wenn aber euer Herz voll ist von bitterer Eifersucht und von Ehrgeiz, dann prahlt nicht und verfälscht nicht die Wahrheit!" (Jak 3,14). Und der Verfälscher der Wahrheit schlechthin ist nach dem Johannesevangelium der Teufel: „ein Lügner und Vater der Lüge" (Jo 8, 44) wie er genannt wird.

In dieser biblisch-jüdisch-christlichen Tradition der Verwerfung der Lüge und der Täuschung steht auch der Koran, die Heilige Schrift der Muslime. Da er in seiner Botschaft davon ausgeht, dass Gott den Himmel und die Erde „in der reinen Wahrheit" (Sure 46,3) geschaffen hat, werden Täuschung und Lüge zu einem Charakteristikum des Unglaubens. Im Fall des Koran ist dies insbesondere der Polytheismus. Ungläubigen dieser Couleur wird entgegengehalten, dass sie „Lügner" gewesen seien (Sure 16,39; vgl. Sure 29,17), Menschen also, die an die Stelle des wahren Gottes etwas Menschengemachtes setzen und somit Gott etwas beigesellen. Ihnen gilt die unnachsichtige Verwerfung des Koran, wie in der großen Sure 6 mit 165 Versen mehrfach zum Ausdruck gebracht:

> Wer tut mehr Unrecht, als wer sich über Gott Lüge ausdenkt oder seine Zeichen für Lüge erklärt? [...] Wer tut mehr Unrecht, als wer sich über Gott Lüge ausdenkt oder sagt:
> ‚Mir ist offenbart worden',
> während ihm nichts offenbart worden ist, und wer sagt:
> ‚Ich werde etwas herabsenden wie das, was Gott herabgesandt hat'?
> Sähst du nur, wenn die, die Unrecht tun, in den Todesfluten sind und die Engel ihre Hände ausstrecken. [...]
> Wer tut denn mehr Unrecht, als wer er sich über Gott Lüge ausdenkt, um die Menschen in Unwissenheit irre zu leiten?
> Gott führt nicht das Volk, das Unrecht tut. (Sure 6,21,93,144)

Und so könnte ich fortfahren und zahlreiche Stellen nicht nur aus den normativen Schriften, sondern auch aus der gesamten moralisch-ethischen Tradition der drei Religionen namhaft machen. Ich zitiere stattdessen ein Konsensdokument, das in der Geschichte der Religionen einzigartig dasteht: die „Erklärung zum Weltethos", 1993 verabschiedet von Repräsentanten des „Parlamentes der Weltreligionen", das seinerzeit in Chicago tagte. Hier ist der Konsens zwischen den verschiedenen religiösen und ethischen Traditionen der Menschheit noch einmal zusammengefasst. Wörtlich heißt es hier (Erklärung zum Weltethos, hrsg. v. H. Küng u. K.-J. Kuschel, München 1993, 35-37):

> Aus den großen alten religiösen und ethischen Traditionen der Menschheit vernehmen wir die Weisung: Du sollst nicht lügen! Oder positiv: Rede und handle wahrhaftig! Besinnen wir uns also wieder auf die Konsequenzen dieser uralten Weisung: Kein Mensch und keine Institution, kein Staat und auch keine Kirche oder Religionsgemeinschaft haben das Recht, den Menschen die Unwahrheit zu sagen. [...]
> - Wahrhaft Menschsein heißt im Geiste unserer großen religiösen und ethischen Traditionen das Folgende:
> - Statt Freiheit mit Willkür und Pluralismus mit Beliebigkeit zu verwechseln, der Wahrheit Geltung zu verschaffen;

– Statt in Unehrlichkeit, Verstellung und opportunistischer Anpassung zu leben, den Geist der Wahrhaftigkeit auch in den alltäglichen Beziehungen zwischen Mensch und Mensch zu pflegen;
– Statt ideologische oder parteiische Halbwahrheiten zu verbreiten, in unbestechlicher Wahrhaftigkeit die Wahrheit immer neu zu suchen;
– Statt einem Opportunismus zu huldigen, in Verlässlichkeit und Stetigkeit der einmal erkannten Wahrheit zu dienen.

Dass man also aus Selbstverpflichtung auf göttliches Gebot in betrügerischer Absicht nicht „tarnen, täuschen, lügen" soll, ist Gemeingut aller Religionen nicht nur nahöstlichen, sondern auch indischen und chinesischen Ursprungs.

Diese Verwerfung hat evolutionsgeschichtlich mit der Herausbildung komplexerer Formen menschlichen Zusammenlebens zu tun. Die Einsicht musste gelernt werden, dass das Überleben und die Lebenstüchtigkeit von menschlichen Gruppen von der Verlässlichkeit der Akteure untereinander abhängt. Umgekehrt zerstört die Lüge Vertrauen im zwischenmenschlichen Binnenverhältnis und im sozialen Verbund. *Betrügerisches* „Tarnen, Täuschen, Lügen" mag eine Zeitlang im Interesse des betrügenden Subjekts funktionieren. Auf Dauer wird jede Lebensordnung untergraben, die auf Verlässlichkeit, Sicherheit und Vertrauen angewiesen ist. Eine uralte Einsicht, die sich nicht zufällig in dem weisheitlichen Merkwort verdichtet hat: „Wer einmal lügt, dem glaubt man nicht, und wenn er auch die Wahrheit spricht."

Moral und Situation: pastoralpsychologische Einsichten

Ein Zweites muss sofort hinzugefügt werden: Gemeingut heutiger Moraltheologie und Pastoralpsychologie ist auch das Wissen um die Komplexität des real und konkret gelebten Lebens. Moralische Gebote sind das eine, menschliche Lebenssituationen das andere. Eine Symmetrie ist in vielen Fällen nicht gegeben. Moralische Dilemmata sind Teil der Lebenserfahrung. Auch im Raum von Moraltheologie und Pastoralpsychologie werden Fragen wie die gestellt, die Gunther Klosinski in seinem Grußwort zum Programm der Tagung so formuliert hat: „Wie viel Ehrlichkeit, Offenheit und Wahrheit vertragen wir? Wann scheint eine ‚Umschreibung' der Wahrheit nicht nur sinnvoll, sondern geradezu erforderlich, da womöglich die Wahrheit nicht ertragen werden kann, sie die Menschen depressiv oder panisch machen könnte?"

Man weiß also auch im Raum der heutigen Theologie um die gelebte Realität von Menschen, die nicht nach dem Schwarz-Weiß-Schema zu beurteilen ist, weiß, dass es Fälle gibt, in denen Menschen in Grenzsituationen geraten und Elemente von Tarnung, Täuschung oder Lüge eine Notwehr- oder Überlebensstrategie sein können. Dass „Tarnen, Täuschen, Lügen" als Ausdruck des Betrugs nicht erlaubt sind, ist göttliches Gebot. Wann sie aber unter Umständen im Einzelfall unter konkreten Lebensbedingungen angewandt werden *müssen*, ist eine andere Frage, und hier spielt das eine Rolle, was in der Moraltheologie für menschliches Handeln gerade in Grenzsituationen immer wieder veranschlagt wird: das Gewissen. Ein Gewissen, das kein Alibi für Missachtung der Gebote ist, wohl aber eine Orientierungsrichtlinie für Abwägung von größerem und kleinerem Übel und angemessenes Handeln in Entscheidungssituationen.

René Descartes und der „Genius Malignus"

Der Komplexität der Problematik freilich ist es geschuldet, nicht nur auf der moralisch-ethischen, sondern tiefer noch auf der philosophisch-erkenntniskritischen Ebene die Auseinandersetzung mit dem Thema „Tarnen, Täuschen, Lügen" zu suchen. Denn diese Problematik kehrt dort wieder, wo man sich um die Frage bemüht, wie ein Grundvertrauen in die Wirklichkeit und erst recht ein Gottvertrauen begründet werden kann. Ich meine damit die Tatsache, dass Theologen für den Glaubensakt stets darauf verweisen, dass der Glaube ein Wagnis, ein Risiko sei. Das aber kann er nur sein, wenn man als glaubender Mensch immer auch mit der Möglichkeit des „Getäuschtwerdens" rechnet, damit also, dass das, was man behauptet (die Wirklichkeit sei wirklich oder Gott existiere), auf Selbsttäuschung, auf Illusion, auf Einbildung beruht. Schärfer gesagt: auf Selbstbetrug, was eine andere Form des sich selber Belügens ist.

Ich will Ihnen diese Problematik am Beispiel eines Denkers bewusst machen, der in meiner intellektuellen Entwicklung eine entscheidende Rolle gespielt hat. Seit ich die 1641 erschienenen „Meditationen" des französischen Philosophen René Descartes (1596–1650) erstmals las, lässt sich der Gedanke aus meinem Bewusstsein nicht mehr vertreiben, dass man beides – Vertrauen in die Wirklichkeit und Glauben an Gott – nur dann behaupten kann, wenn man auch mit der Möglichkeit des Getäuschtwerdens ernst macht.

Descartes kommt in der Geistesgeschichte der Menschheit das Verdienst zu, methodisch streng kontrolliert unter Einbeziehung aller Zweifel einen denkerischen Weg gezeigt zu haben, wie man die Existenz seiner selbst und auch die Existenz Gottes mit begründeter Gewissheit annehmen könne. Denn Descartes setzt im Gegensatz zu allen großen mittelalterlichen Denkern als Mensch der Neuzeit mit der Tatsache des radikalen Zweifelns an. Wie soll man bei allen wirklichen und möglichen Irrtümern zu einer bleibenden, unerschütterlichen Gewissheit kommen? Programmatisch beginnt Descartes seine Meditationen denn auch so:

Schon vor einer Reihe von Jahren habe ich bemerkt, wieviel Falsches ich in meiner Jugend habe gelten lassen und wie zweifelhaft alles ist, was ich hernach darauf aufgebaut, dass ich daher einmal im Leben alles von Grund aus umstoßen und von den ersten Grundlagen an neu beginnen müsse, wenn ich jemals für etwas Unerschütterliches und Bleibendes in den Wissenschaften festen Halt schaffen wollte.
(Meditationen I,1).

Achten wir auf Formulierungen wie „alles von Grund aus umstoßen", „neu beginnen", „wie zweifelhaft alles ist"! In der Tat stellen nach Descartes denkende Menschen bald fest, dass man ungefähr an allem, „an *allen* Dingen, besonders den materiellen", zweifeln könne. Und um deutlich zu machen, wie zweifelhaft *alles* sei, müsse man nicht, meint Descartes, in endloser Arbeit alles im einzelnen durchprüfen. Er werde vielmehr", fährt Descartes fort, „da bei untergrabenen Fundamenten alles darauf Gebaute von selbst" zusammenstürze, den Angriff sogleich „auf eben die Prinzipien richten", auf die sich alle seine früheren Meinungen gestützt hätten. Das geschieht in vier Schritten mit entsprechenden Rückfragen:

Schritt I: Die sinnliche Wahrnehmung ist unzuverlässig!
Da uns die Sinne oft täuschen, kann man ihnen nie ganz trauen. Die Gewissheit der Außenwelt überhaupt ist zweifelhaft.
Doch Rückfrage: Betrifft diese Ungewissheit nicht bloß kleinere und entferntere Gegenstände? Was ist mit mir, der ich da sitze, mit meinen Händen und mit meinem ganzen Körper?

Schritt II: Traum und Wachen lassen sich nicht sicher unterscheiden!
Die Erfahrung zeigt: Was wir im Wachen, können wir auch im Traum erleben. Gerade, dass ich hier sitze, mit meinen Händen und mit meinem ganzen Körper, könnte ein Traum sein, Halluzination, Wahnidee. Woraus folgt: Selbst die Gewissheit meiner leibhaftigen Existenz ist zweifelhaft.
Doch halt: Diese Ungewissheit mag Einzelheiten betreffen, betrifft sie aber auch die Natur der Körper, ihre Ausdehnung, Quantität, Größe oder Zahl, betrifft sie Ort und Zeit? Ob ich nun träume oder nicht: Zwei und drei sind immer fünf. Quadrate haben immer vier Seiten.

Schritt III: Alles könnte Täuschung sein!
Wenn wir uns schon so viel täuschen: Warum sollen wir uns nicht auch über das täuschen, was das Gewisseste zu sein scheint? Nein, selbst die allgemeinsten Grundbegriffe und Grundsätze der Natur sind möglicherweise zweifelhaft.
Doch noch einmal halt: Eine solche Ungewissheit des Menschen lässt sich zwar ausdenken, aber doch nur unter der Voraussetzung, dass der allgütige Gott den Menschen in eine solch grundlegende Verkehrtheit hinein geschaffen hat. Würde das nicht Gottes Güte widersprechen?

Schritt IV: Statt Gott könnte auch ein täuschender Geist auf dem Plan sein! Lässt sich nicht, fragt Descartes, zumindest „für eine Weile die Fiktion machen", „nicht der allgütige Gott, die Quelle der Wahrheit, sondern irgend ein böser Geist (genius malignus), zugleich allmächtig und verschlagen, habe all seinen Fleiß daran gewandt, mich zu täuschen"? Alles außer mir und an mir wäre dann eben „nichts als das täuschende Spiel von Träumen".

(Meditation I, 11f.).

Das ist nun das Herausfordernde an Descartes' Denken: Er zögert nicht, wenn auch nur „fiktiv", im Gedankenexperiment also, beides zugleich in radikaler Schärfe und Konsequenz in Frage zu stellen: die Wirklichkeit der Wirklichkeit (alles könnte auch Traum sein) und die Wirklichkeit des Schöpfergottes. Es könnte statt des gütigen Gottes ein „genius malignus", ein böser, verschlagener, tückischer, lügnerischer Geist existieren, dem sich die Schöpfung verdankt und der alles an scheinbarer Wahrheit der Täuschung ausgeliefert hat. Es ist diese Passage, die mich in den Meditationen am stärksten „beunruhigt" hat:

> So will ich denn annehmen, nicht der allgütige Gott, die Quelle der Wahrheit, sondern irgend ein böser Geist, der zugleich allmächtig und verschlagen ist, habe all seinen Fleiß daran gewandt, mich zu täuschen; ich will glauben, Himmel, Luft, Erde, Farben, Gestalten, Töne und alle Außendinge seien nichts als das täuschende Spiel von Träumen, durch die er meiner Leichtgläubigkeit Fallen stellt; mich selbst will ich so ansehen, als hätte ich keine Hände, keine Augen, kein Fleisch, kein Blut, überhaupt keine Sinne, sondern glaubte nur fälschlich, das alles zu besitzen. Und ich werde hartnäckig an diesem Gedanken festhalten und werde so – wenn ich auch nicht imstande sein sollte, irgendetwas Wahres zu erkennen, – mich doch entschlossenen Sinnes in acht nehmen, soviel an mir liegt, nichts Falschem zuzustimmen, noch von jenem Betrüger mich hintergehen zu lassen, so mächtig, so verschlagen er auch sein mag. Aber dies ist ein mühevolles Unternehmen und eine gewisse Trägheit führt mich zur gewohnten Lebensweise zurück. Wie ein Gefangener, der etwa im Traume eine eingebildete Freiheit genoss, wenn er später zu argwöhnen beginnt, dass er nur schlafe, sich fürchtet, aufzuwachen, und sich den schmeichlerischen Vorspiegelungen träge hingibt, so sinke ich von selbst in die alten Meinungen zurück und fürchte mich zu ermuntern, um nicht das mühselige Wachsein, das auf die behagliche Ruhe folgt, statt im Lichte in der undurchdringlichen Finsternis der gerade zur Sprache gebrachten Schwierigkeiten zubringen zu müssen.
>
> (Meditationen I,12)

Damit hat der universale und radikale Zweifel durch alles hindurch die Wurzel bisheriger Gewissheit erreicht und getroffen. Beides, die Gewissheit über die Wirklichkeit der Wirklichkeit und über die Wirklichkeit des gütigen Schöpfergottes, ist in der Lauge des Zweifels zerfressen. Wie aber soll nun bei derart radikalem Zweifel die Verzweiflung vermieden werden können? Wie soll, wenn man wie Descartes dem Zweifel in keiner Weise ausweicht, ihm vielmehr bis zum Ende standhält, überhaupt noch eine Gewissheit erreicht werden? Descartes wörtlich zu Beginn der zweiten Meditation:

> Die gestrige Betrachtung hat mich in so gewaltige Zweifel gestürzt, dass ich sie nicht mehr vergessen kann, und doch sehe ich nicht, wie sie zu lösen sind; sondern ich bin wie bei einem unvorhergesehenen Sturz in einen tiefen Strudel so verwirrt, dass ich weder auf dem Grunde festen Fuß fassen, noch zur Oberfläche empor schwimmen kann. Dennoch will ich mich herausarbeiten und von neuem eben den Weg versuchen, den ich gestern eingeschlagen hatte: nämlich alles von mir fernhalten, was auch nur den geringsten Zweifel zulässt, genau so, als hätte ich sicher in Erfahrung gebracht, dass es durchaus falsch sei. Und ich will so lange weiter vordringen, bis ich irgendetwas Gewisses, oder, wenn nichts anderes, so doch wenigstens das für gewiss erkenne, dass es nichts Gewisses gibt. Nichts als einen festen und unbeweglichen Punkt verlangt Archimedes, um die ganze Erde von ihrer Stelle zu bewegen, und so darf auch ich Großes hoffen, wenn ich nur das geringste finde, das sicher und unerschütterlich ist. (Meditationen II,1)

Was folgt? Es folgt bei Descartes der Aufweis, dass es diesen „archimedischen Punkt" gibt, gerade unter Voraussetzung und Anwendung des universalen und radikalen Zweifels. Ja, es ist gerade dieser Zweifel, der für Descartes eine neue grundlegende Gewissheit aus sich heraus setzt:

> Alsbald fiel mir auf, dass, während ich auf diese Weise zu denken versuchte, alles sei falsch, doch notwendig ich, der es dachte, etwas sei. Und indem ich erkannte, dass diese Wahrheit: ‚Ich denke, also bin ich', so fest und sicher ist, dass die ausgefallensten Unterstellungen der Skeptiker sie nicht zu erschüttern vermöchten, so entschied ich, dass ich sie ohne Bedenken als ersten Grundsatz der Philosophie, die ich suchte, ansetzen könne. (Meditationen IV,1)

Das nachmals durch Descartes berühmte „cogito, ergo sum" ist hier eingeführt: „Ich denke, also bin ich". Das ist für Descartes der „archimedische Punkt" der Gewissheit. Und der „genius malignus"? Der Philosoph muß diesen Einwand aufnehmen:

> Nun, wenn er mich täuscht, so ist es also unzweifelhaft, dass ich bin. Er täusche mich, so viel er kann, niemals wird er doch fertigbringen, dass ich nichts bin, solange ich denke, dass ich etwas sei. Und so komme ich, nachdem ich nun alles mehr als genug hin und her erwogen habe, schließlich zu der Feststellung, dass dieser Satz: ‚Ich bin, ich existiere', so oft ich ihn ausspreche oder in Gedanken fasse, notwendig wahr ist. (Meditationen II,3)

„*Er täusche mich, so viel er kann ...*" Ich kann hier den weiteren Denkweg Descartes' nicht rekonstruieren: Wie Descartes vom „cogito" zur Annahme der Wirklichkeit und auch zur Annahme der Existenz eines gütigen Gottes kommt, wie Descartes also durch die Grund- zur Gottesgewissheit zu gelangen weiß. Ich kann auch nicht auf die weitere Auseinandersetzung mit Descartes eingehen. Die philosophische Suche nach einer Grundgewissheit, dem sog. archimedischen Punkt der Wahrheit, ist bei Descartes bekanntlich nicht stehen geblieben. Friedrich Nietzsche wird es vorbehalten sein, im Zuge seiner Nihilismus-Analysen gerade auch die Decartes'sche Grundgewissheit auf der Basis des „cogito" noch einmal radikal zu hinterfragen und grundsätzlich zu bestreiten, dass es Einheit, Wahrheit und Gutheit der Wirklichkeit überhaupt gäbe.

Zum Risikocharakter des Grund- und Gottvertrauens

Ich halte stattdessen für unseren thematischen Zusammenhang die beiden entscheidenden Momente noch einmal fest, die mich seit der Descartes-Lektüre begleiten und die Hans Küng in seinem Buch „Existiert Gott? Antwort auf die Gottesfrage der Neuzeit" schon im Jahre 1978 breit reflektiert hat:

(1) Menschen erfahren die Wirklichkeit empirisch-faktisch oft genug als unzuverlässig, täuschend, ungewiss. Oft genug verschwimmen in der Tat, wie Descartes es schon unterstellte, die Grenzen zwischen Wachen und Träumen, zwischen Einbildung und Realität, zwischen Wahrnehmung und Wirklichkeit.
Woraus folgt: Schon die Annahme der Wirklichkeit als „wirklich", als gut und verlässlich ist weder von vornherein evident noch im Nachhinein beweisbar, beruht vielmehr auf einem Akt des Vertrauens des Menschen in die Wirklichkeit. Wir leben faktisch in allem, was wir tun und sagen, auf Vertrauen hin, das sich im Nachhinein als Täuschung erweisen *kann*, nicht muß. Niemandem von uns ist garantiert, ob er oder sie auch nur den heutigen Tag überleben wird, ob die Partnerschaft, in der man lebt, stabil, ob der Körper, der einem gehört, so gesund bleibt wie bisher. Ja, selbst die Wirklichkeit der Wirklichkeit ist nicht etwa evident oder beweisbar, sondern nur im Akt des Vertrauens anzunehmen.
Damit stehen wir Menschen faktisch im Lebensvollzug vor der stets gegebenen Grundalternative des Grundvertrauens oder Grundmisstrauens zur Wirklichkeit. Spätestens seit den radikalen Nihilismusanalysen Nietzsches steht uns diese prekäre Erfahrungssituation auch erkenntniskritisch vor Augen. Ein Grundvertrauen in die Wirklichkeit ist stets bedroht durch die Alternative des Grundmisstrauens. Zwar gibt es gute Gründe für ein Grundvertrauen in die Wirklichkeit, aber keine Beweise. Für ein Grundmisstrauen gilt das ebenso. Woraus folgt: Die Annahme der Wirklichkeit als verlässlich ist so riskant wie die Annahme meiner selbst. Man könnte sich auch täuschen. Diese Täuschung aber ist in diesem Fall kein moralisches Defizit oder Versagen, sondern eine notwendige Dimension unseres Ver-

hältnisses zur Wirklichkeit. Sie erst macht das Grundvertrauen zu dem, was es ist: zu einem Entscheidungsakt mit Risikocharakter.

(2) Was für die Grundalternative Grundvertrauen oder Grundmisstrauen gilt, gilt erst recht für die Alternative Gottvertrauen – Atheismus. Denn damit verlassen wir erkenntnistheoretisch den Raum des Empirisch-Faktischen. Bei Descartes anknüpfen können wir hier nicht. Denn er hatte die Existenz eines gütigen Gottes kurzerhand aus der im Menschen vorhandenen Gottes-Idee abgeleitet – in der Tradition des nachmals berühmten „ontologischen Gottesbeweises" des mittelalterlichen Denkers Anselm von Canterbury. Dessen Grundgedanke lautet: Menschen erkennen klar und deutlich, dass Gott das vollkommenste Wesen ist. Zu dieser Vollkommenheit aber gehören auch sein Dasein und seine Güte. Gottes Existenz ist also allein schon mit der Idee Gottes als des vollkommenen Wesens gegeben. Wäre „Gott" ein betrügerischer Geist, könnte er das vollkommenste Wesen nicht sein. Denn Täuschung und Betrug sind Zeichen von Schwäche und Unvollkommenheit. Somit schließt der Begriff oder die Idee des vollkommenen Wesens nicht nur die Existenz, sondern auch die Wahrhaftigkeit und Güte Gottes ein. Ein Betrüger-Gott ist auf diese Weise ausgeschlossen. Woraus Descartes folgert: Ist Gott wahrhaftig und gut, kann der Mensch seiner selbst und der materiellen Dinge, die ihn umgeben, gewiss sein. Gott in seiner Wahrhaftigkeit und Güte garantiert auch die Zuverlässigkeit der von ihm geschaffenen Welt.

Spätestens freilich seit Immanuel Kant ist der ontologische Gottesbeweis erkenntniskritisch destruiert. Der Schluss von der Idee auf die Wirklichkeit ist schlechterdings nicht zwingend. Nicht zufällig hat Kant denn auch die „drei transzendenten Ideen" Gott, Freiheit und Unsterblichkeit nicht mehr aus der theoretischen, sondern der *praktischen* Vernunft begründet. In dieser nach-kantischen Situation stehen wir *heute* erkenntniskritisch nach wie vor: konkret vor der Grundalternative von Gottesglauben und Atheismus. Streng rational ist das Ja zu Gott dabei genauso wenig bewiesen wie das Nein zu Gott. Man kann für beide Alternativen Gründe haben. Auch wer Nein zu Gott sagt, tut dies aufgrund von Voraussetzungen. Wer Ja sagt, ebenso. Logisch zwingend im Sinne des rationalen Beweises sind diese Voraussetzungen nicht. „Dass Gott ist, kann angenommen werden" – ich zitiere ein wichtiges Wort von *Hans Küng*: „nicht stringent aufgrund eines Beweises oder Aufweises der reinen Vernunft, nicht aufgrund eines moralischen Postulates der praktischen Vernunft, nicht ausschließlich aufgrund des biblischen Zeugnisses. Dass Gott ist, kann nur in einem – in der Wirklichkeit selbst begründeten – Vertrauen angenommen werden." (Küng 1978, 6) Weil sich aber weder das Ja noch das Nein zu Gott „beweisen" lassen, beruhen beiden Optionen auf einem Akt des Vertrauens. Anders gesagt: Beide bergen in sich das Risiko des Getäuschtseins und des Selbstbetrugs. So wie die Annahme der Wirklichkeit der Wirklichkeit unter Selbsttäuschungs- und Illusions-Vorbehalt steht, so auch die Alternative Gottvertrauen – Atheismus.

In beiden Fällen dringen wir strukturell zum selben Problem vor. „Täuschung" als Selbst- oder Fremdtäuschung und Lüge als Selbst- oder Fremdbetrug sind nicht nur moralische Defizite des handelnden Menschen. Auf dieser ersten, der moralisch-ethischen Ebene, behalten die Gebote und Verbote aus den religiösen und ethischen Traditionen der Menschheit ihre buchstäbliche Notwendigkeit - im Interesse des Lebensvertrauens unter Menschen. Denn die Lüge im zwischenmenschlichen Verhältnis zerstört Vertrauen, zerstört menschliche Bindungen und zerstört damit menschliches Zusammenleben. Betrügerisches „Tarnen, täuschen, lügen" mag eine Zeit lang „funktionieren" im Interesse des betrügenden Subjektes. Es mag lebensgeschichtliche Dilemmata geben, die zu einem Gewissensentscheid zwingen. Auf die Dauer wird jede menschliche Lebensordnung untergraben, die ohne Verlässlichkeit, Sicherheit und Vertrauen nicht überleben kann. Deshalb sind Täuschung und Lüge grundsätzlich zu verwerfen – im Interesse des Wohlergehens des Einzelnen und der Gemeinschaft.

Anders auf der Ebene von Erkenntniskritik und Erkenntnistheorie, auf der metamoralischen Ebene. Im notwendigen Vertrauensakt bei der Annahme der Wirklichkeit der Wirklichkeit und bei der Annahme der Wirklichkeit Gottes ist die Möglichkeit des „Getäuschtwerdens" dem Wesen des Vertrauens immanent. Der Risikocharakter der jeweiligen Option setzt die Möglichkeit der Selbsttäuschung und des Selbstbetrugs voraus. Menschen „glauben" (ob im zwischenmenschlichen oder im transzendenten Sinn), und dieser Akt des Glaubens ist nicht beweisfest, sondern risikohaft. Es könnte alles auch anders sein. Eine Einsicht jenseits von Gut und Böse. Sie gehört zur Signatur dessen, was auf der moralischen Ebene unverzichtbar ist: Vertrauen und Verlässlichkeit – das Gegenteil von „tarnen, täuschen, lügen". Diese grundsätzliche philosophisch-erkenntniskritische Problematik in unserem Zusammenhang bewusst gemacht zu haben, ist Aufgabe und Anspruch dieses Beitrags.

Literatur

Küng, H. (1978): Existiert Gott? Antwort auf die Gottesfrage der Neuzeit, München – Zürich.
Kuschel, K.-J. (2007): Juden – Christen – Muslime. Herkunft und Zukunft, Düsseldorf.

Nina Schneider

Daily Soaps: Eine Gefahr für Jugendliche?

Millionen von Jugendlichen sitzen täglich zur selben Sendezeit vor den Bildschirmen und verfolgen gespannt das Geschehen ihrer Lieblingssoap um Liebe, Lust, Lügen und Intrigen. Keine Folge darf verpasst werden und wehe jemand wagt es, zur Sendezeit zu stören. Es existiert ein regelrechter Kult um die Soaps sowie ihre Darsteller und nach über 15 Jahren ist noch kein Ende dieses Formats abzusehen.

Daily Soaps nehmen vor allem im Fernsehkonsum weiblicher Jugendlicher einen hohen Stellenwert ein. So gaben fast zwei Drittel der weiblichen Befragten der JIM-Studie an, dass Daily Soaps ihre Lieblingssendungen seien[1]. Daher stellt sich die Frage, ob durch das tägliche Eintauchen in die Welt der Schönen und Reichen, der Intrigen und Machtspielchen eine Generation von kleinen Egomanen, Exzentrikern und Egoisten herangezogen wird. Überspitzt formuliert also: geht von Daily Soaps eine Gefahr für Jugendliche aus?

Um diese Frage zu diskutieren, wird im Folgenden zunächst ein Einblick in die Historie der Daily Soaps gegeben. Daran schließt sich eine Betrachtung der Merkmale und Funktionen sowie der Themen der Daily Soaps an. Es wird geklärt, warum gerade dieses Fernsehformat eine derart hohe Attraktivität auf Jugendliche ausübt und ob die behandelten Themen realistischen Charakter haben. In einer abschließenden Betrachtung werden die negativen Aspekte der Soaps schließlich zusammengefasst.

Historie der Daily Soaps

Historisch haben sich die Soap Operas aus den Fortsetzungsromanen sowie den Radio-Soaps entwickelt. Radio-Soaps waren jeweils durch eine Kurzzusammenfassung der letzten Folge und eine Erkennungsmelodie gekennzeichnet. Ihren Namen erhielten sie aufgrund der Vielzahl begleitender Werbespots für Waschmittel. Sie hatten eine Länge von 15 Minuten und richteten sich vor allem an Hausfrauen. Ihren Höhepunkt erlebten sie in den 1940ern, als über 60 verschiedene Sendungen im amerikanischen Radio zu hören waren. Danach wurden sie mehr und mehr von den Fernseh-Soaps abgelöst, bis sie fast ganz aus der Medienlandschaft verschwanden.

In den deutschen Medien ist die „Lindenstraße" (ARD) unbestritten die berühmteste Fernseh-Soap mit wöchentlichem Ausstrahlungsrhythmus, deshalb auch als Weekly Soap bezeichnet. Sie ging 1985 auf Sendung und strahlte bis heute über 1.200 Folgen aus. Die erste Daily Soap flimmerte im Mai 1992 mit dem Start des Privatfernsehens über die deutschen Bildschirme. „Gute Zeiten, schlechte Zeiten" (RTL) war damals eine originalgetreue Kopie des australischen Vorbildes „Restless Years", von dem 230 Folgen übernommen wurden. Da der erhoffte Erfolg ausblieb, entschied man sich, sich davon zu lösen und eine Ausrichtung an das deutsche Publikum vorzunehmen. Das Konzept ging auf und die Einschaltquoten schnellten in die Höhe. Heute hat GZSZ – so die etablierte Abkürzung bei den Stammzuschauern – in der Altersgruppe der 14- bis 49-Jährigen einen Marktanteil von konstant über 20 Prozent[2], was über zwei Millionen Zuschauern entspricht. GZSZ gilt als Schauplatz neuer Trends und als Plattform für Gastauftritte von Prominenten. Deshalb überrascht es nicht, dass sie mit Abstand den höchsten Marktanteil bei den Jugendlichen erzielt. „Marienhof" (ARD) folgte sechs Monate nach GZSZ. Zunächst war die Soap nur zwei Mal wöchentlich zu sehen. Nach guter Zuschauerresonanz wurde der Ausstrahlungsrhythmus auf die Werktage erhöht. Gekennzeichnet ist „Marienhof" durch die Thematisierung vieler sozialkritischer Aspekte und die Beibehaltung der Alltagsnähe, also das Zeigen der alltäglichen Seiten des Lebens. Im Jahr 1994 folgte die zweite Daily Soap von RTL „Unter uns" und ein Jahr später „Verbotene Liebe", die „Glamour"-Soap im Ersten. Nachdem die Telenovelas, die im Gegensatz zu Soaps einen festen Start und ein festes Ende besitzen und somit nicht auf das Muster der Unendlichkeit angelegt sind, zwischenzeitlich auch in Deutschland die Gunst der Zuschauer eroberten[3], startete RTL im Jahr 2006 erfolgreich die neue Soap „Alles was zählt".

Definition und Merkmale

Wie die meisten regelmäßigen Formate haben Soaps, die auch Seifenopern oder Soap Operas genannt werden, einen festen Sendeplatz, knüpfen an die Handlung vorangegangener Folgen an und arbeiten mit wiederkehrenden Figuren. Die Besonderheit liegt darin, dass sie sich über einen endlos langen Zeitraum erstrecken und ein- oder mehrmals wöchentlich gesendet werden.

Soaps sind fiktionale Formate, deren Geschichten zwar häufig aktuelle Trends und Themen aufgreifen, jedoch auf keinerlei realen Schicksalen basieren. Daily Soaps werden werktäglich ausgestrahlt, wobei samstags z.T. Wiederholungen der Folgen zu sehen sind. Als weitere *formale Merkmale* sind eine Zusammenfassung von Schlüsselszenen zu Beginn der Folge (Teaser) sowie ein abschließender Ausblick auf die nächste Folge (Appetizer) charakteristisch.

Eines der wichtigsten *dramaturgischen Kennzeichen* ist der „Cliffhanger": Im Augenblick der höchsten Spannung wird die Geschichte abgebrochen, um die Neugier auf die nächste Folge zu schüren. Visuell wird dies mit einer Großaufnahme oder Halbnahen der beteiligten Figuren aufgelöst, so dass eine möglichst große emotionale Nähe hergestellt wird. In der nächsten Folge wird im sogenannten „Cliff-Pickup" dieser Handlungsstrang wieder aufgegriffen. Des Weiteren ist das Erzählmuster der Zopfdramaturgie für Soaps typisch: In der Regel werden drei Handlungsstränge parallel erzählt, wobei eine Haupthandlung im Vordergrund steht. Da die Handlungsstränge zumeist miteinander verknüpft sind und sich die Charaktere über das Geschehen austauschen, wird der Zuschauer in eine Art „Gottesperspektive" versetzt. Die Spannung entsteht somit nicht aus Neugier über den Fortgang der eigentlichen Handlung, sondern wie Protagonisten auf einzelne Entwicklungen reagieren – beispielsweise, wenn sie erfahren, dass sie von ihrem Partner schon seit Wochen hintergangen und betrogen werden. Götz (2002) zeigt den Idealspannungsbogen im Handlungsverlauf bei GZSZ sehr schön auf: In der ersten Folge entwickelt sich ein Konflikt, der in einem kleinen Cliffhanger, einem so genannten „Pen", endet. Dieser wird in der nächsten Folge wieder aufgenommen und steigert sich bis zu seinem Höhepunkt. Im Moment der größten Spannung endet auch hier die Folge. Der Konflikt wird dann schließlich in der dritten Folge (zunächst) gelöst. Größere Spannungsbögen (Futures) können sich über mehrere Monate hinziehen und dienen der Charakterentwicklung oder erzählen größere Zusammenhänge[4]. Das Ende einer Geschichte leitet immer direkt in die nächste über. Harmonien sind immer nur von kurzer Dauer und neue „Katastrophen" zumeist „vorprogrammiert". Durch diese offene Erzählstruktur entwickelt sich eine immerfort offene Handlung, die auf Unendlichkeit angelegt ist. Die Dramaturgie entwickelt sich dabei entweder von der Handlung getrieben (plot-driven) oder aus den Personen und ihren Befindlichkeiten heraus (character-driven).

In Soaps wird mit sehr viel mehr *Figuren* gearbeitet als in Spielfilmen. Dies ist notwendig, da viele unterschiedliche, möglichst real und authentisch wirkende Personen agieren sollen. Anders als in vielen anderen fiktionalen Formaten ist der Frauen- und Männeranteil ausgeglichen. Zudem bieten weibliche Protagonisten oftmals ein positives Identifikationspotential, wenn sie beispielsweise beruflich „tough" und privat erfolgreich dargestellt werden[5]. Im Spektrum der agierenden Personen haben Stereotype auch einen festen Platz. Die Femme fatale, der fürsorgliche Kumpel und der durchtriebene Bösewicht dürfen in keiner Soap fehlen. Schon allein am Aussehen sind sie vom Zuschauer meist leicht zu entschlüsseln. Bezeichnend ist auch, dass die Figuren keinerlei Entwicklung erfahren. Aus Fehlern, die sie begangen haben, lernen sie selten etwas und tappen oft mehrmals in die gleichen Fallen. Um neue Charaktere in das Handlungsgeschehen einzuführen, bedienen sich die Storywriter des sogenannten „Backwounds": Die dem Zuschauer unbekannte Vergangenheit vieler Protagonisten wird genutzt, um Ex-Partner, uneheliche Kinder, zwielichtige Geschäftspartner oder Kriminelle einzuführen, die der Handlung neuen Stoff liefern.

Mit Ausnahme der Soap Marienhof sind Trendberufe vorherrschend. Aktuelle Modestile werden ebenso aufgenommen wie angesagte Musikrichtungen oder Trendsportarten. Zudem sind sehr viele Protagonisten ausgesprochen konsumfreudig. Den Zuschauern wird in dieser fiktionalen Welt somit aufgezeigt, was im realen Leben gerade besonders „in" ist.

Um eine möglichst hohe Identifikation mit den Charakteren zu erzielen, ist ein großer Anteil junger Schauspieler festzustellen. Dieser Altersanspruch führt dazu, dass sehr oft *Darsteller* ohne Ausbildung agieren, was sich nicht unbedingt positiv auf die Qualität der Sendungen auswirkt. Zusätzlich werden die Schauspieler nach den Kriterien eines massenkompatiblen Schönheitsideals ausgewählt, um idealisierte Vorbilder für die jugendliche Zielgruppe zu schaffen[6].

Funktionen

Da Soaps werktäglich zur selben Sendezeit ausgestrahlt werden, eignen sie sich in besonderer Weise zur Strukturierung des Tagesablaufes. Sie dienen Jugendlichen als unterhaltsame Entspannung in Zeitfenstern zwischen Arbeitsphasen in Schule, Studium oder Job und dem Abendprogramm. Einigen Zuschauern dienen sie dazu, ihrem weniger erfreulichen Alltag zu entfliehen. Hier sind eskapistische Gründe also Hauptmotiv der Rezeption. In der Interaktion mit Gleichaltrigen können sie Gesprächsstoff liefern, Grundlage für Wertediskussionen sein oder als Mittel der Gruppenabgrenzung von den „Nicht-Soap-Sehern" dienen. In einer Entwicklungsphase der emotionalen und räumlichen Ablösung von den Eltern bieten Soaps Orientierung und Information. Über jugendliche Serienfiguren ermöglichen sie andere Lebensformen kennenzulernen und zu erproben. Es werden Lösungen für eigene Probleme wie Liebeskummer oder Konflikte mit Eltern und der Schule geboten. Einige Jugendlichen definieren und bewerten ihre eigene Identität über Soaps. Hier findet eine mehr oder weniger starke Identifikation mit Personen und Situationen statt, was bei Vielsehern zu einer problematischen Übernahme der Soaps-Ideale führen kann. Je mehr ein Rezipient überzeugt ist, dass die Darstellung dem wirklichen Leben entspricht, desto ausgeprägter sind seine emotionalen Reaktionen und kognitiven Erinnerungsleistungen[7]. Die Soap kann hier also die Funktion der Realitätsorientierung übernehmen. Ang (1985) unterschiedet hier zwei Typen[8]: die realistische Illusion und den emotionalen Realismus. Bei der ersten Form wird das Fiktionale der Erzählung unterdrückt, also der Anschein erweckt, dass die Handlung real ist. Beim emotionalen Realismus hingegen wird die Handlung als konstruiert eingestuft, jedoch die emotionalen Verhaltensweisen der Charaktere als menschlich und realistisch angesehen, die als „Vorlage" für das eigene Handeln stehen können[9].

In der repräsentativen Studie von Simon (2004) erwies sich das Nutzungsmotiv Neugier als das zentrale. Als weitere Rezeptionsgründe werden Spannung, Unterhaltung und Gefühle erleben angegeben. Allesamt emotional Nutzungsmotive, die zeigen, wie sehr sich Jugendliche in die Welt der Soaps einleben. Kognitive Rezeptionsgründe wie das Einholen von Informationen über fremde Lebensumstände oder Trends sowie die Ratsuche folgen deutlich nachgeordnet[10].

Im Folgenden werden die Themen der Daily Soaps näher betrachtet, und es wird eine Einschätzung gegeben, inwieweit diese „Vorlage" im Hinblick auf ihre Identitätsbildung bzw. Realitätsorientierung eine Gefahr darstellen. Es wird also der Fragestellung nachgegangen: vermitteln Soaps ein falsches Gesellschaftsbild, das Jugendliche nachteilig prägen kann? Und sind die gezeigten Inhalte so realistisch, dass die realistische Illusion greift, oder sind die Inhalte so abwegig, dass keinerlei „Gefahr" von Ihnen ausgeht?

Themen

Für Jugendliche sind Soaps deshalb so interessant, weil hauptsächlich Probleme aufgegriffen werden, die im Jugendalter von großer Bedeutung sind. Da Jugendliche sich in der Übergangsphase zwischen Kindheit und Erwachsenenalter befinden, sind sie soziologisch von einer Übernahme der Erwachsenenrolle und durch eine intensive Identitätssuche geprägt[11].

Im Folgenden werden die Lebensbereiche beschrieben, die im Entwicklungsprozess von Jugendlichen eine große Rolle spielen und gleichzeitig als vorherrschende Themen in Soaps behandelt werden[12][13].

Im Mittelpunkt der Soap stehen immer soziale Gemeinschaften wie Familie, Nachbarschaften oder Arbeitskollegen. Der Plot resultiert aus den Interaktionen zwischen den beteiligten Personen. Kennzeichnend für die Handlung ist der ständige Wechsel zwischen emotionalen Höhen und Tiefen. Problemlösungen sind immer nur von kurzer Dauer und bergen bereits wieder neues Konfliktpotential in sich[14].

Der Bereich *Bildung & Qualifikation* nimmt in vielen Soaps einen großen Platz ein. Thematisiert werden die verschiedenen Ausbildungsformen wie Schule, Studium oder Lehre, die Einstellung Jugendlicher zum Thema Ausbildung sowie Probleme und Konflikte, die in diesem Zusammenhang auftreten können. In der Gesamtbetrachtung wird dieser Bereich in den Soaps realistisch dargestellt. So wurde in der Vergangenheit u.a. der Abiturstress, die Suche nach einem Arbeitsplatz, Probleme mit Lehrern, aber auch positive Beziehungen zu Lehrern oder Erfahrungen in Praktika thematisiert.

Die *Familie* als zweiter wichtiger Bereich ist in der Soap-Handlung zu jeder Zeit präsent. Gezeigt werden intakte Familien ebenso wie alleinerziehende Elternteile, Patchworkfamilien oder Eltern, die im Begriff sind, sich zu trennen. Die Beziehungen und Konflikte zwischen den Generationen stehen ebenfalls im Fokus. Da der Sozialisationsprozess meist nicht einseitig verläuft, wird die Wechselseitigkeit zwischen jugendlichen und erwachsenen Serienfiguren ebenfalls thematisiert. Eltern können darüber hinaus auch als Hauptprotagonisten mit ihren beruflichen oder privaten Problemen im Zentrum der Handlung stehen. Insgesamt wird die Darstellung des Bereichs *Familie* als unrealistisch eingeschätzt, da der Erzählfokus auf eher spannungsgeladenen Eltern-Kind-Beziehungen liegt. Hieraus lassen sich naturgemäß quotenträchtigere Stories entwickeln.

Beziehungsprobleme, Erwartungen an Partnerschaften und Sexualität sind die zentralen Themen des Bereichs *Partnerschaft*. Es handelt sich um das in den meisten Handlungssträngen vorherrschende Themenfeld. Entweder Soap-Charaktere verlieben sich, machen eine Krise durch, hintergehen oder trennen sich. Auch hier wird das reale Leben in Auszügen gut dargestellt. Aufgrund der gewollten Spannungsgeladenheit in Soaps dominieren jedoch eher die negativen Seiten der Partnerschaften. Dem Zuschauer werden somit hauptsächlich problematische Situationen gezeigt. Diese treten sicherlich auch im realen Leben auf, doch werden sie in Soaps klar überzogen dargestellt.

Die Bedeutung von *Freundschaft* und Clique sowie Konflikten mit Gleichaltrigen stellen einen weiteren beliebten Themenbereich dar. In Soaps werden zumeist zwei Extreme gezeigt: erstens enge, echte Freundschaften, die auch große Krisen überstehen, und zweitens Intrigen in der Peer-Group, die verheerende Konsequenzen für einen oder mehrere Soap-Charaktere zur Folge haben. In der Gesamtbetrachtung zeigt sich, dass auch bei den negativen Darstellungsweisen zum Schluss immer das Gute siegt und den Zuschauern somit eine positive Lebensvorlage geboten wird.

Ein weiterer Bereich, der für Jugendliche eine große Rolle spielen kann, ist *Freizeit und Konsum*. In Soaps werden die neuesten Trends in den Bereichen Musik, Kleidung, Medien, Sport usw. vorgestellt. Mindestens eine Soapfigur verkörpert einen Trendsetter für die Rezipienten. Aktuelle Musikclips im Hintergrund begleiten die verschiedenen Handlungsorte und die jugendlichen Protagonisten sind zumeist den aktuellen Modetrends entsprechend gekleidet. Geld spielt in der Regel keine Rolle. Die meisten Soap-Charaktere können sich alles leisten bzw. bekommen alles, was sie sich wünschen. Im Hinblick auf reale Begebenheiten ist dies wohl eher die Ausnahme und nicht, wie in den Soaps gezeigt, die Regel.

Hier zuletzt genannt sei der zentrale Themenbereich *Werte*, der als positive Vorlage für die Rezipienten dient. Es werden grundlegende Werthaltungen vermittelt sowie Werte im Privaten (z.B. Treue, Liebe, Ehrlichkeit, Umgangsformen) und Beruflichen (Erfolg, hohe Akzeptanz im Beruf) aufgezeigt. Auch wenn Figuren in ihrem Handeln zunächst schlechte Vorbilder für die Zuschauer sind, zahlt sich ihr falsches Verhalten am Schluss doch nie aus. Am Ende sind sie die Verlierer und werden von den integeren Gestalten übertrumpft.

Gesamtbetrachtung

Um den „Gefahrenfaktor" von Soaps für Jugendliche abschließend zu beurteilen, werden die zentralen Faktoren noch einmal gegenübergestellt:

Sicher gibt es jugendliche Rezipienten, die die Soap-Welt als reale Welt wahrnehmen. Dies zeigen beispielsweise Stellenbewerbungen, die Zuschauer an die fiktionalen Firmen der Soaps schickten[15]. Eine Vermischung beider Welten ist jedoch eher die Ausnahme. Kognitive Nutzungsmotive, also sich zu informieren und Rat zu suchen, sind vor allem bei nieder gebildeten Rezipienten mit negativem Selbstwertgefühl besonders ausgeprägt. Für diese Rezipientengruppe kommen ebenfalls die eskapistischen Nutzungsmotive wie Ablenkung von Problemen und Verdrängung von Einsamkeit zum Tragen[16]. Sie sind also in besonderem Maße „gefährdet", die Soap-Ideale und -Werte als die eigenen zu übernehmen. Rubing (1985) stellte hierzu jedoch fest, dass die Unzufriedenheit mit dem eigenen Leben nicht zwingend zu einem erhöhten Soap-Konsum führt[17]. Zudem ergab eine Oxford Studie, dass Menschen, die sehr häufig Soaps rezipieren, glücklicher sind als der Durchschnitt. Eine mögliche Ursache hierfür könnte sein, dass diese Personen das eigene Leben aufgrund der vielen in Soaps gezeigten Unglücke und Konflikte zufriedenstellender bewerten[18].

Vorbilder sind für Jugendliche in ihrer Entwicklungsphase sehr wichtig. Stars dienen der Orientierung und Identifikation. Diese Vorbilder kommen hauptsächlich aus dem Musikbereich, können aber auch aus Soaps stammen[19]. Um einige Darsteller wird dabei ein regelrechter Starkult betrieben. Dies belegen u.a. die Diskussionen in den Foren der fernsehkonvergenten Webseiten zu den einzelnen Soaps[20]. Problematisch ist dabei, dass die Charaktere der Soaps relativ starr angelegt sind und kaum Veränderungen durchmachen. So wird beim Zuschauer der Eindruck vermittelt, dass Menschen sich nicht wirklich ändern können, was zur Folge hat, dass der wichtigste Aspekt der Konfliktlösung einfach ausgeblendet wird[21].

Bei all diesen negativen Faktoren ist jedoch zu bedenken, dass die Wirkung im Einzelnen von sehr viel mehr Aspekten als den angesprochenen abhängt.

So haben beispielsweise Bildung, Nutzungsfrequenz, eigenes Selbstbild oder die Integration in die Peer-Group im Einzelfall sehr unterschiedliche Folgen für die Rezeption. Zudem zeigte die Betrachtung der behandelten Themenfelder, dass Intrigen, Lügen und Betrügen zwar eine zentrale Rolle in den erzählten Geschichten spielt, am Ende jedoch immer die positiven Werte triumphieren und dem Rezipienten vermittelt wird, dass sich negative Verhaltensweisen letztendlich nie auszahlen.

Die eingangs formulierte Frage, ob von Soaps eine Gefahr für Jugendliche im Hinblick auf ihre Realitätsorientierung bzw. Identitätsbildung ausgeht, kann für die meisten Zuschauer mit einem klaren Nein beantwortet werden. Bei allem Kult um die Sendungen sind sich die Zuschauer sehr wohl des fiktionalen Charakters der Sendungen bewusst. Jedoch tun Eltern sicher gut daran, Jugendliche beim Umgang auch mit diesen Medienerfahrungen zu begleiten und sich mit Ihnen kritisch über deren Inhalte auszutauschen.

Anmerkungen

[1] vgl. Medienpädagogischer Forschungsverband Südwest 2007, 24–27.
[2] IP-Deutschland GmbH 2010, 27.
[3] Zu nennen ist hier vor allem die Telenovela „Verliebt in Berlin" (Sat.1), die einen wahrhaften Telenovela-Boom im dt. Fernsehen auslöste.
[4] vgl. Götz 2002, 15.
[5] vgl. Götz 2003.
[6] vgl. Simon 2004, 43–48.
[7] vgl. Gleich 2001, 525.
[8] vgl. Ang 1985, 38–47.
[9] vgl. Gleich 2001, 525–526, Götz 2002, 365–374, Koukoulli 1998, 72.
[10] vgl. Simon 2004, 174–197.
[11] vgl. Koukoulli 1998, 75–99.
[12] Für die Beispiele und als Grundlage der Einschätzungen werden die Daily Soaps GZSZ und Marienhof herangezogen.
[13] vgl. Koukoulli 1998, 75–99.
[14] vgl. Simon 2004, 35–37.
[15] vgl. Remmele 207, 60.
[16] vgl. Simon 2004, 179–180 und 183–186.
[17] vgl. Remmele 2007, 42.
[18] vgl. Götz 2002.
[19] vgl. Matz 2005 und Simon 2004, 95–94.
[20] vgl. Schneider 2007, 184–196.
[21] vgl. Remmele 2007, 25.

Literatur

Ang, I. (1985): Watching Dallas. Soap Opera and the Melodramatic Imagination. London, New York.

Götz, M. (2002): Endlosgeschichten für Millionen. Ein kurzer Streifzug durch die internationale Soap-Forschung. In: Götz, M. (2002): Alles Seifenblasen? Die Bedeutung von Daily Soaps im Alltag von Kindern und Jugendlichen. München, 17–29.

Götz, M. (2003): Daily Soaps als Teil des Doing Gender? Die Daily Soap als Begleiterin durch die weibliche Adoleszenz. Internet: http://www.mediacultureonline.de/fileadmin/bibliothek/goetz_gender/goetz_gender.html vom 24.01.2010.

IP Deutschland GmbH (2010): Das Erfolgsprogramm Starker Marken. RTL 2010. Köln.

Koukoulli, A. (1998): Jugendkonzepte in Vorabendserien. In: Beiträge zur Film- und Fernsehwissenschaft 39 (1998) 53.

Matz, C. (2005): Vorbilder in den Medien. Ihre Wirkungen und Folgen für Heranwachsende. Frankfurt a.M.

Remmele, S. (2007): Kulturphänomen Daily Soaps. Gefahr oder Hilfestellung im Alltag von Jugendlichen. Saarbrücken.

Schneider, N. (2007): Websites zu Fernsehformaten für Jugendliche. Eine Analyse der begleitenden Webangebote von Gute Zeiten, schlechte Zeiten, Marienhof, fabrixx und Die Simpsons. München.

Gunter Pleuger

Tarnen und Täuschen in der Diplomatie

Dass die Diplomaten dafür bezahlt werden, für ihr Land zu lügen, ist eine Lüge. In der Diplomatie ist es fast so wie in der Innenpolitik, es kommt alles raus. Wer wegen eines kurzfristigen Vorteils einen Kollegen belügt und sein Vertrauen missbraucht, dem wird dieser nie wieder Vertrauen schenken. Der Schaden, den man damit anrichtet, steht in gar keinem Verhältnis zu dem kurzfristigen Vorteil, den man durch Lügen, Tarnen oder Täuschen erzielen kann.

Dazu drei kurze Vorbemerkungen:
Tarnen und Täuschen gibt es nun natürlich in der Diplomatie trotzdem, aber in sehr unterschiedlichen Formen. Dabei ist es ganz wichtig zu unterscheiden zwischen Tarnen und Täuschen in den beiden verschiedenen Kategorien der Diplomatie, in der bilateralen und in der multilateralen Diplomatie. In der bilateralen Diplomatie geht man auf Weisung des Auswärtigen Amtes als Botschafter zum Außenminister oder zum Abteilungsleiter des Gastlandes und versucht ein Problem durch einen Kompromiss zu lösen, der für beide Regierungen akzeptabel ist. Dieser wird erst wirksam, wenn die Regierungen entsprechend ihren verfassungsmäßigen Zuständigkeiten diese Vereinbarung indossiert haben. Da können Sie nicht täuschen und tarnen und auch nicht lügen, denn das kommt raus und würde letztendlich den Abschluss einer entsprechenden Vereinbarung verhindern.

Im multilateralen Bereich sieht das etwas anders aus. In der UNO und in anderen Konferenzen, werden Entscheidungen getroffen durch mehrheitliche Abstimmung. Man muss also für seine Anliegen eine Mehrheit der Delegierten gewinnen. Ziel ist also nicht ein Kompromiss, sondern der Abstimmungssieg. Das erfordert eine andere Mentalität und andere Methoden. Man muss Lobby betreiben unter den anderen Delegierten, um die Mehrheit der Stimmen einzuwerben. Diese Lobby impliziert natürlich auch bilaterale Diplomatie, weil man bei allen Diplomaten in der Konferenz für sein Anliegen werben muss. Im Einzelgespräch gelten dann wieder die Regeln, die ich vorher erwähnt habe, und da ist es sehr gefährlich Leute zu belügen oder zu täuschen, weil Stimmenwerbung Vertrauen beim Partner voraussetzt.

Diplomaten weltweit denken und reagieren auf eine ähnliche Weise. In einer Situation, in der man nicht die Wahrheit sagen kann, versteht das Gegenüber, wenn Sie sagen: „Das kann ich dir leider nicht sagen. Du kennst das, ich stehe unter Instruktionen." Das versteht jeder und das ist auf jeden Fall besser, als wenn Sie lügen, oder wenn Sie versuchen ihn zu täuschen. Sie brauchen im multilateralen Geschäft ein Netzwerk von Vertrauen und das müssen Sie aufbauen. In der UNO gibt es 193 Mitgliedstaaten. Um eine Mehrheit schnell zusammen zu bringen, muss man mit möglichst vielen Delegationen auf du und du sein. Das ist im Angelsächsischen relativ leicht, weil man sich gewöhnlich mit Vornamen anredet. Man braucht erfahrungsgemäß etwa 10% mehr Zusagen über die Stimmenmehrheit hinaus. Wenn eine Frage plötzlich schnell zur Entscheidung ansteht, und Sie kommen an und sagen: „Mein Name ist Gunter Pleuger, ich bin der ständige Vertreter der Bundesrepublik Deutschland und ich möchte Sie gerne zu diesem und jenem Problem informieren und Sie bitten...", bis Sie da mit der Einleitung zu Ende sind, ist die Abstimmung schon vorbei.

Die dritte Vorbemerkung ist, man darf die multilaterale oder bilaterale Diplomatie nicht verwechseln mit der Darstellung der Politik nach außen. Das ist etwas Anderes. Da wird nämlich die Politik, die ausgehandelt worden ist, gerechtfertigt und das ist eine politische Aufgabe, deren Adressat nicht ein anderer Diplomat, sondern die Innenpolitik ist. Und da kann es natürlich schon passieren dass man die Dinge, na sagen wir mal, politisch etwas geschönter darstellt, als sie in Wirklichkeit waren, aber das ist auch durchaus legitim, denn auch die Außenpolitik braucht zu Hause Zustimmung und Unterstützung und deswegen muss man die Dinge auch manchmal, ich würde sagen, etwas vereinfachen. Das als Vorbemerkung. Und nun zur Sache:

Natürlich wird auch in der Diplomatie getarnt und getäuscht, allerdings in verschiedenen Ausführungen. Es gibt Täuschen und Tarnen und Tricks, die einige Delegationen anwenden, bei denen es nur auf das kurzfristige Ergebnis ankommt ohne Rücksicht auf die langfristigen Konsequenzen. Viele dieser Manöver, die ich noch erwähnen werde, würde eine seriöse Delegation nicht anwenden. Man muss sie aber kennen, damit man davon nicht überrumpelt wird.

Ich möchte Ihnen drei Beispiele der Täuschung vorführen. Und zwar einmal das, was man so mit Augenmaß gerade noch vertreten kann, dann weniger wirksames Tarnen und Täuschen. Im ersten Fall ist es o.k., im zweiten Fall ist es verheerend und im dritten Beispiel ist es katastrophal. Anschließend werde ich Ihnen weitere Methoden der Einflussnahme aufzeigen.

Die milde Täuschung

Zu Beginn meiner Tätigkeit bei der deutschen Beobachtermission bei den Vereinten Nationen im Jahre 1970 nahm mich mein Vertreter mit in den dritten Ausschuss, den Ausschuss für Menschenrechte und Soziales, das war im kalten Krieg der sogenannte Ausschuss „für Polemik und Propaganda". Zu Beginn der Sitzung kam der sowjetische Delegierte zu meinem Kollegen und fragte ihn nach seinen Absichten für diese Sitzung. Beide einigten sich darauf, nichts gegen einander zu unternehmen. Mein Kollege erläuterte mir: „Die Russen haben keine Weisung. Sie sind also nicht abstimmungsfähig und können deshalb auch die Gruppe der Sozialistischen Staaten nicht instruieren, wie diese abstimmen sollen." Er unterrichtete die Amerikaner und die westlichen Staaten, es kam zur Abstimmung und wir haben gewonnen und die Russen haben verloren. Dies führte zu einer bitteren Beschwerde des sowjetischen Delegierten, der sich über die Verletzung der Absprache beklagte. Mein Kollege zeigte Verständnis für seinen Ärger, bat aber, ihm doch zugute zu halten, dass er nach der Absprache mit ihm zu den Amerikanern gegangen sei und versucht habe, sie davon abzuhalten diese Abstimmung zu beantragen... Nicht nett, aber wirksam und relativ harmlos.

Das nächste Beispiel ist dagegen eher verheerend.

Die dumme Täuschung

In einer Debatte über die Dekolonisierung wollte ein EU-Mitgliedsstaat eine seine Kolonie betreffende Resolution unbedingt bekämpfen und dazu die übrigen Mitglieder der EU auf eine Nein-Stimme gegen die Dekolonisierungsresolution einschwören. Aber die EU-Mitgliedsstaaten waren allenfalls bereit, sich aus Solidarität der Stimme zu enthalten, allerdings nur unter der Bedingung, dass die Kolonialmacht selbst mit Nein stimme. Denn sie wollten nicht in einem Boot mit der Kolonialmacht gesehen werden. Trotz dieser Vereinbarung enthielt sich dieses Land bei der Abstimmung ebenfalls der Stimme. Daraufhin beschwerte sich der EU-Vorsitz laut und vernehmlich bei dem betreffenden Botschafter und erklärte: „Sie haben uns scheußlich hintergangen, mit ihnen mache ich nie wieder einen Deal", und alles nickte. Am Schluss der Sitzung ging dieser Botschafter quer durch den Saal zu dem EU-Vorsitz und hat sich entschuldigt, aber nur bei diesem und nicht bei den anderen EU-Mitgliedern. Ich glaube, über die weiteren Folgen brauche ich nichts zu sagen.

Die katastrophale Täuschung

Das dritte und schlimmste Beispiel von Lüge und Täuschung ist die Irakkrise im Sicherheitsrat. Am 5. Februar 2003 hat die größte und wichtigste Macht der Welt den Irakkrieg gerechtfertigt mit Begründungen, die alle nicht den Tatsachen entsprachen. Die Folge war ein katastrophaler Verlust von Glaubwürdigkeit und Einfluss der USA, aber auch der Vereinten Nationen, da der Sicherheitsrat den Krieg zwar nicht legitimiert hat, ihn aber auch nicht verhindern konnte.

Über diese drei Fälle hinaus gibt es aber noch andere Möglichkeiten von Tarnen und Täuschen im Bereich der Diplomatie, die taktisch genutzt werden können und die ich Ihnen kurz an einigen Beispielen darstellen möchte.

Das Freund-Feind-Syndrom

Das Freund- Feind-Syndrom funktioniert nach dem Motto: was gut ist für meinen Gegner, ist schlecht für mich und umgekehrt. Ein Beispiel dazu: auf der 4. Welthandelskonferenz in Chile, ging es einmal darum, den Kompromiss über einen politischen Streitpunkt zu protokollieren. Am Schluss der Sitzung stellte ich fest, dass der Berichterstatter irrtümlich nicht den Kompromiss, sondern die deutsche Position als Ergebnis protokolliert hatte. Daraufhin habe ich laut geschimpft, dass der protokollierte Text nicht der vereinbarte Kompromiss sei und deshalb sofort geändert werden müsse. Umgehend bestand die gegnerische Delegation ohne in den Text zu schauen darauf, dass das Protokoll so bleibt, wie es ist...

Die Selbsttäuschung

Eine gefährliche Täuschung – auch in der Diplomatie - ist die Selbsttäuschung. Da wird man nämlich Opfer seines eigenen Systems, und dazu will ich ihnen auch ein Beispiel geben.

Im Rahmen der Vorbereitung der Umweltkonferenz von Stockholm 1971 gab es große Probleme mit der Gruppe der Sozialistischen Staaten, was dazu führte, dass diese in letzter Minute versuchten, die von der Mehrzahl der Mitgliedsstaaten gewünschte Konferenz um ein Jahr zu verschieben. An einem Freitagnachmittag legte die sowjetische Delegation einen entsprechenden Resolutionsentwurf zur Abstimmung vor. Als ich mich sofort dagegen wandte und bei den anderen Delegationen dagegen lobbyierte, kam ein sowjetischer Delegierter auf mich zu und wollte mir verbieten, gegen die Vertagungsresolution vorzugehen mit der Begründung, ich hätte dazu keine Weisung von meiner Regierung. Die brauchte ich auch nicht, weil ich wusste, was unsere politische Linie war. Ein sowjetischer Delegierter hingegen hätte niemals ohne Weisung eine solche Eigeninitiative ergriffen. Da wurde mir klar, wie die Russen sich das ausgedacht hatten. 3 Uhr nachmittags am Freitag in New York ist 9 Uhr abends in Bonn und dort niemand mehr zu erreichen. Die sowjetischen Kollegen haben sich einfach nicht vorstellen können, dass ein kleiner „First Secretary", der ich damals war, ohne zu fragen gegen die große Sowjetunion vorgehen könnte, und sie haben natürlich die Abstimmung dann anschließend verloren.

Die Propaganda-Lüge

Dann gibt es natürlich auch noch andere Formen von Tarnen und Täuschen. Es gibt die Propaganda-Lüge, um von eigenem Versagen abzulenken.

Nach der Gründung des Menschenrechtsrats im Jahre 2005 hatten die USA beispielsweise keine Chance in den ersten Menschenrechtsrat gewählt zu werden, weil sie gegen dessen Gründung gestimmt hatten. Sie verzichteten deshalb auf eine Kandidatur. Sie haben später verbreitet, sie hätten nicht kandidiert, weil der neue Menschenrechtsrat antiisraelisch sei. Das war natürlich vorgeschoben, denn zur Zeit der Wahl in den ersten Menschenrechtsrat existierte dieser ja noch gar nicht und konnte deshalb auch nicht antiisraelisch sein.

Die Verleumdung

Neben relativ harmloser Propaganda kann Tarnen und Täuschen aber auch gravierende Konsequenzen haben. Beim sogenannten „Oil for Food"-Skandal in der Irakkrise hat man versucht, dem damaligen UN-Generalsekretär Kofi Annan die Schuld für etwa 11 Mrd. US-$ Unterschlagungen durch Saddam Hussein zuzuschieben. Kofi Annan wurde vorgeworfen korrupt zu sein. Das war eine Kampagne, die Kofi Annan physisch krank gemacht hat. In Wirklichkeit hatte Kofi Annan in der gesamten Angelegenheit keinerlei Entscheidungsbefugnisse. Der Skandal war ein Skandal des ausschließlich zuständigen Sicherheitsrates und innerhalb des Sicherheitsrates der fünf Ständigen Mitglieder, insbesondere der USA.

Die Drohung

Ein weniger wirksames Mittel des Täuschens und Tarnens ist die Drohung. Drohen nützt in der Regel nichts, es sei denn, der Partner ist abhängig. Wenn also ein Staat, mit dem verhandelt wird, abhängig ist von Entwicklungshilfe, oder wenn es sich um eine Diktatur handelt, die zum Machterhalt von Waffenlieferungen abhängig ist, kann man diese natürlich unter Druck setzen. Allerdings kann das auch sehr negative Rückwirkungen haben. In einem Fall hat ein UN-Mitgliedsstaat einem anderen Land damit gedroht, den gegenseitigen Freihandelsvertrag zu kündigen, und darüber hinaus verlangt, den Botschafter sofort abzuberufen. Dieses Verhalten hat Solidarität und Erbitterung erzeugt in der gesamten Regionalgruppe, der dieser sehr angesehene Botschafter angehörte und Ressentiments gegen den drohenden Staat geweckt.

Ein weiteres Beispiel ist der Versuch der USA, sich nach der Gründung des Internationalen Strafgerichtshofs Immunität vor diesem Gerichtshof zu verschaffen. Die USA haben 2002 versucht, eine sog. „Routineresolution" im Sicherheitsrat zu bekommen, die eine Auslieferung amerikanischer Staatsbürger an diesen Gerichtshof verbietet, und diese durchgesetzt mit der Drohung sich sonst aus allen Friedensoperationen zurückzuziehen. Das wäre das Ende der UN-Friedensoperationen gewesen, weil die USA der größte Ressourcengeber sind. Ein Jahr später, als diese Resolution erneut im Sicherheitsrat vorgelegt wurde, haben sich Deutschland und Frankreich der Stimme enthalten und damit verhindert, dass durch erneute einstimmige Annahme der Resolution im dritten Jahr eine automatisch jährlich verlängerte Routineresolution geworden wäre, die auf Dauer dem größten und wichtigsten Staat in der UNO Immunität vor diesem Gerichtshof verschafft und diesen damit unterminiert hätte. Im dritten Jahr wirkte die amerikanische Drohung schon deshalb nicht mehr, weil wenige Tage vor der Abstimmung die Nachricht von den Folterungen in Abu Greib jede Chance einer Annahme der Resolution vernichtet hatte.

Die Überrumpelung

Ein ebenfalls weniger wirksames Mittel von Tarnung und Täuschung ist die Überrumpelung und auch dafür werde ich Ihnen ein Beispiel geben.

Vor Ausbruch des Kosovo-Krieges haben die fünf westlichen Mächte und Russland versucht, ihn zu verhindern und bei einem Treffen in London die Konferenz von Rambouillet vorbereitet, deren Organisation von den westlichen politischen Direktoren im Einzelnen abgesprochen war. Zu Beginn des Londoner Treffens stellte sich heraus, dass einige Teilnehmer entgegen den Vereinbarungen andere Absprachen über den Kopf von Deutschland und Italien hinweg und zu deren Nachteil getroffen hatten. Auf eine sehr nachdrückliche Intervention des deutschen Außenministers unter Hinweis auf die deutsche EU- und G8-Präsidentschaft mussten die Sonderabsprachen wieder rückgängig gemacht werden. Solche „hinterhältigen" Taktiken enden meist in Peinlichkeit, sie sind nicht durchzuhalten und erzeugen nur böses Blut.

Verfahrenstricks

Jetzt noch zum Schluss ein paar gängige Verfahrenstricks, die nicht unbedingt unter die Rubrik Täuschen und Tarnen fallen, die man aber kennen muss.

Wenn man in einer Konferenz eine Stimmenmehrheit für sein Anliegen einwerben will, muss man für die Abstimmung immer 10% mehr Zusagen haben, als man für die Mehrheit braucht. Bei einer geheimen Abstimmung sollte man mindestens 20% mehr Zusagen haben, weil man die Einhaltung der Zusagen nicht kontrollieren kann. Wenn man die notwendige Mehrheit eingeworben hat, beantragt man sofort Schluss der Debatte und sofortige Abstimmung, weil jeder Tag, den man zuwartet, nur dem Gegner nutzen würde.

Solange man nicht weiß, ob man eine Mehrheit hat, sollte man die Entscheidung verzögern, um Zeit für weitere Lobby zu gewinnen. Dazu kann man beantragen, die Sitzung zu suspendieren, keine Entscheidung zu treffen oder die Entscheidung auf die nächste Generalversammlung zu vertagen. Wenn man hingegen weiß, dass man in der Minderheit ist und keine Chance hat, die Abstimmung zu gewinnen, muss man versuchen Tricks zu nutzen. Mit einem Veto kann man eine Entscheidung verhindern. Wenn es also gelingt, die Mehrheit zu überzeugen, dass die anstehende Frage wegen ihrer Bedeutung nur im Konsens entschieden werden sollte, hat jedes Mitglied ein Veto, weil mit einer Nein-Stimme der Konsens durchbrochen wird.

Eine weitere Möglichkeit, eine Entscheidung aus einer Minderheitsposition heraus zu verhindern, ist der Antrag, wegen Wichtigkeit der Sache mit Zweidrittel-Mehrheit zu entscheiden. Für diesen Antrag genügt eine einfache Mehrheit. Mit diesem Trick haben die USA über Jahrzehnte bis 1971 die Änderung der chinesischen Vertretung verhindert. Die Sowjetunion hatte jahrelang beantragt, den chinesischen Sitz, den Taiwan innehatte, durch Peking zu besetzen. Sie hatten dafür wohl eine Mehrheit von Stimmen, konnten aber nie die Zweidrittel-Mehrheit gewinnen. Erst 1971, als die USA ihre Beziehungen zu China verbessern wollten, haben sie bewusst die prozedurale Abstimmung zur wichtigen Frage verloren und damit Peking aufgrund einer einfachen Mehrheitsabstimmung den Einzug in die Vereinten Nationen ermöglicht.

Bei unsicherer Abstimmungslage gibt es die Möglichkeit Zeit für weitere Stimmenwerbung zu gewinnen, indem man die Vertagung der Sitzung durchsetzt. Da diejenigen, die die Mehrheit haben, auf Abstimmung drängen, muss man eine so unerträglich gespannte Atmosphäre schaffen, dass sich die Mehrheit zur Vertagung entschließt. Die Taktik besteht darin, Delegierte anzugreifen, sie zu verleumden oder zu beleidigen, falsche Tatsachen zu behaupten oder gegnerische Delegierte falsch zu zitieren. So wird eine hinreichend schlechte Stimmung erzeugt für das Argument: „So können wir hier nicht weiter arbeiten. Jetzt brauchen wir erst einmal eine cooling-off Periode. Wir sollten die Sitzung vertagen und später in Ruhe eine Lösung suchen." Ein solcher Antrag geht in dieser Situation meistens durch.

Bei Stimmenunsicherheit kann man auch versuchen, eine Resolution durch einen Zusatzantrag in sein Gegenteil zu verkehren. Ein Beispiel: eine Delegation schlägt vor, wir wollen am Neckar spazieren gehen. Eine andere Delegation stellt den Antrag zum Essen zu gehen. Wenn über den ersten Antrag mit

Mehrheit abgestimmt würde, wäre damit der zweite Vorschlag hinfällig und nicht mehr zur Abstimmung gestellt. Wenn dem Vorschlag, am Neckar spazieren zu gehen, ein Zusatz angefügt würde, so dass der Vorschlag nun lautet: „Wir wollen am Neckar spazieren gehen, nachdem wir gegessen haben", würde über diesen letzten Zusatz zuerst abgestimmt, und wenn der mehrheitlich angenommen wird, hat die zweite Delegation gewonnen, denn zuerst wird gegessen. Ein solches Ergebnis kann für die erste Delegation doppelt peinlich sein, weil sie nach der Annahme des Zusatzantrages, zunächst zu essen, die Resolution nicht mehr zurückziehen kann und am Ende womöglich gegen ihre eigene, ins Gegenteil verkehrte Resolution stimmen muss.

Ein Wort zum Schluss: Nicht alle Delegationen wenden alle prozeduralen Mittel an. Viele Regierungen würden das ihren Delegationen auch nicht erlauben. Man muss aber alle kennen, damit man nicht überrumpelt und überrascht wird und damit man die notwendigen Gegenmaßnahmen treffen kann.

Am Ende besteht die beste Diplomatie immer noch aus guten und überzeugenden Argumenten, aus der Schaffung von Vertrauen und nicht zuletzt auch aus dem Ruf der Ehrlichkeit. Wir Deutschen werden ja manchmal als naiv hingestellt, weil wir den Ruf haben, immer das zu sagen, was wir denken. Manche empfinden das nicht als hohe Diplomatie, aber meine persönliche Erfahrung ist, dass Vertrauen Grundlage und Voraussetzung guter Diplomatie ist.

Martin Streicher

Lügen vor Gericht
Tarnen, Täuschen, Lügen aus der Sicht gerichtlicher Verfahrensordnungen

Vorbemerkung

Die gerichtlichen Verfahrensordnungen unterstellen das Vorkommen von Täuschen, Tarnen und Lügen als menschlich mögliche Handlungsweisen. Insgesamt bietet die Rechtsordnung dazu jedoch keine einheitliche systematische Einordnung bzw. Bewertung, die sich allgemein von gängigen moralischen Werten abhöbe. Es erfolgt vielmehr ein differenzierter Umgang mit Verhaltensweisen, die als Tarnen, Täuschen oder Lügen eingesetzt werden. Eine erste Unterscheidung erfolgt mit Blick auf die Zielrichtung eines Verfahrens. Stehen sich die „Parteien" eines Zivilprozesses quasi gleichstufig „auf Augenhöhe" gegenüber, lässt der Gesetzgeber dem Grundsatz „jeder ist seines Glückes Schmied" bis zur Grenze des Erträglichen (also bis zum Übertritt in die Sittenwidrigkeit) Manipulationen mit der Wahrheit zu. Dies entspricht dem aufgeklärten Verständnis von Privatautonomie. Dem Richter sind in solchen Fällen die Hände gebunden. Anders ist dies in der Verfahrensordnung des Strafprozesses. Insoweit will das Gesetz letztlich der reinen Wahrheit Geltung verschaffen. Innerhalb der Strafprozessordung (vgl. nachfolgend) bietet sich indessen kein einheitliches Bild im Umgang mit der Wahrheit, vielmehr findet sich dort ein differenzierter Umgang mit Wahrheit und Lüge. Solche Differenzierungen erfolgen zunächst nach den jeweils beteiligten Personen und führen zu unterschiedlichen gesetzlichen Strategien im Umgang mit den genannten Handlungsformen. Daneben wird teilweise auch nach der subjektiven Zurechnung der Handlung im Sinne fahrlässiger oder vorsätzlicher Begehung unterschieden. Bereits oben wurde darauf hingewiesen, dass die unterschiedlichen Verfahrensordnungen - übergreifend betrachtet - Verwerfungen beinhalten, was den Umgang mit Lüge anlangt und was im Wesentlichen auf die Bedeutung des Dispositionsgrundsatzes (Verfügungsmacht über den Prozessgegenstand durch gestaltende Verfahrenshandlungen) zurückzuführen ist, der in den jeweiligen Verfahrensordnungen unterschiedlich stark ausgeprägt ist. Verkürzt kann man sagen: Je mehr staatliche Autorität sich in einer Verfahrensordnung widerspiegelt, desto weniger Gewicht hat die Möglichkeit privater Disposition über den Verfahrensgegenstand = Streitgegenstand. Insoweit unterscheidet sich etwa der Zivilprozess ganz deutlich vom Strafprozess.

Nachfolgend soll das Gebiet des Strafprozesses näher betrachtet werden:

I. Wesen des Strafprozesses

Der Strafprozess ist ein von Staats wegen rechtlich geordneter Vorgang zur Gewinnung einer richterlichen Entscheidung über das Rechtsverhältnis zu Schuld, Strafe oder sonstigen Maßnahmen (Maßregeln der Besserung und Sicherung). Gegenstand ist nicht die Überführung des Angeklagten (so aber noch der sog. Inquisitionsprozess mit seiner alleinigen und wesentlichen Betonung des Geständnisses zur Feststellung der Schuld), sondern der objektive Ausspruch über Schuld, Strafe oder sonstige Maßnahmen.

II. Förmlichkeiten des Prozessrechts

Sie haben neben der Ordnungsfunktion weitgehend sachliche Bedeutung. Sie realisieren das Rechtsstaatsprinzip und die darauf sich gründende Unschuldsvermutung (MRK Art. 6 Abs. 2), um deren Widerlegung oder Bestätigung es im Strafprozess geht.

III. Ziele des Strafprozesses

Kernziel des Strafprozesses ist die Wiederherstellung bzw. Schaffung von Rechtsfrieden durch gewissenhaftes Streben nach Gerechtigkeit.

IV. Aufgabenzuweisung

Der Staat – handelnd für die Rechtsgemeinschaft – macht dem Beschuldigten den Prozess. Dies geschieht in einem formalisierten, ritualisierten Codex zur dynamischen Verteidigung und Bewährung des materiellen Strafrechts gegen den Rechtsbrecher.

V. Regelungsinhalt

Die Ablaufregeln des Strafprozesses bestimmen die Zuweisung nach Art und Zeitpunkt, wann und inwieweit die einzelnen am Verfahren Beteiligten als Prozessrechtssubjekte Rechte oder Pflichten haben, sich in das Verfahren einzuschalten und welche Mittel zur Prozessgestaltung sie haben. Beteiligte sind: Der Angeklagte, der Geschädigte, die Staatsanwaltschaft und der Nebenkläger. Das Gericht selbst ist formal nicht als Beteiligter anzusehen, weil es die Stellung eines Nichtbeteiligten gegenüber den anderen Personen einzunehmen hat. Daraus leitet sich auch der Anspruch der übrigen Beteiligten ab, dass das Gericht ihnen gegenüber als unabhängig, frei, unvoreingenommen und unbefangen auftritt.

Nichtbeteiligte sind auch die nur mittelbar dem Verfahrensablauf dienende Personen wie Zeugen, Sachverständige und Ermittlungspersonen.

In diesem Bereich ergeben sich deutliche Unterscheidungen in den bestehenden Verfahrensordnungen:
So gestattet etwa das Zivilprozessrecht eine weitgehende Disposition über den Streitgegenstand innerhalb eines durch die Grenze der allgemeinen Sittenwidrigkeit gesteckten Rahmens (Bestreiten/Nichtbestreiten [mit Geständnisfiktion], Anerkenntnis, Säumnis, Verzicht, Geständnis). Die Erklärung einer Partei gestaltet also die Rechtslage. So kann beispielsweise ein falsches Geständnis oder Anerkenntnis zur Verurteilung mit materieller Rechtskraft führen und auf dieser Grundlage einredefrei die Vollstreckung betrieben werden. Dabei ist die Partei noch nicht einmal gezwungen, eine falsche Erklärung abzugeben. Dieselbe Folge tritt ein, wenn etwa der Beklagte zu seiner Rechtsverteidigung im Verfahren keinen Abweisungsantrag (= Nichtverhandeln) stellt, im Termin zur mündlichen Verhandlung persönlich ausbleibt oder im schriftlichen Verfahren nicht fristgerecht seine Verteidigungsbereitschaft anzeigt.

Keine Disposition ermöglicht im Grundsatz das Strafprozessrecht. Ein Geständnis des Angeklagten ist auf seinen Wahrheitsgehalt zu überprüfen und seine Übereinstimmung mit der tatsächlichen Wahrheit im Urteil widerspruchsfrei festzustellen. Keine Wirkung entfaltet daher ein „falsches" Geständnis. Das Verfahren steht unter dem Grundsatz der Wahrheitsermittlung von Amts wegen.

In diesem Zusammenhang erlangte in jüngster Zeit besondere Bedeutung und nunmehr auch eine gesetzliche Regelung die sog. „Verständigung im Strafprozess". Man versteht darunter im Wesentlichen eine Absprache zwischen den Verfahrensbeteiligten (Angeklagter, Staatsanwaltschaft und Gericht) über die Höhe einer gegen den Angeklagten zu verhängenden Strafe bei Ablegung eines Geständnisses durch diesen, wodurch eine Beweisaufnahme weitgehend entbehrlich wird. Überlastung der Gerichte und prozessökonomische Gründe führten dazu, dass das Geständnis praktisch als Handelsobjekt geschickt verteidigter Angeklagter missbraucht wurde. Dabei gibt es auch gute Gründe, die für eine derartige Verständigung im Strafprozess sprechen. Allseits unbestritten gilt die Verständigung über Rechtsfolgen der Tat als besonders sachgerecht, wenn sie zur Vermeidung einer sonst stark belastenden Aussage- und Vernehmungssituation eines Opfers sexueller Gewaltverbrechen beiträgt. In der Praxis – aus verfahrensökonomischen Gründen tatsächlich flächendeckend – eingesetzt wurde das Mittel der Verständigung in großen und umfangreichen Wirtschaftsstrafsachen, deren „streng justizförmige Aufarbeitung" die Grenzen des Leistbaren für die Strafgerichte gesprengt hätte. Bislang waren Einzelheiten derartiger Verständigungen nicht kodifiziert. Gerichte, Staatsanwaltschaft und

Verteidiger haben insoweit nicht etwa stillschweigend voraussetzend, konsensuale Elemente des Strafprozesses (vgl. etwa § 153a StPO, Einstellung gegen Auflagen bei geringfügigem Delikt) analog angewandt, sondern mehr oder weniger freie verfahrensbeendende Absprachen im Hauptverfahren getroffen. Besonders kritisch zu würdigen war, abgesehen von der Frage eines mehr oder weniger geschickten Aushandelns durch besonders gewiefte Verteidiger, letztlich, dass der Strafprozess mit seinen Absprachen auf Fluren, in Beratungs- oder Hinterzimmern dem verfassungsrechtlichen Postulat nach grundsätzlicher Öffentlichkeit des Strafprozesses entzogen worden ist.

Damit lässt sich die Aufgabenstellung für den Gesetzgeber wie folgt umschreiben:
Die Praxis der Gerichte wird kritisiert. Absprachen die mit einer Freiheitsstrafe von zwei Jahren auf Bewährung lauteten, waren häufig zu beobachten. Darunter leidet das Ansehen der Justiz. Es ist für den Bürger kaum zu vermitteln, dass die Verfahren noch „anständig" geführt werden. Ein „Deal" lässt sich mit den Grundsätzen des Strafrechts nicht in Einklang bringen. Vielmehr soll die Entwicklung dahin gehen, dass die Prozesse wieder verhandelbar werden.

Die Gegenmeinung sprach sich für eine gesetzliche Regelung des Deals aus. „Kurz-, Mittel- oder Langstreckentarife" oder ähnliche Auswüchse hätten im Gerichtssaal keinen Platz. Zwar genießt die Justiz in Deutschland noch ein hohes Ansehen, dies leide aber unter den der Öffentlichkeit nicht zu vermittelnden Absprachen bei großen Strafprozessen.

Als Vorsitzender einer Großen Strafkammer und Großen Jugendkammer hat man in der aktuellen Praxis folgendes zu sehen: Die Beweismittel haben Dank moderner Technik (DNA-Analysen, moderne Abhörmethoden etc.) sehr zugenommen. Der Termindruck bei beispielsweise mehreren gleichzeitig eingehenden Haftsachen zwingt oftmals dazu, Verfahren zu beschleunigen und durch Absprachen zu beenden. Allerdings fordert die Bindung der Rechtsprechung an Gesetz und Verfassung, dass sich diese immer im gesetzlich vertretbaren Strafrahmen bewegen und schuldangemessen sein müssen.

Fazit: Der „Deal" ist als Fremdkörper in unserem Strafrechtssystem anzusehen, zu dem es aber keine Alternative gibt. Ein effektiver, verfahrensbeendender Strafprozess ist manchmal ohne den Deal nicht möglich. Insbesondere in Missbrauchsprozessen ist der Deal auch ein probates Mittel, um die Opfer zu schonen. Es darf nicht dazu kommen, dass der Deal zu einem Privileg des „starken" Angeklagten verkommt, also desjenigen, der einen „starken" Verteidiger hat.

Der Gesetzgeber ist seiner Aufgabenstellung, für klare Regeln zu sorgen, längere Zeit nicht nachgekommen. Daher musste sich die obergerichtliche Rechtsprechung – ohne dass eine gesetzlich dogmatische Begründung möglich gewesen wäre – letztlich, weil die Materie ungeregelt blieb mit der Frage befassen, ob auf dem Boden des geltenden Rechts solche Verständigungen überhaupt erlaubt oder grundsätzlich verboten sind.

Der Bundesgerichtshof hat sich dem zuletzt in einer Grundsatzentscheidung – pragmatisch – entgegengestellt, die Möglichkeiten einer Verständigung grundsätzlich gebilligt, in deren Vollzug jedoch ausdrückliche Anforderungen – insbesondere für Art und Weise von Rechtsmittelverzichtserklärungen nach sog. qualifizierter Rechtsmittelbelehrung - aufgestellt (BGH Gr. Senat, Beschluss v. 3.3.2005, BGHSt 50, 40), deren Nichtbeachtung durch das Gericht zur Revisibilität von auf einer Verständigung beruhenden Urteilen führt. Dabei ging der BGH davon aus, dass eine im Verfahren erfolgte Absprache keinen absoluten Revisionsgrund darstelle.

Derart zum Handeln gezwungen hat der Gesetzgeber schließlich die Materie durch das *Gesetz zur Regelung der Verständigung im Strafverfahren* zum 4.8.2009 gesetzlich (und wie nicht anders zu erwarten kompliziert) geregelt und damit eine erhebliche Einschränkung der Anwendbarkeit der Verständigung in der Praxis bewirkt (BGBl. I 2009, 2353 ff.). Die zulässigen Abspracheinhalte sind abschließend bezeichnet. Umstritten war, ob ein Geständnis Voraussetzung einer Verständigung ist. Die Regelung erfolgte über eine Soll-Vorschrift. Die Absprache ist für das Gericht grundsätzlich bindend. Ergänzt wird die Regelung durch Transparenz- und (aufwendige) Formvorschriften. Als Folge wird ein Ausweichen der Beteiligten in die illegale Form einer Absprache erwartet, denn das große praktische Bedürfnis, aus verfahrensökonomischen Gründen heraus Absprachen zu treffen, bleibt erhalten.

VI. Vorgehensweise des Gerichts im Strafprozess

Ausgehend von der Unschuldsvermutung ist im Strafprozess nach Beweisen zur Überführung des Angeklagten zu suchen (von Polizei und Staatsanwaltschaft vorwiegend im Ermittlungsverfahren). Dem Gericht sind dann die nachfolgende Erhebung der Beweise, ihre Würdigung und das Ableiten von Konsequenzen daraus für die Entscheidung überlassen (freie richterliche Beweiswürdigung).

VII. Beweismittel im Strafprozess

Beweismittel sind Zeugen, Sachverständige, Augenschein, Urkunden und die eigene Aussage des Beschuldigten/Angeklagten. Der Angeklagte ist jedoch nicht Beweismittel gegen sich selbst. Unser Rechtssystem hält auch den Einsatz eines sog. Lügendetektors für ungeeignet und damit unzulässig.

VIII. Besondere Stellung des Verteidigers

Er ist i.d.R. Rechtsanwalt und unabhängiges Organ der Rechtspflege. Er handelt im Verfahren im eigenen Namen und aus eigenem Recht, also nicht als Vertreter des Angeklagten. Der Verteidiger ist verpflichtet, alle zugunsten des Beschuldigten sprechenden tatsächlichen und rechtlichen Gesichtspunkte geltend zu machen. Fehler des Verteidigers können dem Angeklagten nicht als eigene Fehler angelastet werden. Insoweit gibt es einen deutlichen Unterschied zum Zivilprozessrecht. Dort handelt der Rechtsanwalt als Vertreter der Partei, die sich etwaige Fehlhandlungen des Anwalts als eigene zurechnen lassen muss.

IX. Praktische Auswirkungen

1. *Beim Angeklagten*

a) Seine eigenen Verhaltensweisen

Der Angeklagte hat im Strafprozess verschiedene Möglichkeiten, um zu agieren. Es sind dies: Schweigen, Bestreiten, Geständnis. Eine Wahrheitspflicht hat der Angeklagte im Strafprozess nicht. Der Angeklagte ist nach dem Prinzip der Aussagefreiheit (nemo-tenetur-Prinzip) nicht verpflichtet, selbst an seiner Verurteilung mitzuwirken. Dieser Grundsatz gehört zu den fundamentalen rechtsstaatlichen Prinzipien unseres Strafverfahrens. Es ist nicht Aufgabe des Angeklagten, das Nichtvorliegen des objektiven und subjektiven Tatbestands nachzuweisen. Er steht nicht in der Pflicht, sich zu entlasten. Nach der StPO kann also – anders als im angloamerikanischen Rechtskreis – der Angeklagte niemals Zeuge in eigener Sache sein. Damit wird dem Zwiespalt zwischen Aussagefreiheit und Wahrheitspflicht einerseits und dem Recht auf Verteidigung durch Schweigen andererseits Rechnung getragen.

Das Problem besteht nun in der Verschiedenheit menschlichen Verhaltens: Es wird gelogen, getäuscht, verborgen und es werden falsche Spuren gelegt. Nach der Intention der Prozessordnung hat der Angeklagte aber *kein Recht* zur Lüge, jedenfalls dort, wo er sich durch Lüge zusätzlich strafbar macht. Erkannte Lügen sind andererseits aber nur mit Vorsicht als Beweisanzeichen für strafrechtliche Schuld verwertbar. Denn auch ein Unschuldiger kann vor Gericht Zuflucht zur Lüge nehmen und ein solches Verhalten kann nicht ohne weiteres tragfähige Rückschlüsse darauf gestatten, was sich in Wirklichkeit ereignet hat (BGH NStZ 1986, 325).

Für das Verhalten des Angeklagten gibt es nach der Strafprozessordnung folgende Grenzen: (1) Er darf sich im Rahmen seiner Vernehmung nicht zusätzlich strafbar machen, indem er etwa allgemeine Strafgesetze verletzt. Dies wäre bei Vortäuschen einer Straftat, falscher Verdächtigung eines anderen oder Beleidigung der Fall. Damit würde er die Grenze zum Beginn eigener weiterer Strafbarkeit überschreiten. (2) Wenn Umstände vorliegen, die Anlass bieten, an der Richtigkeit eines Geständnisses zu zweifeln, darf dieses Geständnis nicht zur Grundlage einer Verurteilung werden. Solche Umstände liegen etwa vor, wenn lediglich bloße, inhaltslose Geständnisse erfolgen, die nicht wenigstens so konkret sind, dass geprüft werden kann, ob sie mit der Aktenlage derart in Einklang stehen, so dass sich keine weitere Aufklärung von Amts wegen aufdrängt.

b) Einwirkungen auf den Angeklagten durch andere: Belehrungsvorschrift (§ 136 StPO) – Verwertungsverbot

> § 136 StPO
> (1) Bei Beginn der ersten Vernehmung ist dem Beschuldigten zu eröffnen, welche Tat ihm zu Last gelegt wird und welche Strafvorschriften in Betracht kommen. Er ist darauf hinzuweisen, dass es ihm nach dem Gesetz freistehe, sich zu der Beschuldigung zu äußern oder nicht zur Sache auszusagen und jederzeit, auch schon vor seiner Vernehmung, einen von ihm zu wählenden Verteidiger zu befragen. Er ist ferner darüber zu belehren, dass er zu seiner Entlastung einzelne Beweiserhebungen beantragen kann. In geeigneten Fällen soll der Beschuldigte auch darauf, dass er sich schriftlich äußern kann, sowie auf die Möglichkeit eines Täter-Opfer-Ausgleichs hingewiesen werden.
> (2) Die Vernehmung soll dem Beschuldigten Gelegenheit geben, die gegen ihn vorliegenden Verdachtsgründe zu beseitigen und die zu seinen Gunsten sprechenden Tatsachen geltend zu machen.
> (3) Bei der ersten Vernehmung des Beschuldigten ist zugleich auf die Ermittlung seiner persönlichen Verhältnisse Bedacht zu nehmen.

Gilt grundsätzlich nicht für Sachverständige, außer es werden Zusatztatsachen erhoben.

c) Verbotene Vernehmungsmethoden (§ 136a StPO) – Verwertungsverbot

Die Strafprozessordnung regelt daher, in welcher Form auf einen Beschuldigten/Angeklagten nicht eingewirkt werden darf und sanktioniert dies bei Verstößen mit einem absolut geltenden Verwertungsverbot.

> § 136a StPO
> (1) Die Freiheit der Willensentschließung und der Willensbetätigung des Beschuldigten darf nicht beeinträchtigt werden durch Misshandlung, durch Ermüdung, durch körperlichen Eingriff, durch Verabreichung von Mitteln, durch Quälerei, durch Täuschung oder durch Hypnose. Zwang darf nur angewandt werden, soweit das Strafverfahrensrecht dies zulässt. Die Drohung mit einer nach seinen Vorschriften unzulässigen Maßnahme und das Versprechen eines gesetzlich nicht vorgesehenen Vorteils sind verboten.
> (2) Maßnahmen, die das Erinnerungsvermögen oder die Einsichtsfähigkeit des Beschuldigten beeinträchtigen, sind nicht gestattet.

(3) Das Verbot der Absätze 1 und 2 gilt ohne Rücksicht auf die Einwilligung des Beschuldigten. Aussagen, die unter Verletzung dieses Verbots zustande gekommen sind, dürfen auch dann nicht verwertet werden, wenn der Beschuldigte der Verwertung zustimmt.

Diese gesetzliche Vorschrift gilt für die staatlichen Ermittlungsorgane und das Gericht, nicht dagegen für private Dritte, die bis zur Grenze der Menschenwürde ermitteln dürfen (verboten sind Letzteren daher Folter, Marter, Einkerkerung). Sonst darf weder durch die Vernehmungsbeamten selbst noch durch Staatsanwaltschaft oder Gericht eine der gesetzlich verbotenen Vernehmungsmethoden angewandt werden. Verboten ist danach etwa:

– Zusammensperren mit anderen Gefangenen, um ihn auszuhorchen.
– Hörfalle, dann wenn er sich bereits geweigert hatte, Angaben zu machen.
– Heimliche Tonbandaufnahmen.

d) Einzelfälle

– Insbesondere Zwang
(1) Zwangsausübung ist nur in bestimmten Situationen erlaubt (Festnahmen, Sicherstellung der Erscheinungspflicht auf Vorladung durch zwangsweise Vorführung). Ansonsten ist die Ausübung von Zwang zur Herbeiführung einer Aussage verboten.

– Insbesondere Täuschung
(2) Über Rechtsfragen des Inhalts, dass Beschuldigter als Zeuge vernommen und zur Aussage mit Wahrheitspflicht verpflichtet sei oder Schweigen als Schuldbeweis gewertet werden könne.
Über tatsächliche Umstände, im einzelnen: Vorliegen einer erdrückenden Beweiskette, Mittäter habe schon gestanden, anderes Beweismittel sei gefunden, Zusage, aus Vernehmung keine nachteiligen Folgen abzuleiten, Vernehmung zur Schuldfrage unter Vorwand der Vernehmung zur Person.

– Insbesondere Lüge
(3) Verboten ist das Versprechen von gesetzlich nicht vorgesehenen Vorteilen.

– Nicht verboten sind (Tarnen)
(4) Kriminalistische List
(5) Verschweigen von Rechten und Tatsachen außerhalb einer förmlichen Vernehmung.
(6) Ausnutzen eines Irrtums des Beschuldigten (soweit er nicht durch zusätzliche Erklärungen intensiviert wird).
(7) Androhung zulässiger Maßnahmen (vorläufige gerechtfertigte Festnahme, Drohung mit Abschiebung ins Ausland).

(8) Zulässig ist das Versprechen von Strafmilderung nach § 31 BtMG, Zusage der Haftentlassung nach Geständnis bei Verdunkelungsgefahr, Hinweis auf Strafmilderungsmöglichkeit nach Geständnis (nicht aber das Inaussichtstellen einer schuldunangemessen niedrigen Strafe), die Zusage, von einer namentlichen Anzeige abzusehen.
(9) Polygraph/Lügendetektor, aber er gilt als ungeeignetes Beweismittel.

Ansonsten wird außerhalb der Prozessordnung der Schutz des Beschuldigten über eine sonst gegebene Strafbarkeit der Ermittlungsperson erreicht: Insoweit greifen Nötigung und die gesetzlichen Amtsdelikte (Aussageerpressung nach § 343 StGB bei einem Strafrahmen mit Freiheitsstrafe von 1 Jahr bis 10 Jahren „… um ihn zu nötigen, in dem Verfahren etwa auszusagen, zu erklären oder zu unterlassen") ein.

Dazu eindrücklich ein besonders drastischer und vieldiskutierter Beispielsfall aus jüngster Vergangenheit: Fall Gaefgen/Daschner (aus der Entscheidung des EuGH vom 30.06.2008, 22978/05)

> J. war der jüngste Sohn einer angesehen Bankiersfamilie in Frankfurt am Main. Den Beschwerdeführer, einen Jurastudenten, lernte er über dessen Bekanntschaft zu seiner Schwester kennen. Am 27. September 2002 lockte der Beschwerdeführer den elfjährigen J. in seine Wohnung in Frankfurt am Main, und zwar unter dem Vorwand, die Schwester des Kindes habe dort eine Jacke vergessen. Dann erstickte er J. Anschließend deponierte er ein Schreiben am Wohnsitz von J.s Eltern, in dem es hieß, dass J. von mehreren Personen entführt worden sei. Die Eltern des Kindes würden ihren Sohn nur wiedersehen, wenn die Entführer eine Million Euro erhielten und es ihnen gelinge, das Land zu verlassen. Der Beschwerdeführer fuhr dann zu einem etwa eine Autostunde von Frankfurt entfernten Weiher auf einem Privatgrundstück bei Birstein und versteckte J.s Leiche unter einem Steg. Am 30. September 2002 gegen 1 Uhr morgens holte der Beschwerdeführer das Lösegeld an einer Straßenbahnhaltestelle ab. Von diesem Zeitpunkt an wurde er von der Polizei observiert. Einen Teil des Lösegelds zahlte er auf seine Konten ein, den Rest des Geldes versteckte er in seiner Wohnung. Am Nachmittag desselben Tages nahm ihn die Polizei am Flughafen Frankfurt am Main fest.
> Nachdem der Beschwerdeführer wegen Kreislaufbeschwerden und Hautverletzungen einem Arzt in der Flughafenklinik vorgestellt worden war, wurde er ins Polizeipräsidium Frankfurt am Main gebracht. Der Kriminalbeamte M. teilte ihm mit, dass er verdächtigt werde, J. entführt zu haben, und belehrte ihn über seine Rechte als Beschuldigter, insbesondere das Recht, nicht zur Sache auszusagen und das Recht, einen Anwalt hinzuzuziehen. Dann wurde er von M. mit dem Ziel befragt, J. zu finden. In seiner Erwiderung gab er an, das Kind werde von einem anderen Entführer festgehalten. Auf sein Verlangen wurde ihm gestattet, für einen Zeitraum von 30 Minuten mit einem Rechtsanwalt, Z., zu sprechen. Danach gab er an, F.R. und M.R. hätten den Jungen entführt und ihn in einer Hütte an einem See versteckt.

Daraufhin vereinbarten M. und der Beschwerdeführer, die Befragung am nächsten Morgen fortzusetzen.

Am frühen Morgen des 1. Oktober 2002, bevor M. seinen Dienst antrat, teilte der Kriminalbeamte E. dem Beschwerdeführer auf Anordnung des Vizepräsidenten der Frankfurter Polizei, D., mit, dass ihm von einer speziell für diese Zwecke ausgebildeten Person massive Schmerzen zugefügt würden, wenn er den Aufenthaltsort des Kindes nicht preisgebe. Nach den Angaben des Beschwerdeführers drohte ihm der Beamte überdies an, ihn mit zwei großen Schwarzen in eine Zelle zu sperren, die ihn sexuell missbrauchen würden. Der Beamte habe ihm ferner mit der Hand einen Schlag gegen den Brustkorb versetzt und ihn derart geschüttelt, dass er einmal mit dem Kopf an die Wand geschlagen sei. Die Regierung bestritt, dass dem Beschwerdeführer sexueller Missbrauch angedroht wurde.

Aus Angst vor den angedrohten Maßnahmen nannte der Beschwerdeführer nach etwa 10 Minuten Befragung den genauen Ort, an dem sich das Kind befand.

Da der Beschwerdeführer erklärt hatte, er werde nur im Beisein des Kriminalbeamten M. an den Ort fahren, an dem er J. versteckt hatte, wurde er dann mit M. und zahlreichen anderen Polizeibeamten ohne E. nach Birstein gefahren. Die Polizei fand J.s Leiche unter dem Steg am Weiher bei Birstein, wie es der Beschwerdeführer angegeben hatte. Die Auffindung der Leiche wurde auf Video aufgezeichnet.

In einem für die Polizeiakte bestimmten Vermerk vom 1. Oktober 2002 hielt der Vizepräsident der Frankfurter Polizei, D., fest, dass sich J., sofern er noch am Leben sei, am Morgen jenen Tages aufgrund des Nahrungsmangels und der Außentemperatur in akuter Lebensgefahr befinde. Um das Leben des Kindes zu retten, habe er deshalb angeordnet, dass der Beschwerdeführer von dem Kriminalbeamten E. unter Androhung von Schmerzen, die nicht zu Verletzungen führen würden, zu befragen sei. Die Behandlung selbst sei unter ärztlicher Aufsicht durchzuführen. D. vermerkte ferner, er habe einen anderen Kriminalbeamten angewiesen, ein Wahrheitsserum zu beschaffen, das dem Beschwerdeführer verabreicht werde sollte. Laut dem Vermerk diente die Befragung des Beschwerdeführers nicht der Förderung des Strafverfahrens betreffend die Entführung, sondern ausschließlich der Rettung des Lebens des Kindes. Da der Beschwerdeführer, nachdem ihm von dem Kriminalbeamten E. Schmerzen angedroht worden seien, bereits ein Geständnis abgelegt habe, seien keine Maßnahmen durchgeführt worden.

In einer gesonderten Entscheidung vom 9. April 2003 entschied das Landgericht Frankfurt am Main, dass sämtliche Geständnisse und Aussagen des Beschwerdeführers, die bislang vor der Polizei, einem Staatsanwalt und einem Amtsrichter erfolgt waren, *nach § 136a Absatz 3 Satz 2 StPO* in dem gegen ihn geführten Strafverfahren nicht verwertet werden dürften und gab dem Antrag des Beschwerdeführers insoweit statt.

Das Gericht stellte fest, dass der Kriminalbeamte E. am 1. Oktober 2002 verbotene Vernehmungsmethoden im Sinne von § 136a Absatz 1 StPO angewendet habe, indem er dem Beschwerdeführer die Zufügung von Schmerzen angedroht habe, wenn er den Aufenthaltsort des Kindes nicht preisgebe. *Demzufolge sei es nicht zulässig, Aussagen des Beschwerdeführers, die aufgrund der Anwendung dieser verbotenen Ermittlungsmaßnahme zustande gekommen seien, als Beweismittel zu verwerten. Dieses Beweisverwertungsverbot gelte nicht nur für die Aussagen, die unmittelbar nach der Drohung am 1. Oktober 2002 gemacht worden seien. Infolge einer Fortwirkung des Verstoßes gegen § 136a StPO könnten auch die sonstigen Aussagen, die der Beschwerdeführer seit diesem Zeitpunkt vor den Ermittlungsbehörden gemacht habe, im Strafverfahren nicht verwertet werden.*

Am 28. Juli 2003 sprach das Landgericht Frankfurt am Main den Beschwerdeführer u.a. des Mordes in Tateinheit mit erpresserischem Menschenraub mit Todesfolge schuldig. Es verurteilte ihn zu lebenslanger Freiheitsstrafe und stellte die besondere Schwere der Schuld fest (siehe Rdnr. 59). Das Gericht stellte fest, dass der Beschwerdeführer in der Hauptverhandlung erneut über sein Schweigerecht als Angeklagter sowie über das Beweisverwertungsverbot bezüglich seiner früheren Aussagen belehrt worden sei und die erforderliche qualifizierte Belehrung somit erfolgt sei. Der Beschwerdeführer habe dennoch *erneut gestanden*, J. entführt und getötet zu haben.

Am 20. Dezember 2004 sprach das Landgericht Frankfurt am Main den Kriminalbeamten E. der Nötigung im Amt schuldig. Es verwarnte den Angeklagten und behielt die *Verurteilung zu einer Geldstrafe* von 60 Tagessätzen zu je 60 Euro vor, falls er während der Bewährungsfrist eine weitere Straftat begehen sollte. Das Gericht sprach ferner den Vizepräsidenten der Frankfurter Polizei, D., der Verleitung eines Untergebenen, E., zu einer Nötigung im Amt schuldig. Es verwarnte auch D. und behielt die Verurteilung zu einer Geldstrafe von 90 Tagessätzen zu je 120 Euro vor. Der Beschwerdeführer hatte in diesem Verfahren als Zeuge ausgesagt.

Am 28. Dezember 2005 stellte der Beschwerdeführer beim Landgericht Frankfurt am Main einen Antrag auf Prozesskostenhilfe für eine *Amtshaftungsklage* gegen das Land Hessen auf Zahlung von Schadensersatz. Er behauptete, er sei durch die gegen ihn angewendeten polizeilichen Ermittlungsmaßnahmen, u.a. die Androhung von Schmerzen, wenn er den Aufenthaltsort von J. nicht preisgebe, und weiteren Androhungen von sexuellem Missbrauch und Schlägen, traumatisiert worden und er bedürfe psychologischer Behandlung.

Das Verfahren ist zurzeit vor dem Oberlandesgericht Frankfurt anhängig.

Im Übrigen ist von den Gerichten, was selbst langjährig erfahrene Praktiker gelegentlich übersehen, nicht jede von einem Angeklagten „aufgetischte Geschichte", deren Gegenteil aber nicht bewiesen werden kann, nach dem „Zweifelssatz" hinzunehmen. Der BGH äußert sich hierzu wie folgt (s. BGH NStZ 2005, 147):

> Es ist weder im Hinblick auf den Zweifelssatz noch sonst geboten, zu Gunsten des Angeklagten Tatvarianten zu unterstellen, für deren Vorliegen keine konkreten Anhaltspunkte erbracht sind. Angaben des Angeklagten, für deren Richtigkeit oder Unrichtigkeit es keine Beweise gibt, können den Feststellungen nicht ohne weiteres als unwiderlegt zu Grunde gelegt werden, sondern ihre Richtigkeit muss erst anhand des Beweisergebnisses geprüft werden.

2. Bei Beweiserhebung betreffend andere Personen

Insoweit ist bei Erhebung und Würdigung von Beweisen zu unterscheiden zwischen personalen und sachlichen Beweismitteln. Sachliche Beweise sind etwa Urkunden und Augenscheinsobjekte. Soweit auf Fälschung u.ä. beruhend, werden sie hier der Fehlerquelle des personalen Beweises zugerechnet. Beim personalen Beweismittel (Zeuge, Sachverständiger) herrscht der *Grundsatz unmittelbarer und uneingeschränkter Wahrheitspflicht*. Es besteht auch eine generelle Aussagepflicht, wenn nicht im Einzelfall gesetzlich geregelte Ausnahme zugelassen sind (etwa bei Angehörigen, Arzt oder grundsätzlich nicht zugemuteter Selbstbelastung). Solche Ausnahmen von der Aussageverpflichtung werden also von der Strafprozessordnung mit Blick auf Berufsgeheimnisse oder Unzumutbarkeitsüberlegungen zugelassen.

Der Schutz der Wahrheitsverpflichtung wird jedoch nur über das materielle Strafrecht erreicht. Geregelt ist insoweit die Strafbarkeit uneidlicher oder eidlicher Falschaussagen (§§ 153, 154 StGB) oder Strafvereitelung.

§ 48 StPO
(1) Zeugen sind verpflichtet, zu dem zu ihrer Vernehmung bestimmten Termin vor dem Richter zu erscheinen. Sie haben die Pflicht auszusagen, wenn keine im Gesetz zugelassene Ausnahme vorliegt.

§ 51 StPO
(1) Einem ordnungsgemäß geladenen Zeugen, der nicht erscheint, werden die durch das Ausbleiben verursachten Kosten auferlegt. Zugleich wird gegen ihn ein Ordnungsgeld und für den Fall, dass dieses nicht beigetrieben werden kann, Ordnungshaft festgesetzt. Auch ist die zwangsweise Vorführung des Zeugen zulässig;

§ 57 StPO
Vor der Vernehmung werden die Zeugen zur Wahrheit ermahnt und über die strafrechtlichen Folgen einer unrichtigen oder unvollständigen Aussage belehrt. Auf die Möglichkeit der Vereidigung werden sie hingewiesen. Im Fall der Vereidigung sind sie über die Bedeutung des Eides und darüber zu belehren, dass der Eid mit oder ohne religiöse Beteuerung geleistet werden kann.

Die *Beurteilung der Glaubhaftigkeit von Zeugenaussagen* ist Aufgabe des Tatgerichts. Es ist regelmäßig davon auszugehen, dass Berufsrichter über diejenige Sachkunde bei der Anwendung aussagepsychologischer Glaubwürdigkeitskriterien verfügen, die für die Beurteilung von Aussagen auch bei schwieriger Beweislage erforderlich ist, und dass sie diese Sachkunde den im Einzelfall beteiligten Laienrichtern vermitteln können. Dies gilt bei jugendlichen Zeugen erst recht, wenn die Berufsrichter zugleich Mitglieder der Jugendschutzkammer sind und über spezielle Sachkunde in der Bewertung der Glaubwürdigkeit von jugendlichen Zeugen verfügen.

Der *BGH* äußert sich zur Notwendigkeit der sachverständigen Beratung der Gerichtsmitglieder hinsichtlich der „*Glaubhaftigkeit*" wie folgt (BGH StV 2005, 419):

> Zwei Beweisanträge der Verteidigung auf Einholung eines Gutachtens eines „Aussagepsychologen" zur Überprüfung der Glaubhaftigkeit der Angaben der Nebenklägerin hat das Landgericht unter Berufung auf eigene Sachkunde gemäß § 344 Abs. 4 Satz 1 StPO zurückgewiesen. Dies hält rechtlicher Prüfung nicht stand. Allerdings ist die Beurteilung der Glaubwürdigkeit von – auch kindlichen – Zeugen und der Glaubhaftigkeit ihrer Angaben grundsätzlich dem Tatrichter anvertraut. Der Hinzuziehung eines Sachverständigen bedarf es nur dann, wenn Besonderheiten des Einzelfalls eine Sachkunde erfordern, die ein Richter – auch mit spezifischen forensischen Erfahrungen – normalerweise nicht hat (st. Rspr. des Bundesgerichtshofs; vgl. nur BGHR StPO § 244 Abs. 4 Satz 1 StPO Sachkunde 4, 6, 12). Ein solcher besonderer Fall liegt hier vor. Dies ergibt sich aus dem Zusammentreffen der folgenden speziellen Umstände:

> Zunächst ist zur Person der Nebenklägerin folgendes zu berücksichtigen: Sie lebte seit ihrer Geburt in besonders schwierigen Familienverhältnissen, die in – von der Revision mitgeteilten – Vermerken des Jugendamtes und der Sozialeinrichtung „Das Rauhe Haus" geschildert sind. Die Mutter der Nebenklägerin lebte danach alleinerziehend mit ihren vier Kindern aus zwei Ehen und einer nichtehelichen Beziehung, war zeitweilig überfordert und suizidal. Der häufige Wechsel ihrer Partner führte in ihrer Beziehung zu den Kindern Probleme herbei. Die Nebenklägerin lernte ihren Vater erst im Jahr 2000 kennen, wollte weiteren Kontakt zu ihm, was auf Schwierigkeiten stieß.

> Es treten folgende auf die festgestellte Tat und deren Schilderungen durch die Nebenklägerin bezogene Besonderheiten hinzu: Eine Schulkameradin der Nebenklägerin war in deren unmittelbarem Wohnumfeld auf dem Schulweg vergewaltigt und anschließend von dem Täter in einen Graben geworfen worden, wo sie fast ertrunken wäre. Auf dieses Geschehen nahm der Angeklagte nach den Bekundungen der Nebenklägerin mit der Bemerkung Bezug, er könne sie „auch in den Graben schmeißen". In diesem Zusammenhang kommen theoretisch eine Identifikation der Nebenklägerin mit der Schulkameradin, eine entsprechende Übertragung oder auch ein Bemühen der Nebenklägerin um Aufmerksamkeit in Betracht. Schon aus dem angefochtenen Urteil ergeben sich mehrere Widersprüche und Variationen im Verlauf der Aussage der Nebenklägerin. Die Verteidigung hat hierzu selbst eingeholte schriftliche Stellungnahmen von zwei Sachverständigen dem Landgericht vorgelegt. Insbesondere aus der Stellungnahme von K. ergibt sich, dass den zahlreichen Realkennzeichen in den Aussagen der Nebenklägerin „mehrere geradezu eklatante Diskrepanzen im absoluten Kernbereich der Aussage" gegenüberstehen, so dass eine seltene „diskrepante Befundlage" gegeben sei. Bei Würdigung dessen verkennt der Senat nicht, dass den beiden sachverständigen Stellungnahmen allein Informationen von Seiten der Verteidigung zugrundegelegen haben. Auch ist folgendes nicht ohne Belang: Nach den Feststellungen erfolgte die Erstaufnahme des Falles durch die Polizei in der Weise, dass zunächst die Mutter der Nebenklägerin

der erschienenen Polizeibeamtin und deren zwei Kollegen den Sachverhalt kurz schilderte. Dann nahm die Polizeibeamtin allein die Anzeige auf. „In Gegenwart ihrer Mutter und Großmutter berichtete L. – zum Teil abwechselnd mit ihrer Mutter – ... sodann von dem Vorfall mit dem Angeklagten" (UA S. 10). In der von der Revision mitgeteilten Strafanzeige ist dagegen dieser Vorgang so dargestellt, dass allein L.'s Mutter die Tat und das Rahmengeschehen geschildert hat. Namentlich hierbei kommt der Faktor der inzwischen verstrichenen Zeit hinzu, auf den der Senat schon in seinem Beschluss vom 21. Mai 2003 durch Bezugnahme auf die Antragsschrift des Generalbundesanwalts vom 23. April 2003 hingewiesen hat. Nach alledem durfte die – wenngleich besonders erfahrene – Jugendschutzkammer sich nicht auf ihre eigene Sachkunde verlassen.

Der *BGH* äußert sich zu Beweisanträgen hinsichtlich der „*Glaubwürdigkeit in vorliegender Sache*" wie folgt:

> Häufig werden Beweisanträge mit dem Thema gestellt, ein Zeuge habe in einem anderen Zusammenhang (als mit dem Anklagevorwurf) gelogen. Ziel dieses Beweisbegehrens ist, die allgemeine Glaubwürdigkeit des Zeugen zu erschüttern und damit (Indiz) zu belegen, dass die Angaben des Zeugen auch zum Anklagevorwurf nicht glaubhaft sind. Solche Beweisanträge können idR als bedeutungslos abgelehnt werden, weil für sie das gleiche gilt wie für sonstige Indiztatsachen. Es kommt nämlich nicht auf die allgemeine Glaubwürdigkeit des Zeugen an, sondern auf die Glaubhaftigkeit der Bekundung des Zeugen in der vorliegenden Sache (vgl. § 68 IV StPO).
>
> *1 StR 337/97* Die Rüge, die Ablehnung des Antrags auf Vernehmung zweier Zeugen zu Drohungen der Belastungszeugen gegenüber E. als für die Entscheidung ohne Bedeutung sei rechtsfehlerhaft, ist jedenfalls unbegründet. Das Tatgericht durfte die Bedeutungslosigkeit der Indiztatsache für seine Entscheidung annehmen, da diese *nur die generelle Glaubwürdigkeit* der Belastungszeugen betraf (BGHR StPO § 244 Abs. 3 Satz 2 Bedeutungslosigkeit 19).
>
> *4 StR 700/98 = StV 2000, 133* Eine nähere Begründung ist jedoch dann nicht erforderlich, wenn die Bedeutungslosigkeit auf der Hand liegt (vgl. BGH StV 1981, 4; NStZ 1981, 401; 1982, 170; BGHR StPO § 244 Abs. 3 Satz 2 Bedeutungslosigkeit 9, 12, 14, 15). So verhält es sich hier: Die unter Beweis gestellten Tatsachen enthielten *keine Umstände, die die Glaubwürdigkeit des Zeugen R. In der vorliegenden Sache betrafen* (vgl. § 68 Abs. 4 StPO und BGHR StPO § 244 Abs. 3 Satz 2 Bedeutungslosigkeit 19), sondern die Frage, ob der Zeuge zu – möglicherweise strafrechtlich erheblichen – völlig anders gearteten Vorgängen unwahre Angaben gemacht hatte. Im Blick auf die erforderliche Ablehnungsbegründung ist insoweit maßgebend, dass die Glaubwürdigkeit in besonderer Weise der Beurteilung des Tatrichters anheimgegeben ist (BGH NStZ 1983, 277; 1984, 42, 43; StV 1990, 390). Die behaupteten *Hilfstatsachen sollten lediglich die allgemeine Glaubwürdigkeit des Zeugen in Frage stellen*. Der Tatrichter ist jedoch *nicht stets gehalten, Zeugen über mögliche Lügen einer Beweisperson zu vernehmen*, wenn die behaupteten Vorgänge mit dem Tatgeschehen in keinem Zusammenhang stehen (BGHR StPO § 244 Abs. 3 Satz 2 Bedeutungslosigkeit 21).

1 StR 85/07 Unbeschadet dessen, ob es sich bei dem Antrag auf Vernehmung des Zeugen B. überhaupt um einen Beweisantrag handelte (BGHSt 39, 251), hat das Landgericht diesen rechtsfehlerfrei abgelehnt, weil es bei der Wahrnehmung des Zeugen um eine Indiztatsache ging, die das Landgericht für die Glaubhaftigkeitsbeurteilung der *Kernaussage* des Opfers als bedeutungslos erachten konnte.

1 StR 455/07 = NStZ 2008, 110 In dem abgelehnten Beweisantrag sollte ein Auslandszeuge zur Richtigkeit einer vom Hauptbelastungszeugen behaupteten Äußerung des Angeklagten ihm gegenüber gehört werden. Diese Äußerung betraf einen Vorgang, der – wie der Beschwerdeführer selbst vorträgt – in keinem Zusammenhang mit den Tatvorwürfen stand. Beweisthema war allein, ob das behauptete Gespräch vom Hauptbelastungszeugen zuverlässig bekundet worden war. Das jedoch *konnte allenfalls dessen „allgemeine Glaubwürdigkeit" betreffen. Dass ein solcher Beweisantrag, der schwerlich etwas über „die Glaubwürdigkeit in der vorliegenden Sache" (§ 68 Abs. 4 StPO) besagt, also nahe liegend ohne Bedeutung für die Glaubhaftigkeit der Bekundungen des Zeugen zum Tatvorwurf war, als bedeutungslos abgelehnt* werden würde (vgl. nur BGH NJW 2005, 1519), lag für den Antragsteller ebenso auf der Hand wie eine auf § 244 Abs. 5 Satz 2 StPO gestützte Ablehnung. Auf diese beiden Gründe hat das Landgericht dann auch – rechtsfehlerfrei – seinen Ablehnungsbeschluss gestützt.

Zum Abschluss noch ein typischer Praxisfall zur Falschaussage von Zeugen: Das Aussagekomplott

Sachverhalt

..... Der Angeklagte, der nunmehr mit einer sich ausweitenden tätlichen Auseinandersetzung zwischen den Beteiligten rechnete, bewaffnete sich spätestens jetzt mit seiner im Auto mitgeführten 2,1 kg schweren Axt mit Hickorystiel und suchte das Geschehen dadurch zu beeinflussen, dass er diese mehrfach im Stile eines Golfspielers schwingend auf die geteerte Straße schlug, so dass Funken sprühten. Dergestalt wollte er die russischstämmige Gruppe beeindrucken und nach Möglichkeit zum Weglaufen veranlassen. Denn der angreifende S. (Begleiter des Angeklagten) und der Zeuge W. waren bereits am Boden in ein intensives Handgemenge, in dessen Verlauf sie auch mit Fäusten aufeinander einschlugen, geraten. Das Imponiergehabe des Angeklagten blieb jedoch völlig ohne Wirkungen, weil sich von den Umstehenden offensichtlich niemand außer W. und S. prügelte bzw. prügeln wollten. Daher wandte sich der Angeklagte nunmehr den beiden am Boden Kämpfenden zu, um für seinen Mann Partei zu ergreifen. Hierbei hatte allerdings die Zeugin I. noch versucht, sich dem Angeklagten in den Weg zu stellen, worauf der Angeklagte sich ihr zuwandte, sie anspuckte und mit seiner Axt, die er wie bei einer Ausholbewegung drohend über den Kopf nach oben geführt hatte, zum Zurückweichen und zur Freigabe des Wegs veranlasste.

Um seinem Kameraden S., der mittlerweile mit W. von der Straße eine kleine Böschung auf eine Wiese hinuntergerollt war, zu unterstützen, ging der Angeklagte schließlich auf die beiden im Gerangel Befindlichen zu und schlug dem W. zunächst mit der stumpfen Seite seiner Axt schmerzhaft gegen die Wade. Dies nahm der Zeuge S.G., der gerade - gleichfalls vergeblich – schlichtend versuchte, seinen Begleiter W. zurückzuziehen, wahr und stieß den Angeklagten heftig zur Seite, der daraufhin seitwärts weg taumelte und seinerseits erneut mit seiner Axt ausholte und damit gezielt nach S.G. schlug, wobei er mit der stumpfen Seite seiner Axt bei seinem Schlag diesen am Kopf über dem linken Ohr traf. Hierbei wusste der Angeklagte, dass er durch seinen gezielten Schlag nach S.G. diesem eine gefährliche Verletzung beibringen würde und er wollte das auch, wobei er jedoch bewusst nur die stumpfe Seite der Axt einsetzte; er dachte indessen nicht daran, dass auch dieser Schlag schon lebensgefährlich sein und zum Tode des S.G. führen konnte. S:G., der vom Schlag benommen war und eine ca. 5 Zentimeter lange blutende Platzwunde über dem linken Ohr erlitt, nahm zunächst nicht wahr, dass er massiv aus dieser Wunde blutete.

Beweiswürdigung

...dass der Angeklagte zu Beginn der Auseinandersetzung eine Axt in Händen hielt und damit mehrfach auf den Straßenbelag eingeschlagen hat. Der Zeuge K. hat glaubhaft angegeben, sogar wegen dieses Axteinsatzes zutiefst erschrocken gewesen sein, wohingegen eine „normale" körperlich tätliche Auseinandersetzung in seinen Kreisen durchaus als üblich angesehen werde. Auch wollen die Zeugen P., K. und S. gesehen haben, dass der Angeklagte die Axt danach unmittelbar weggeworfen hat. Das ist jedoch *gelogen* und sollte allein der Verdeckung des Verhaltens des Angeklagten dienen. Da der Angeklagte zu diesem Zeitpunkt des vermeintlichen Wegwerfens seiner Axt auf der Straße etwa 8 bis 10 Meter räumlich vor dem Bauwagen stand, die Axt indessen später auf der ihm abgewandten Seite, unter dem Bauwagen liegend, aufgefunden worden ist, ist ein solcher Wegwurf der Axt schon aus praktischen Gründen nicht möglich gewesen. Dem widerspricht auch die glaubhafte Bekundung der unbeteiligten Zeugin Kr., die selbst beobachtet hatte, dass der Angeklagte erst später, also nach dem Schlag gegen S.G., die Axt an einen seiner Begleiter mit der ausdrücklichen Aufforderung zum Verstecken weiter gegeben hat. Ein derartiges Detail zu erfinden, bestand keinerlei Grund für die Zeugin, zumal ihre Aussage stimmig zum späteren Auffindeort der Axt durch die Polizei passt...

Rechtsfolgen für die gefährliche Körperverletzung: 1 Jahr Freiheitsstrafe mit Aussetzung der Vollstreckung zur Bewährung. Die Falschaussagen wurden im nachfolgenden Verfahren jeweils mit 1 Jahr Freiheitsstrafe, gleichfalls unter Aussetzung der Vollstreckung zur Bewährung geahndet. Soweit wird erkennbar, dass gelegentliche „Freundschaftsdienste" vor Gericht durchaus ein hohes Risiko bergen. Vor diesem Hintergrund bleibt in der Praxis die weitere Entwicklung hinsichtlich der Zuverlässigkeit von Zeugenaussagen unter dem Einfluss sog. nachmittäglicher „Gerichtssoaps" im Fernsehen abzuwarten. Dort soll dem Vernehmen nach immer die „Wahrheit" siegen!

Marianne Clauß

Falschaussagen, Hintergründe und Folgen für Belastungszeugen

Einleitung

Die Traumatisierung der Opfer von Gewalt- und Sexualdelikten findet in der breiten Öffentlichkeit, aber auch in der Fachliteratur, seit Jahren zunehmende Beachtung. Die dabei zu prüfenden Fragestellungen betreffen vor allem sexuellen Missbrauch, Vergewaltigungen und körperliche Gewalt gegen Personen. In einer Aussage gegen Aussage-Konstellation kann bereits das Ermittlungsverfahren, vor allem aber eine streitig verlaufende Hauptverhandlung, eine Extrembelastung für die Opferzeugin /den Opferzeugen sein. Oftmals geht es den Opfern am Ende eines Verfahrens nur noch darum, dass man ihnen glaubt.

Dieser Beitrag soll den Blick auf die andere Seite der Problematik richten – auf die Falschaussagen. Im Zusammenhang mit der intensiven Analyse von Hintergründen von Aussagen, die sehr wahrscheinlich auf eigenem Erleben beruhen, aber auch von Aussagen, die sehr wahrscheinlich Falschaussagen sind, wurden Problemkonstellationen von Falschaussagen mit ihren Hintergründen und Folgen für die Belastungszeugen dargestellt.

Zur Problematik einer Falschaussage

Eine schwierig zu beantwortende Frage lautet, anhand welcher Kriterien festgelegt wird, ob es sich um eine Falschaussage handelt. Wird eine Aussage beispielsweise aussagepsychologisch als nicht erlebnisbezogen bewertet, bedeutet das nur, dass der Nachweis mit der Methode nicht erbracht wurde. Das heißt aber nicht, dass damit ein Beweis vorliegt, dass es sich nicht so oder so ähnlich zugetragen hat, wie die Zeugin/der Zeuge berichtet hat. Viele Konstellationen können dazu beitragen, dass trotz tatsächlich Erlebtem aussagepsychologisch der Erlebnisbezug der Angaben der Zeugin/des Zeugen nicht nachweisbar ist.

An dieser Stelle soll nicht weiter auf die Problematik eingegangen werden, anhand welcher Merkmale eine Falschaussage bestimmt wird. Bei den ausgewählten Kasuistiken werden die Begründungen für die Annahme einer Falschaussage dargestellt.

Typische Falschaussagekonstellationen

Es werden Beispiele aus den Bereichen Familienrecht mit Fragestellungen zum Sorge- und Umgangsrecht dargestellt, aber auch familienrechtliche Fragestellungen zum Sorgerechtsentzug. Außerdem typische Falschaussagekonstellationen bei psychisch kranken Zeugen und bei Zeugen mit Persönlichkeitsstörungen, soweit man von Typologien in dem Bereich überhaupt sprechen kann. Es werden ferner Falschaussagen dargestellt, die in helfender Absicht quasi von außen an die Familien herangetragen werden. Des weiteren wird über Falschaussagen berichtet, bei denen die Zeugen Störungen des Sozialverhaltens bis hin zur Dissozialität haben, aufgrund dessen die Falschaussage eine wiederum andere Funktion hat, als bei den beiden oben genannten Gruppen aus dem Familienrecht. Oftmals vermischen sich aber mehrere innerpsychische und äußere Bedingungen, die dann zu einer Falschaussage führen.

Zunächst soll auf Hochkonflikttrennungsfamilien eingegangen werden. Bei allen mit Trennungen und Scheidungen befassten Berufsgruppen findet sich eine zunehmende Anzahl von sogenannten Hochkonflikttrennungen, in denen eine Einigung über die Belange der Kinder nicht oder nur mit erheblichem Einsatz über längere Zeit möglich ist.

Kinder im Spannungsfeld der elterlichen Konflikte können unterschiedlich damit umgehen. Ein Weg besteht darin, dass ein solchen Spannungen ausgesetztes Kind sich mit einem Elternteil überidentifiziert und den anderen ablehnt. In einer Atmosphäre, in der der sich nicht mehr in der Restfamilie aufhaltende Elternteil allgemein negativ dargestellt wird, wollen Kinder oftmals einen eigenen Beitrag zu der Negativdarstellung liefern. Typische Angaben sind in dem Zusammenhang Vorwürfe über Vernachlässigungen während der Umgangskontakte: „Der macht mit mir nichts, der gibt mit nichts zu essen", aber auch Berichte über Gewalttätigkeiten oder sexuellen Missbrauch durch diesen Elternteil können von dem Kind kommen.

Über die spezifischen Auswirkungen auf die Kinder, die heranwachsen als angebliche Opfer von sexuellem Missbrauch oder von Gewalterleben durch einen Elternteil mit den entsprechenden familienrechtlichen Konsequenzen für die elterliche Sorge oder das Umgangsrecht, wissen wir wenig. Es gibt umfassende Untersuchungen über Folgen von tatsächlichem Erleben von sexuellem Missbrauch und Gewalt. Aber über die andere Seite, was es für die Einwicklung eines Kindes bedeutet, mit der nicht zutreffenden Zuschreibung als Opfer von sexuellem Missbrauch oder körperlicher Gewalt aufzuwachsen, haben wir nur Erfahrungswissen aus langjährigen Kontakten mit diesen Kindern.

Es ist aber zu erwarten, dass eine nicht zutreffende Annahme von erlebter körperlicher oder sexueller Gewalt einen negativen Einfluss auf die Entwicklung hat, beispielsweise auf die Selbstwertentwicklung und die Identitätsentwicklung bis hin zur Ausbildung pathologischer Phänomene. Es gibt für Fehlentwicklungen keine stringente Kausalkette zwischen spezifischen Bedingungsfaktoren und systemischen Wirkungen und der Ausbildung spezifischer Störungen. Aber aufgrund einer solchen unzutreffenden Annahme ist von einer chronischen Belastung von Kindern auszugehen. Überschreiten die Belastungen die Bewältigungsmöglichkeiten des Kindes und seiner Umwelt, kann dies zur Ausbildung spezifischer Störungen führen.

Fallbeispiele

Fall der 6-jährigen Clara

Clara war bei Begutachtung 6 Jahre alt. Die Ehe der Eltern kriselte und Clara kränkelte. U.a. erfolgte eine stationäre Behandlung in einer Kinderklinik wegen rezidivierenden Harnwegsinfekten. Der Kinderarzt brachte durch die Frage, ob die Mutter schon mal an einen sexuellen Missbrauch gedacht habe, eine Kette von hochsuggestiven Befragungen in Gang. Clara machte in deren Folge Angaben über sexuellen Missbrauch durch den Vater, mit der Zeit kam es zu einer deutlichen Aussagenerweiterung. Irreale Aussageelemente kamen zu den ersten Schilderungen hinzu, das halbe Dorf hat sich demnach an Clara und ihrer Schwester sexuell vergangen, Clara berichtete auch von der Tötung eines Kindes im Rahmen eines solchen sexuellen Exzesses unter Einbeziehung des Vaters, der Großeltern vs. und anderer Dorfbewohner.

Diese doch sehr auffällige Aussage hinderte die Mutter nicht daran zu glauben, was Clara ihr und auch der Sachverständigen erzählt hat. Auch die Einstellung des Ermittlungsverfahrens hat daran nichts geändert.

Die dadurch hervorgerufene innerfamiliäre Belastung ist im Detail nicht bekannt. Zehn Jahre lang hat der Vater nach der elterlichen Trennung und der Kontaktunterbrechung von seinen Töchtern mit juristischen Mitteln versucht, die Situation zu verändern. Es wurden mehrfach Umgangsanträge beim Familiengericht von ihm gestellt, Sorgerechtsanträge, Anträge auf Sorgerechtsentzug der Mutter, es erfolgte eine erwachsenenpsychiatrische Begutachtung der Mutter, es kam zur Einstellung der Unterhaltszahlungen von Seiten des Vaters wegen Fehlverhalten der Mutter mit nachfolgender gerichtlicher Klärung u.a.m. Mehrmals war die Sachverständige bei dem entsprechenden Familiengericht, aber auch mehrmals beim OLG in der Angelegenheit.

Als Clara fast 18 Jahr alt war, rief die Mutter an und berichtete, dass Clara zuwenig wiege, depressiv und suizidal sei und sie eine Magersucht bei ihr befürchte.

Es soll jetzt nicht behauptet werden, dass eine nicht zutreffende Zuschreibung von sexuellem Missbrauch zur Magersucht führt. Aber annehmen sollte man in vorliegenden Fall, dass das lange Verfahren eine nicht unbedeutende Belastung für das Kind dargestellt hat. Ob und inwieweit Clara auch heute noch von eigenem massive sexuellen Missbrauch in ihrer frühen Kindheit ausgeht, ist unbekannt.

Fall der 9-jährigen Michelle

Laut Gutachtenauftrag sollte der Verdacht des sexuellen Missbrauchs des Kindes durch den Vater aufgeklärt werden. Das Jugendamt hat den Antrag auf Entzug der elterlichen Sorge für den Vater gestellt. Michelle lebte bei Begutachtung seit wenigen Monaten in einer anthroposophisch ausgerichteten Jugendhilfeeinrichtung. Die Aufnahme in der Einrichtung war erfolgt wegen Lernversagen in der Förderschule, Einkoten und andersartigen Auffälligkeiten des Verhaltens und Erlebens. Wegen Überforderung der Mutter wurde gleichzeitig die jüngere Schwester, damals noch im Kindergarten, in derselben Einrichtung aufgenommen.

Die Mutter war grenzwertig lernbehindert/geistig behindert, sie hat mit öffentlicher Hilfe und Unterstützung des Vaters bis zur Fremdbetreuung der Kinder die Betreuungs- und Versorgungsaufgaben im Wesentlichen geleistet. Der Vater hat zwar die Förderschule besucht, war aber zu selbständigem Leben und auch familienernährendem Arbeiten in der Lage. Die Rolle des Vaters war die des Ernährers, der nur gemeinsam mit seiner Frau Familien- und Kinderaktivitäten durchgeführt hat, beispielsweise im Rahmen der regelmäßigen Wochenend- und Ferienaufenthalte der Kinder bei den Eltern.

In der Jugendhilfeeinrichtung wurde eine junge Mitarbeiterin als Bezugsbetreuerin für Michelle eingesetzt. Schwerpunkt ihrer Arbeit war u.a. die selbstständige Übernahme der Körperpflege durch Michelle selber. In dem Zusammenhang wurden auch Aufklärungsbücher mit dem Kind „gelesen" (Michelle konnte nicht sinnerfassend lesen). Während deutlich suggestiver Befragungen berichtete Michelle dann über massive sexuelle Missbrauchshandlungen durch den Vater. Aufgrund des sexuellen Missbrauchsverdachtes trennte sich die Mutter von Vater.

Neben dem familienrechtlichen Gutachten wurde ein aussagepsychologisches Gutachten erstattet. Michelle berichtet im Rahmen der Exploration über weitere massive Missbrauchshandlungen, u.a. durch die Mitarbeiterin des allgemeinen sozialen Dienstes des Jugendamtes, durch die Psychologin der Einrichtung, durch die Betreuer der Wohngruppe und vor allem auch durch die Mutter.

Der Mutter wurde mitgeteilt, dass kein substanziierter Ausgangsverdacht für einen sexuellen Missbrauchsverdacht besteht, der irgendwelche Schutzmaßnahmen des Kindes bzgl. des Vaters rechtfertigt. Obwohl auch die Mutter in Rahmen dieser hochsuggestiven Aussagegenese und Aussagenentwicklung als Täterin benannt worden war, blieb die Mutter dabei, dass sie weiterhin von sexuellem Missbrauch durch den Vater ausgeht, „ich habe das Vertrauen verloren". Eine selbständige Kontaktpflege mit den Kindern wäre aufgrund der Behinderung der Mutter nur mit Unterstützung des Vaters möglich gewesen. Dies hat sie abgelehnt. Beide Kinder wurden langfristig fremdbetreut, haben den Kontakt zum Vater ganz verloren, der Kontakt zur Mutter war aufgrund deren Behinderung sehr eingeschränkt.

Fall der 14-jährigen Jennifer

Sie hatte zahlreiche Auffälligkeiten, u.a. eine deutliche Störung des Sozialverhaltens, früher Suchtmittelabusus und Selbstverletzungen. Im Rahmen einer stationären kinder- und jugendpsychiatrischen Behandlung berichtete sie über massive sexuelle Übergriffe im Elternhaus. Daran beteiligt gewesen sein sollen die Mutter, deren Lebensgefährte und 2 weitere Männer. Narben am Rücken des Mädchens, die im Rahmen von sadomasochistischen Handlungen durch Auspeitschen entstanden sein sollen, spielten in der Beweiskette eine bedeutsame Rolle. Zwei Ärzte einer behandelnden Kinder- und Jugendpsychiatrie haben die Narben am Rücken des Kindes schriftlich bestätigt (ein Assistenzarzt und ein Oberarzt). Dieser Befund führte dann zusammen mit der Aussage des Mädchens zur Inhaftierung von vier dringend Tatverdächtigungen, u.a. auch der Mutter. Die drei jüngsten Geschwister Jennifers wurden in drei unterschiedlichen Pflegefamilien untergebracht.

Das Ergebnis der aussagepsychologischen Untersuchung lautete, dass der Erlebnisbezug Jennifers Angaben nicht belegt werden kann. Es blieben aber die Narben in der Verdachtskette. Ein rechtsmedizinisches Gutachten wurde durchgeführt mit dem Ergebnis, das Narben auf dem Rücken Jennifers nicht vorhanden sind (vermutlich hat es sich dabei um einen Dermographismus gehandelt).

Das Verfahren wurde eingestellt. Aber für die Zeugin, die mittlerweile zur Mutter zurückgekehrt war, gab es erhebliche familienrechtliche Folgen. Sie hing sehr an ihren Geschwistern und die Rückführung der Geschwister, die in Pflegefamilien lebten, war sehr erschwert.

In einer zunehmenden Anzahl von Begutachtungsfällen besteht der dringende Verdacht, dass komplette Scheinerinnerungen der Hintergrund der Aussage sind. Damit sind „Erinnerungen" gemeint, die völlig neu in Rahmen eines gedanklichen Prozesses entstanden sind, meist über einen lange zurückliegenden sexuellen Missbrauch in der Kindheit, der nicht auf tatsächlichem Erleben beruht.

Fall der 29-jährigen Anke Müller

Sie berichtete über sexuellen Missbrauch zwischen dem 6. und 16 Lebensjahr mit massiven sexuellen Handlungen einschließlich mehrerer vaginaler und analer Vergewaltigungen. Aufgekommen ist die Erinnerung an den sexuellen Missbrauch im Rahmen einer Psychotherapie. Die Zeugin hatte zahlreiche psychiatrische Vordiagnosen. U.a. die Diagnose einer emotional instabilen Persönlichkeitsstörung, Generalisierte Ängste und Panikattacken, depressive Symptome und sexuelle Störungen. Frau Müller befand sich seit Jahren in ambulanter Psychotherapie. Gegenüber den Vortherapeuten hat Frau Müller niemals Angaben über sexuellen Missbrauch gemacht.

Nach umzugsbedingtem Therapeutenwechsel stand das Therapiethema frühere Familiensituation im Raum. Früher hatte sie den Therapeuten gegenüber von ihrer Familie als unterstützend und wohlwollend geschwärmt. Nach kritischem Nachfragen von Seiten der neuen Therapeutin kam bei Frau Müller das Gefühl auf, dass zwischen ihr und den Eltern doch etwas nicht stimme. Ausgehend von dem negativen Gefühl, über Bildfragmente und Bilder, entwickelten sich in einem einjährigen Prozess Vorstellungen über sexuellen Missbrauch durch den Vater mit aktiver Unterstützung durch die Mutter. In die Berichte eingebunden waren auch andere Personen, die seit Jahren Kenntnis von dem sexuellen Missbrauch haben sollen, beispielsweise ein Kinderarzt, ein Lehrer und ein früherer Freund, dem Frau Müller es vor vielen Jahren erzählt haben will.

Frau Müller hat die sexuellen Missbrauchshandlungen sorgfältig in ein 300 Seiten umfassendes Tagebuch geschrieben (Beginn ca. 9. Lebensjahr, erst handschriftlich, später mit PC). Das Tagebuch wurde im Rahmen der aussagepsychologischen Begutachtung im Detail analysiert bezüglich konkreter Situationen, zu denen es eine Tagebucheintragung gibt und an denen gleichzeitig sexueller Missbrauch passiert sein soll.

Es gab im Tagebuch Beschreibungen mehrerer Situationen, die sich in dem Zeitraum der massiven sexuellen Übergriffe ereignet haben sollen. Beispielsweise fand sich darin die Beschreibung des ersten freiwilligen Geschlechtsverkehrs. In dem Tagebucheintrag, der die Aktivitäten des gesamten Tages einschließlich des spezifischen Ereignisses des ersten Intimkontaktes beinhaltete, fanden sich belanglose Beschreibungen über Vater und Mutter.

Dagegen berichtete die Zeugin in dem Ermittlungsverfahren über eine Vergewaltigung durch den Vater exakt an dem Morgen des Tages des ersten freiwilligen Geschlechtsverkehrs. Interessant war auch in dem Verfahren, dass keine der externen Personen (Kinderarzt, der angeblich eine vaginale Verletzung festgestellt hat, früherer Freund und einem Lehrer, denen sie angeblich vor langer Zeit über den Missbrauch berichtet hat) diese Mitteilungen bestätigt haben.

Trotz dieses deutlichen Ergebnisses, das zur Einstellung des Ermittlungsverfahrens geführt hat, halten die junge Frau und ihre Therapeutin weiter an dem sexuellen Missbrauch und an der Bearbeitung des Traumas und seiner Folgen fest. Frau Müller wurde im Anschluss an die „Retraumatisierung" durch das Ermittlungsverfahren mehrfach in einer Traumaklinik behandelt, ohne dass eine psychische Stabilisierung bei ihr eintrat.

Diese Wahrnehmung deckt sich auch mit den Erfahrungen aus anderen Fällen, die sehr wahrscheinlich Scheinerinnerungen sind. Bei einmal implantierten Scheinerinnerungen wurden in den vorliegenden Begutachtungen teilweise trotz eines eindeutigen Ergebnisses in Richtung von Scheinerinnerungen noch niemals Abstand von der subjektiven Gewissheit des sexuellen Missbrauchs genommen.

Ausblick

Zusammenfassend ist festzustellen, dass in Einzelfällen eine Falschaussage vor allem im Familienrecht kurzfristig ein Kind entlasten kann. Langfristig ist aber bei allen Kindern, Jugendlichen und auch Erwachsenen davon auszugehen, dass eine Falschaussage die Entwicklung dieser Menschen belastet. Dies zu verhindern, sollte die fachliche Aufgabe von allen helfenden Berufsgruppen sein. Deshalb ist auch eine kritische Hinterfragung von Angaben über körperliche und sexuelle Gewalt geboten, um den uns anvertrauten Menschen eine angemessene Hilfe zukommen zu lassen. Untersuchungen sind notwendig, um die Auswirkungen von unzutreffenden Annahmen von körperlicher oder sexueller Gewalt auf die Entwicklung vor allem von jungen Menschen zu erkennen.

Hans Stoffels

False Memory-Syndrome
Eine Herausforderung für die Psychotherapie

Erinnerung ist kein Speicher

Es ist Allgemeingut, dass menschliche Erinnerung störanfällig ist. Die Erinnerung verblasst mit den Jahren. Das ist der Grund, warum es im Bereich der Strafjustiz den Tatbestand der Verjährung gibt. Je länger eine Tat zurückliegt, um so schwieriger ist es, sie zu rekonstruieren und um so mehr nimmt die Rechtssicherheit ab.

Aber auch Ereignisse, die nicht jahre- oder jahrzehntelang zurückliegen, sondern erst kürzlich geschehen sind, können sich im Licht von Zeugenaussagen sehr unterschiedlich darstellen. Die Unzuverlässigkeit der Erinnerung, ihre hohe Selektivität und Situationsbedingtheit, hat Anlass für ein Bonmot gegeben: werden vier Zeugen zum gleichen Sachverhalt vor Gericht befragt, gibt es fünf unterschiedliche Versionen.

Auswählen und Modulieren, Vergessen und Verwandeln sind dem Erinnerungsprozess inhärent. Unser Gedächtnis hortet unsere Erfahrungen nicht wie Museumsstücke, sondern ist in ständiger Bewegung. Da die Erinnerung Teil unserer Auseinandersetzung mit der Gegenwart ist, werden vergangene Fakten immer wieder neu zusammengesetzt. Eine Erinnerung an sich gibt es nicht, weil Erinnerung immer an den Augenblick gebunden ist (Fried 2004). Aus diesem Grund hat die Erinnerung keinen archivarischen Charakter, wie ihn z.B. unsere digitalen Speichermedien haben. Erinnerung arbeitet eher wie ein Theaterensemble, das Szenen immer wieder neu spielt, dabei kreativ ist und neue Interpretationen umsetzt. Erinnerung ist Rekonstruktion (Schacter 1996).

Beschuldigung und Gegen-Beschuldigung

Vor fast 20 Jahren wurde in Philadelphia/Pennsylvania die „False-Memory-Syndrome Foundation" („FMS-Foundation") als gemeinnützige Stiftung gegründet. Initiatoren waren Pamela und Peter Freyd, eine Erzieherin und ein Mathematikprofessor. Peter Freyd war von seiner Tochter Jennifer beschuldigt worden, sie zwischen ihrem 3. und 16. Lebensjahr sexuell missbraucht zu haben. Die Erinnerung an diese Vorfälle war ihr während einer psychotherapeutischen Behandlung sukzessive gekommen. Der Vater wies diese Vorwürfe zurück. Seine Frau und er kamen zu der Überzeugung, dass die traumatischen Erinnerungen ihrer Tochter Phantasieprodukte seien, die in und durch die Psychotherapie auf eigen- und fremdsuggestivem Weg entstanden sind (Brown et al. 1998).

Die Eltern Freyd gingen mit einer Erklärung an die Öffentlichkeit und erfuhren in den USA eine überwältigende Resonanz. 1996 wurde die Stiftung „False-Memory-Syndrome" gegründet mit 3.000 beitragszahlenden Mitgliedern. Sie unterhält Kontakte zu ca. 18.000 betroffenen Familien. Inzwischen gibt die FMS-Foundation monatlich einen Newsletter mit Literaturhinweisen, Buchbesprechungen, Fallberichten, Sachinformationen und Kongresshinweisen heraus, veranstaltet Workshops für betroffene Familien und lädt zu Fortbildungs- und Informationsveranstaltungen ein. Sie verfügt über ein Netzwerk kooperierender Juristen, die beschuldigte Eltern über ihre Rechte aufklären sowie über einen unabhängigen wissenschaftlichen Beraterstab.

Der typische Fall handelt zumeist von einer erwachsenen Tochter, die sich wegen Essstörungen, Ängsten, Depressionen oder anderer seelischer Problemlagen in psychotherapeutische Behandlung begeben hat und die gemeinsam mit ihrem Psychotherapeuten zu der Entdeckung gelangt, in ihrer Kindheit – zumeist von ihrem Vater – sexuell missbraucht worden zu sein. Viele der missbrauchten Töchter brechen – auch auf Anraten ihrer Psychotherapeuten – den Kontakt zu ihren Herkunftsfamilien ab, nicht zuletzt weil die Eltern und oft auch die Geschwister die Vorwürfe bestreiten. In ca. 7% der Fälle wird Anklage gegen die Beschuldigten vor Gericht erhoben. In den letzten Jahren soll der Anteil der Frauen, die als Täterinnen angeklagt werden, also der Mütter, deutlich angestiegen sein (bis zu 30%).

Inzwischen nimmt der Kampf um die Erinnerung neue Formen an: es mehren sich die Fälle, in denen ehemalige Patientinnen ihre Psychotherapeuten beschuldigen, ihnen während der Psychotherapie falsche Erinnerungen über sexuellen Missbrauch suggeriert zu haben. Die wiedergewonnenen Erinnerungen seien Pseudoerinnerungen gewesen, die zu großer Verwirrung geführt und ganze Familien ins Unglück gestürzt hätten. In einem Fall sei bereits einer Patientin in den USA ein Schmerzensgeld in Höhe von mehreren Millionen Dollar zugebilligt worden.

In Deutschland hat der Fall der Kinderbuchzeichnerin Elisabeth Reuter Furore gemacht. In einem Fernsehfilm mit dem Titel „Der Wahn der Therapeuten" trat sie vor die Kamera und berichtete, dass sie sich während einer Psychotherapie zu erinnern glaubte, dass ihr Vater sie sexuell missbraucht habe. Ihr Vater, ein evangelischer Pastor, sei zwar grausam gewesen, aber er habe sie nie sexuell missbraucht. Diese Erinnerung sei ihr durch den Psychotherapeuten nahegelegt worden und sie habe sie unter dem Einfluss der Psychotherapie und ihrer besonderen Atmosphäre adaptiert. In der Tat war Elisabeth Reuter einige Jahre zuvor schon einmal in einem anderen Fernsehbeitrag als eine der ersten Frauen Deutschlands aufgetreten, die offen über den sexuellen Missbrauch durch den Vater erzählt hatten. Dieser Film mit dem Titel „Der Riß im Kopf" wurde auf Fortbildungsveranstaltungen als Anschauungsmaterial für das Krankheitsbild der dissoziativen Identitätsstörung verwendet, da Frau Reuter angab, an solchen Verfassungen zu leiden.

Das Dilemma der Psychotherapeuten

Der Kampf um die Erinnerung ist auch in Deutschland angekommen. Die Deutsche Forschungsgemeinschaft gab eine Untersuchung zum Thema „Trauma und Wirklichkeit. Wiederauftauchende Erinnerungen aus psychotherapeutischer Sicht" in Auftrag (Kirsch 2001). Zwei Geleitworte führen in die Arbeit ein. Das erste Geleitwort stammt von Ulrich Sachsse, einem führenden Traumaspezialisten. Er bekennt, dass er sich schon mehr als einmal die Frage nach dem Realitätsgehalt der von den Patienten berichteten traumatischen Erfahrungen gestellt habe. „Stimmt das eigentlich, was ich da zu hören bekomme, ist das wirklich wahr? Ist so etwas real passiert?" In der Vergangenheit seien diese Fragen nach dem Realitätsgehalt eher bagatellisiert worden. Auch er habe sich durch einen „Trick" an der Bagatellisierung beteiligt, indem er auf die Fragen die Antwort gab: „Für eine Therapie ist es völlig irrelevant, was wahr und was Phantasie ist. Wir arbeiten mit Bildern im Kopf. Uns interessiert nur die subjektive Realität" (Kirsch 2001, V).

Im zweiten Geleitwort spricht Rainer Krause von den vielen Möglichkeiten der „unbemerkten Selbsttäuschung". Wenn ein Psychotherapeut den Realitätsstatus des vom Patienten Berichteten für belanglos erklärt, weil es ja in der Psychotherapie um Phantasien ginge, lüge er sich in die eigene Tasche. Klammheimlich glaube der Psychotherapeut stets zu wissen, was wirklich geschehen ist und was nicht.

Die Untersuchung von Kirsch (2001) belegt, dass die Psychotherapeuten in dieser Frage tief gespalten sind. 35% der Psychotherapeuten halten die Wahrheitsfrage für das Verständnis des Leidens ihrer Patienten eher für irrelevant. 40% sind gegenteiliger Auffassung. Etwa die Hälfte der befragten Psychotherapeuten meinen, dass die suggestive Wirkung der Vermutung einer sexuellen Traumatisierung geringer sei, wenn sie offen geäußert werde. Die andere Hälfte widerspricht dem. Krause vermutet „mehr oder weniger unbewußte Vorannahmen", die die Einstellung von Psychotherapeuten zu diesen Fragen steuern (Kirsch 2001, VII).

Induzierte Erinnerung und sozialer Erwartungsdruck

Kein Zweifel besteht, dass es das Phänomen der induzierten Erinnerung (Pseudoerinnerung) gibt, und dass es sogar leicht ist, bestimmte Erinnerungen zu implantieren, vor allem wenn ein entsprechender sozialer Erwartungsdruck vorausgeht. Mit zahlreichen Experimenten konnte die amerikanische Gedächtnisforscherin Elizabeth Loftus dies nachweisen. Solche Experimente sind nicht unbedenklich. Loftus schildert den Fall eines Kollegen, der mit seinem jüngeren 14-jährigen Bruder ein Experiment anstellte:

In Absprache mit der Mutter sollte der 14-jährige Chris sich bemühen, innerhalb von einigen Tagen fünf Begebenheiten seiner Kindheit zu erinnern, zu denen ihm in sorgfältiger Absprache mit der Mutter einige Stichworte gegeben wurden. Er sollte an jedem Tag aufschreiben, welche neuen Tatsachen und Einzelheiten ihm ins Gedächtnis kamen. Wenn er keine weiteren Details mehr zu erinnern wüsste, sollte er „I don't remember" notieren.

Von den fünf zu erinnernden Ereignissen war eines erfunden. Chris erinnerte sich auch an dieses Ereignis zunächst nicht, aber ihm wurde aufgetragen: versuch dich in den nächsten Tagen zu erinnern, wie du damals, als du fünf Jahre alt warst, im Kaufhaus verloren gegangen bist und wie du geschrieen hast, als du von einem älteren Mann zurückgebracht wurdest. Und in der Tat: in den nächsten Tagen kamen Chris allmählich Einzelheiten des traumatischen Ereignisses ins Gedächtnis, z.B. wie der ältere Mann aussah.

Nach einigen Wochen wurde Chris nochmals interviewt, und diesmal erinnerte er sich an weitere Einzelheiten, z.B. wie verzweifelt er damals war, dass der Mann ein blaues Flanellhemd trug, eine Brille etc., etc.

Chris musste nun aufgeklärt werden, dass eine der fünf Begebenheiten erfunden war. Auf welche würde er tippen? Und Chris wählte eine reale Begebenheit aus. Als ihm gesagt wurde, dass die Geschichte vom Verlorengehen im Kaufhaus erfunden sei, konnte er dies kaum glauben. Problematisch war, dass er die Pseudoerinnerung nicht mehr aus seinem Kopf herausbekommen konnte (Loftus und Pickrell 1995).

Die neurobiologische Gedächtnisforschung, auch in ihrer differenzierteren Gestalt, hat Vorstellungen vom Gedächtnis als einem Speicher, in dem Informationen gesammelt und kodiert werden, gefördert. Dieses Modell eines cerebralen Fotoalbums oder einer cerebralen Videokassette wird gerade für traumatische Erinnerungen an nicht-bewältigbare Ereignisse in Anspruch genommen. Traumatische Erinnerungen würden in Hirnregionen abgelagert, die auf neuronaler Ebene abgeschnitten seien von Möglichkeiten der Einflussnahme, Veränderung oder Bewältigung. Auf dieser biologischen Grundlage entstünden die Widerhallerinnerungen (Flash-Backs), die nur mit geringen Veränderungen die traumatischen Ereignisse wiederholen, gleichsam abspulen.

Zunächst ist dieses Modell von hoher Plausibilität. Der Spielfilm bedient sich gerne dieser Hypothese in Form der Rückblende. Wenn in einer Filmszene das Verhalten der Menschen unverständlich und rätselhaft ist, kann der Regisseur das Bild verschwimmen lassen und eine vergangene Szene einblenden, die dem Zuschauer Aufschluss gibt über den Hintergrund für das rätselhafte Verhalten, das jetzt verständlich wird.

Loftus wird nicht müde zu betonen, dass das Gedächtnis kein Speicher eines Computers ist, aus dem Szenen abgerufen werden können. Gedächtnis und Erinnerung sind Prozesse, formbar, Gestaltung und Wandlung unterworfen, stets Produkt einer Interaktion und immer Ausdruck einer bestimmten Form der Auseinandersetzung mit der Gegenwart. Unser Gedächtnis drängt das, was aktuell wichtig erscheint, in den Vordergrund, während anderes in den Hintergrund gerät. Es ist immer aktiv, sondert aus, verwirft, lässt neue Einsichten entstehen. Die Subjektivität des Gedächtnisses hat Daniel L. Schacter dazu veranlasst, seine umfassende Untersuchung „Searching for memory. The brain, the mind and the past" im Deutschen unter dem Titel „Wir sind Erinnerung" zu publizieren (Schacter 2001).

C. B. Brenneis (1998) hat darauf hingewiesen, dass ca. 5% der Bevölkerung über eine besondere Phantasiebegabung verfügt. Diese Menschen verfügen über die Fähigkeit der Aktualisierung und Emotionalisierung. Sie können über Vergangenes in einer Weise berichten, als ereigne es sich gegenwärtig. Sie können alle mit einem vergangenen Ereignis verbundenen Affekte wachrufen, erneut durchleben, so dass der Zuhörer sich kaum des Eindrucks erwehren kann, unmittelbarer Zeuge des seinerzeitigen Geschehens zu sein. Auch haben die phantasiebegabten Menschen die Fähigkeit, Wahrnehmungen, die aus der Realität abgeleitet sind, mit solchen zu vermischen, die ihren Ursprung in der Imagination haben. Dieses Denken, das einer „Trancelogik" folgt, kann durch Instruktionen, wie sie bei manchen Psychotherapieformen üblich sind (etwa die, sich zu entspannen und die Gedanken fließen zu lassen) induziert werden (Brenneis 1998).

Grob schematisch können wir von vier unterschiedlichen Erinnerungsformen sprechen:

- Einigermaßen genaue Erinnerung
- Mischung aus tatsächlichem Ereignis und Phantasie
- Reines Produkt der Phantasie
- Einigermaßen genaue Erinnerung an eine Phantasie (z.B. Traum)

Abb. 1 Wiederauftauchende Erinnerungen.

Gerade im psychotherapeutischen Prozess ist die Notwendigkeit der Zuordnung stets gegeben, wenngleich sich frühzeitige Festlegungen verbieten. Gerade die Veränderung der Erinnerungen im zeitlichen Ablauf wird wichtige Aufschlüsse geben. Insbesondere die vierte Erinnerungsform kann zu Schwierigkeiten der Identifizierung Anlass geben, weil es sich um eine „Real-Erinnerung" handelt, aber eben nicht an ein Real-Ereignis, sondern an eine „Real-Phantasie" (z.B. einen Traum).

Kriterien als Hilfestellung

In Anlehnung an C. B. Brenneis liste ich in der folgenden Tabelle vier Kriterien auf, die hilfreich sein können, um eine Erinnerung von einer Pseudo-Erinnerung zu unterscheiden. Es gibt aber keine in jeder Hinsicht zuverlässigen Richtlinien. Das Unwahrscheinliche, das Skepsis hervorruft, kann real sein, ebenso wie das Naheliegende sich als falsch herausstellen kann.

1. Art und Weise der Wiedererinnerung
   Skepsis, wenn sozialer Erwartungsdruck und entsprechende Suche vorausgehen.
2. Qualität der Wiedererinnerung
   Skepsis, wenn diffuse Gefühle, Traumbilder und „Körpererinnerungen" vorherrschen mit nachfolgendem visuellem Detailreichtum.
3. Plausibilität des Vergessens
   Skepsis, wenn z.B. der „verdrängte sexuelle Missbrauch" bis in späte Kindheit und Adoleszenz reicht.
4. Plausibilität des Erinnerns
   Skepsis, wenn z.B. Erinnerung vor dem 3. Lebensjahr angegeben wird.

Abb. 2 Vier Kriterien zur Unterscheidung von Erinnerung und Pseudo-Erinnerung.

Viele Autoren betonen die Schwierigkeit, eine phantasierte von einer realen Erinnerung zu unterscheiden, zumal die Betreffenden auch im Falle einer Pseudo-Erinnerung vom Realitätsgehalt des Erinnerten überzeugt sein können. Innere Vorstellungen und Bilder können sich an die Stelle von Realerinnerungen setzen und diese fugenlos vertreten. In letzter Zeit hat die Forschung sich darauf konzentriert, die besonderen Persönlichkeitsmerkmale solcher Menschen herauszuarbeiten, die für Pseudo-Erinnerungen anfällig sind. In der Regel handelt es sich um Menschen, die Schwierigkeiten haben, zwischen innen und außen, Realität und Phantasie zu unterscheiden. Wir sprechen dann in der psychiatrischen Klassifikation von Grenzstörungen,

Borderline-Störungen oder einer Borderline-Persönlichkeitsorganisation. Solche Störungen sind durch eine instabile Realitätswahrnehmung gekennzeichnet, einen abrupten Wechsel emotionaler Befindlichkeiten, impulsives Handeln und gestörte mitmenschliche Beziehungen mit extremer Ambivalenz und einem Vorherrschen „feindseliger Abhängigkeit" (Herpertz, Saß 2003).

Borderline und Pseudo-Erinnerung

Aufgrund ihrer Persönlichkeitsorganisation sind Borderline-Patienten besonders anfällig für die Entwicklung von Pseudoerinnerungen, zumal dann, wenn sie mit einer besonderen Phantasiebegabung ausgestattet sind. Treten akute Belastungen auf, verwischen sich rasch die Grenze zwischen innen und außen, ohne dass von einer völligen Realitätsabkehr oder einem Wahn-Geschehen gesprochen werden kann.

Gerade bei Trauma-Erinnerungen von Borderline-Patienten stehen die Forscher vor einer besonderen Herausforderung. Zahlreiche Forschungen belegen die Lehrmeinung, dass sich in der Lebensgeschichte von Patienten mit Borderline-Persönlichkeitsstörungen gravierende Belastungen ausfindig machen lassen. Insbesondere soll der sexuelle Missbrauch regelhaft vorkommen und eine pathogenetische Bedeutung haben. Die Zahlenangaben schwanken. Manche Schulen gehen davon aus, dass bis zu 90% aller Borderline-Patienten sexuelle Missbrauchserfahrungen in ihrer Kindheit erfahren haben. Andere kritische Arbeiten sprechen von 60 bis 80%, wobei sie unter Kindheitstraumata nicht nur sexuellen Missbrauch subsumieren, sondern auch gravierende Entbehrungssituationen wie Vernachlässigung, Gewalterfahrung und eine chaotische oder feindselige Familienatmosphäre.
 Einige Forscher fordern inzwischen eine Überprüfung der gängigen Lehrmeinung. Sie verweisen auf die mangelhaft ausgebildete Fähigkeit zur Diskriminierung zwischen innerem Erleben und äußerem Ereignis und auf die erhöhte Suggestibilität bei Borderline-Patienten. Dadurch wird unterstellt, dass die bisherigen Forschungen möglicherweise einer Täuschung unterlegen sind. Mehr oder weniger sind alle Forschungen über das, was sich in der Vergangenheit, insbesondere innerhalb der Familie zugetragen hat, auf die Schilderungen der Patienten angewiesen. Die kritischen Forscher vermuten einen Circulus vitiosus zwischen Forschern, die von bestimmten Grundannahmen ausgehen und nach bestimmten Ereignissen suchen, und Patienten, die für ihr Leiden allzu bereitwillig den sexuellen Missbrauch angeben, unabhängig davon, ob er sich in der Realität zugetragen hat. So kommt es zu der neuen Hypothese, dass nicht das sexuelle Trauma die Borderline-Störung verursacht, sondern umge-

kehrt der Glaube an die Realität des sexuellen Traumas Folge der Borderline-Störung ist (Böhm et al. 2002).

Für ein endgültiges Urteil scheint es zu früh. Man wird die weiteren Forschungen abwarten müssen mit kritischem Auge im Hinblick auf die Methodik, besonders auf die Form der Befragung der Patienten. Fragebogenuntersuchungen sind in diesem Zusammenhang inadäquat. Eine solide Forschung wird auf fremdanamnestische Angaben nicht verzichten können, und es wird nicht wenige Fälle geben, bei denen sich letztlich keine Klärung erzielen lässt.

Suggestion und Pseudo-Erinnerung

Vor allem bei Kindern ist bekannt, dass sozialer Erwartungsdruck Erinnerungen produzieren kann, die nie stattgefunden haben. Bei Befragungen lernen Kinder sehr rasch, welche Antworten von ihnen erwartet werden, und orientieren sich an diesen Erwartungshaltungen. Dabei erstaunt immer wieder, mit welchem Detailreichtum szenische Schilderungen gegeben werden können, die nur mit Sorgfalt als Pseudo-Erinnerung entschlüsselt werden können. Der Dichter Gottfried Keller hat in seinem Roman „Der grüne Heinrich" eine treffliche Schilderung der Verstrickung eines siebenjährigen Knaben in eine fiktive Geschichte gegeben, die er „Kindheits-Verbrechen" nennt.

Es sei darauf verwiesen, dass die beiden größten Strafverfahren zu sexuellem Missbrauch von Kindern in der deutschen Justizgeschichte (der sog. Montessori-Prozess und der Mainzer bzw. Wormser Missbrauchsprozess) in einem Justizdebakel endeten. Nach jahrelangen Verhandlungen mussten alle Angeklagten freigesprochen werden. Zweitgutachter hatten auf suggestive Fragetechniken verwiesen, die bei den Kindern Pseudo-Erinnerungen geweckt hatten (Schulz-Hardt, Köhnken 2000).

Aus dem desaströsen Verlauf dieser Prozesse haben sich viele Fragen ergeben, die heute noch unzureichend beantwortet sind: Wie war es möglich, dass völlig Normalbegabte, sich keineswegs in einem Ausnahmezustand befindliche und anfangs unvoreingenommene Durchschnittserwachsene, darunter nicht nur die betroffenen Eltern, sondern auch Kriminalbeamte, Staatsanwälte, zum Teil auch psychologische Gutachter, zu realitätsfremden Missbrauchsüberzeugungen gelangen konnten und den Pseudo-Charakter der Erinnerungen übersahen (vgl. Schulz-Hardt, Köhnken 2000)?

Nicht nur Kinder, auch Erwachsene, gerade wenn sie sich in einer Notlage befinden und um psychotherapeutische Hilfe nachsuchen, sind anfällig für suggestive Beeinflussung. Wir wissen, dass jede psychotherapeutische Situation, ob es der Therapeut will oder nicht und auch unabhängig von seiner Schulenzugehörigkeit, einen suggestiven Charakter hat. Zwar wird der Patient durch bestimmte Regeln des therapeutischen Vorgehens geschützt, aber selbst die Tendenz der Tendenzlosigkeit konstituiert eine Tendenz (vgl. v. Weizsäcker 1926). Es ist nicht möglich, den Patienten nur für sich sein zu lassen, und je länger eine Behandlung dauert, um so feiner wird das Sensorium des Patienten dafür, was die bewussten oder unbewussten Grundannahmen seines Psychotherapeuten sind, was ihn interessiert, worauf er eingeht, wo er nachfragt oder was ihn auf der anderen Seite unberührt lässt. Das Nicht-Eliminierbare suggestiver Beeinflussung im psychotherapeutischen Prozess hat zu dem lapidaren Spruch Anlass gegeben: Patienten eines Schülers der Freudschen Analyse träumen freudianisch, ein Patient beim Jungianer träumt jungianisch, ein Patient des Adlerianers adlerianisch usw.

Psychotherapie und Pseudo-Erinnerung

Wenn der Psychotherapeut von der Annahme ausgeht, dass sexuelle Traumata regelhaft die wesentliche Ursache seelischen Leidens sind, wird er dies seinen Patienten in der einen oder anderen Form vermitteln. Der Patient hat den natürlichen Wunsch, eine Übereinstimmung herzustellen zwischen den Hypothesen seines Therapeuten und seinen eigenen Erfahrungen. Der Patient kann auch zu Feststellungen der Nicht-Übereinstimmung kommen, aber dies setzt eine besondere seelische Stabilität voraus, eine Urteilsfähigkeit, die ihm in der Notsituation gerade abhanden gekommen ist. In der Regel möchte der Patient seinen Therapeuten „zufriedenstellen". Er möchte mit ihm und seinen Grundannahmen arbeiten und nicht gegen ihn. Unter dem Einfluss einer ausschließlichen psychotraumatologischen Perspektive ist das Risiko für die Ausbildung von Pseudo-Erinnerungen groß.

So begeben sich heute Patienten, die das 50., 60. oder gar 70. Lebensjahr vollendet haben und die an unterschiedlichen, zumeist depressiven und ängstlichen Störungen leiden, noch einmal auf die Suche nach dem, was sich in ihrer Kindheit womöglich an traumatisch-sexuellem Geschehen zugetragen hat. Aktuelle Konflikte treten in den Hintergrund. Es hat den Anschein, als würde die Gegenwart zugunsten einer fernen Vergangenheit verdrängt. Gerade der alternde Mensch, der noch einmal zurückgeht in die eigene Kindheit, braucht sich nicht mit der Gegenwart, mit dem Altern und den damit einhergehenden Begrenzungen auseinanderzusetzen. Der Erforschung früher Traumatisierungen ist ein Element des Unbegrenzten, des Nicht-zu-einem-Ende-Kommenden inhärent.

Auch fällt auf, dass eine Psychotherapie, in der die psychotraumatologische Perspektive vorherrscht, sich weit entfernt von dem, was im fortgeschrittenen Alter von großer Wichtigkeit ist, nämlich die Erforschung der Ressourcen, die ein Leben und Überleben in all den Jahrzehnten ermöglicht haben. Die traumatherapeutische Perspektive führt in die Irre, wenn sie nicht durch eine ressourcenorientierte Sichtweise gestützt wird, die nach den manchmal verschütteten resilienten Faktoren sucht.

Inflation der Traumata

Der französische Sozialphilosoph Pasquale Bruckner hat ein Buch mit dem Titel „Die Versuchung der Unschuld" geschrieben, das im Deutschen den Titel „Ich leide (als Opfer), also bin ich" trägt. Er analysiert einen gesellschaftlichen Trend, den er „Viktimisierung" nennt, eine kollektive Strategie, in Gestalt eines selbsternannten Märtyrertums vor den Schwierigkeiten des Lebens zu fliehen. Bruckner sieht im Opfer-Sein eine Modeströmung. Manche Menschen würden sich hiervon Vorteile erhoffen. Aus dem Opfer-Sein lassen sich Ansprüche ableiten, z.b. auf Wiedergutmachung und Entschädigung, auf Trost und Zuwendung. Mein Gegenüber ist mir stets ein Schuldner, und ich habe ein Recht darauf, in die Rolle des Nehmenden zu schlüpfen ohne zeitliche Begrenzung. Nach Bruckner habe sich eine entsprechende „Rechtsindustrie" entwickelt, und Opfer-Sein werde zur Berufung, zur Vollzeitbeschäftigung (Bruckner 1999).

Blicke ich auf die Fächer Psychiatrie und Psychotherapie, so hat in den letzten 20 Jahren auf diesem Terrain die psychiatrische Traumalehre eine erstaunliche Entwicklung genommen. Das Trauma-Thema hat eine Renaissance ohnegleichen erfahren. Die Zahl der Publikationen zum Thema seelisches Trauma, seine Folgen und seine Behandlung, sind in den letzten beiden Jahr-

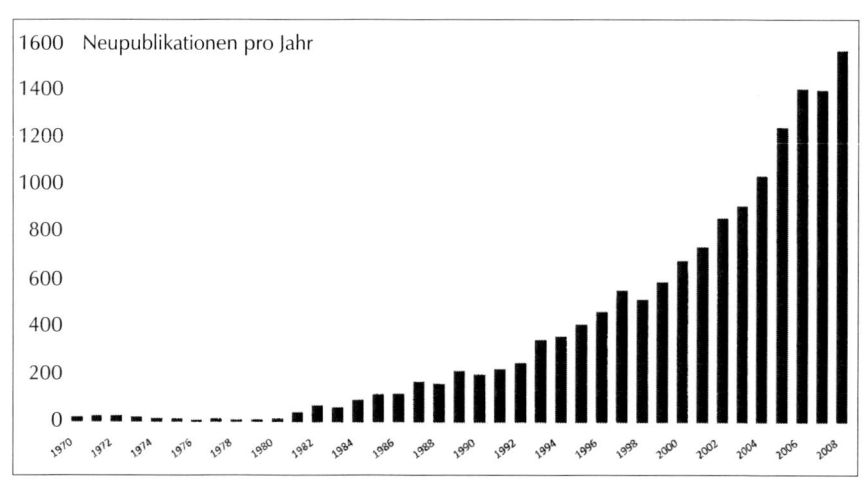

Abb. 3 Medizinische Fachpublikationen zur posttraumatischen Stresserkrankung (PubMed-Verweise zum Schlagwort »PTSD« im Zeitraum 1970–2008).

- KZ-Terror
- Krieg
- Folter
- Naturkatastrophen
- schwerer Unfall (Grubenunglück)
- Opfer eines Gewaltverbrechens (Vergewaltigung, Entführung)
- sexueller Missbrauch (Kindheit)
- plötzlicher Tod Nahestehender
- Zeuge eines Gewaltverbrechens
- Diagnose einer Krebserkrankung
- „Mobbing"
- Behandlung auf Intensivstation
- Scheidung
- Gefängnis
- Kündigung des Arbeitsplatzes
- Arbeitslosigkeit
- Pensionierung
- Umzug
- Altern
- Lärm
- usw.

Abb. 4 Traumatische Ereignisse.

zehnten sprunghaft angestiegen (Abb. 3). In kürzester Zeit ist die Literatur unübersehbar geworden. Nach einer Recherche gab es 1980 ca. 70 Publikationen zum Thema „Seelisches Trauma". Im Jahr 2000 sind es bereits knapp 1.000 wissenschaftliche Arbeiten.

Die quantitative Aufblähung des Schrifttums einschließlich unzähliger Tagungen, Kongresse und Workshops geht mit einer Inflation dessen einher, was als traumatisches Ereignis zu werten ist. Waren ursprünglich KZ-Haft, Folter und Naturkatastrophen als traumatische Ereignisse definiert, so gelten inzwischen Einweisung ins Krankenhaus, plötzlicher Tod eines Verwandten, Verkehrsunfall, Pensionierung, Arbeitslosigkeit oder Umzug als „Trauma". Es ist nicht verwunderlich, dass der Begriff in die Alltagssprache übergegangen ist und seine Prägnanz verloren hat (Abb. 4).

Die Inflation der traumatischen Ereignisse spiegelt sich wider in einer Inflation dessen, was das seelische Trauma bewirken soll. Es gibt inzwischen kaum eine psychiatrische Erkrankung, die nicht von Forschern als traumabedingt angesehen oder verdächtigt wird, seien es depressive oder Angst-Störungen, seien es Suchterkrankungen, Essstörungen, Borderline-Störungen, sexuelle Störungen, überhaupt psychosomatische Leiden, aber auch Zwangsstörungen, dissoziative Störungen bis hin zu psychotischen Störungen.

Die posttraumatische Stresserkrankung (PTSD) wurde als neue Volkskrankheit ausgerufen, ähnlich wie Diabetes und Bluthochdruck. In der deutschen Bevölkerung gäbe es eine Prävalenz von 7%. Allgemeinärzte werden aufgefordert, bei ihren Patienten nach verborgenen Traumata zu fahnden. Inzwischen arbeiten verschiedene Gruppierungen, u.a. das Deutsche Rote Kreuz, daran, ein eigenes Versorgungs- und Behandlungssystem speziell zur Behandlung posttraumatischer Störungen zu etablieren. Schon wird ein Streit erkennbar, wer solche Störungen behandeln darf, der Psychiater, der Psychosomatiker, der Psychoanalytiker, der Verhaltenstherapeut oder der Sozialpädagoge?

Als vor einigen Jahren in Berlin eine Tagung zur posttraumatischen Stresserkrankung stattfand, stellten in den Pausen über 20 Initiativen und Projektgruppen ihre Arbeit vor. Die – manchmal selbsternannten – Traumaexperten arbeiten mit zahlreichen staatlichen und nicht-staatlichen Stellen zusammen, die diese Zusammenarbeit als eine Image-Werbung betrachten. Auch sie kümmern sich um bisher vergessene und verdrängte Opfer. Längst gibt es eine Internet-Vernetzung dieser Gruppen, die mit der Feuerwehr, der Flüchtlingshilfe, den Berufsgenossenschaften, der Bundeswehr, der Polizei, Amnesty International, der Deutschen Bundesbahn, den Berliner Verkehrsbetrieben, den Kirchen und verschiedenen Selbsthilfegruppen kooperieren. In den letzten Jahren war zu beobachten, dass bei größeren oder kleineren Unfällen und Katastrophen (Flugzeugabsturz, Naturkatastrophe, Amoklauf etc.) neben den Rettungskräften sofort auch „Trauma-Therapeuten" auftauchten, um ihre Hilfe anzubieten. Dies nahm teilweise ein groteskes Ausmaß an und führte zur Behinderung der Rettungskräfte. Hier werden, so konstatierte Klaus Dörner (2005), durch übereiltes Engagement und falsche Fürsorge „Hilfsbedürftige gezüchtet". In diesem Zusammenhang spricht Dörner von der „Modediagnose" der posttraumatischen Stresserkrankung (PTSD) und vermutet inzwischen starke ökonomische Interessen bei der inflationären Ausweitung des diagnostischen Begriffs.

Auffallend ist, dass diese zumeist gut gemeinten Initiativen, die von einer Versorgungslücke für Trauma-Patienten sprechen, selbst ein schematisches Verständnis der komplexen Problematik seelisch-traumatischer Prozesse und ihrer Wechselwirkung mit Umgebungsfaktoren haben. Sie gehen davon aus, dass Menschen stets mit Schrecken auf Traumata reagieren, sich abwenden und nichts davon wissen wollen. Das Wissen um die Möglichkeit einer Kraft der Anziehung, ja der Attraktion durch traumatische Ereignisse, gehört ebensowenig zum aktuellen Wissensstand wie die Möglichkeit der Herausbildung von Pseudoerinnerungen.

Das seelische Trauma als Attraktor

Auf das Phänomen, dass traumatische Ereignisse als Attraktor wirken können, ist man bisher kaum aufmerksam geworden. Sowohl im klinischen Alltag als auch in der medialen Öffentlichkeit nehmen entsprechende Fälle zu. Man zögert, sie aufzuzählen. Wer es dennoch tut, gerät in den Verdacht, seelische Traumatisierungen im Alltag zu verharmlosen oder sexuelle Gewalt als stete Erfindung von Opfern zu deklarieren. Dabei ist die Hilfe für die wirklichen Trauma-Opfer darauf angewiesen, dass eine Unterscheidung zwischen realem und erfundenem Trauma zumindest annäherungsweise gelingt.

Ich erwähne fünf Beispiele:

1. Eine Rollstuhlfahrerin wird von drei Skinheads überfallen, die ihr Gewalt antun und ein Hakenkreuz in die Wange ritzen. Das Foto mit dem Hakenkreuz auf der Wange geht um die Welt und löst Entsetzen aus. In Halle, wo der Vorfall geschah, demonstrieren 16.000 Menschen gegen die Gewalt gegen behinderte Menschen. Nach wenigen Tagen stellt sich heraus, dass sich das Mädchen die Verletzungen selbst beigebracht hat.
2. Ein Mädchen begegnet auf der Straße zwei Jugendlichen, die sie anrempeln, sie sexuell belästigen und ihr bedeuten, sie wollten mit ihr schlafen. Das Mädchen weigert sich. Da übergießen die Jugendlichen das Mädchen mit Benzin, zünden es an und stoßen es einen Abhang hinunter. Nach drei Tagen kommt die korrigierende Nachricht: Das Mädchen hat sich selbst mit Benzin übergossen und versucht, sich anzuzünden.
3. Eine Frau beobachtet, wie in Potsdam Rechtsradikale in Springer-Stiefeln eine Frau in der S-Bahn belästigen. Sie ist die einzige, die sich schützend vor diese Frau stellt. Aus Rache attackieren die Rechtsradikalen die Frau und verletzen sie derart, dass sie ins Krankenhaus kommt. Für die Frau wird ein Spendenkonto eingerichtet, der Innenminister überreicht Blumen, der Sicherheitsdienst in der S-Bahn wird personell aufgestockt. Erst nach Tagen stellt sich heraus, dass die Frau diese Geschichte in einer Notlage erfunden hat.
4. Eine Familie wird Opfer eines furchtbaren Verbrechens. Der kleine Sohn wird ermordet, in einem Schwimmbad ertränkt, ohne dass jemand zu Hilfe kommt. Das Verbrechen erregt über Tage die gesamte Republik. Das Kind war Sohn eines Ausländers. Die politischen Spitzenfunktionäre empfan-

gen die Eltern, bis klar wird, dass der Mord ein Unglücksfall war, den die Eltern nicht wahrhaben wollten.
5. Eine jüdische Frau wird in der Pariser S-Bahn von sechs arabischen Jugendlichen attackiert. Ihr werden die Kleider mit einem Messer aufgeschlitzt. Keiner der anderen Fahrgäste kommt ihr zur Hilfe. Der französische Innenminister und der Staatspräsident geben persönliche Erklärungen ab. Im „Reigen der Betroffenheit" schreibt der Premierminister einen Brief an das Opfer, gibt die „Ministerin für die Rechte der Opfer" einen Empfang. Die Menschen, die zu einer großen Demonstration in Paris zusammengekommen sind, gehen jedoch vorzeitig nach Hause, da inzwischen bekannt wurde, dass es sich um eine Falsch-Aussage handelt (Altweg 2004).

Wir erfahren seelische Erleichterung, wenn wir die Welt nur in weißen und schwarzen Farben sehen, Grautöne meiden, nur die Unterscheidung zwischen Freund und Feind, Gut und Böse kennen. Auch entlastet es, wenn wir für die Beschwernisse des alltäglichen Lebens, für Ängste, Depressionen, gescheiterte Beziehungen und Leistungsmängel endlich eine benennbare Ursache gefunden haben. Als Opfer traumatischer Ereignisse haben wir zudem Anspruch auf Trost. Der andere schuldet mir etwas. Ich bin von der Verpflichtung enthoben, mich sozial zu verhalten, habe die Erlaubnis, egoistisch zu sein. Ich gewinne neue Freunde, die mich nicht in Frage stellen, da sie auch projektive Tendenzen pflegen, das Feindliche nur außen suchen und mich davon befreien, mich mit meinen eigenen, manchmal schwierigen Wünschen und Bedürfnissen, mit eigenen aggressiven und sexuellen Trieben zu befassen. Ich habe eine neue Anschauung der Welt gefunden, die ich nicht mehr preisgeben möchte.

Das attraktive Potential im Traumaopfer-Sein zeigt die nachfolgende Tabelle. Die angeführten sechs Gründe entwickeln sich häufig in einem zeitlichen Nacheinander.

1. Reduktion der komplexen Wirklichkeit durch regressive Aufteilung der Welt in Gut und Böse, Opfer und Täter
2. Seelische Entlastung und Erleuchtung durch eine Universalursache
3. Erlaubnis zu egoistischem Verhalten
4 Aufmerksamkeit, Zuwendung, Bedeutungszuwachs (Medien), Trost, Mitleid, Entschädigung
5. Gruppensolidarität und neue Identität („Traumaopfer")
6. Abwehr eigener Triebbedürfnisse und -wünsche durch Anklage nach außen (Kreuzzugsmentalität und Missionseifer)

Abb. 5 Suggestivpotential im Traumaopfer-Sein. Das Trauma als Attraktor.

Es ist eine Erfahrung der klinischen Praxis, dass Psychotherapie weitgehend zum Scheitern verurteilt ist, wenn der Patient in die Macht- und Einflusssphäre eines solchen kollektiven Trauma-Opfer-Kultes geraten ist. Ein Kollege meinte kürzlich, Psychotherapie sei dann schwieriger als die Befreiung des Opiatabhängigen von seinem Suchtmittel. Psychotherapie kommt dann „zu spät", weil manchmal eine andere Psychotherapie, die der Attraktion des seelischen Traumas selbst erlegen ist, „zu früh" gekommen ist und die Trauma-Opfer-Identität evoziert hat.

Im Folgenden gebe ich zwei Kasuistiken wieder. Die erste bezieht sich auf einen klinischen, die zweite auf einen nicht-klinischen Kontext.

Erste Kasuistik: Drei Fraktionen

Eine 48-jährige MTA wird zur stationären Behandlung eingewiesen. Der einweisende Kollege berichtet am Telefon, dass er die Patientin schon seit längerem mit zwei Wochenstunden psychotherapeutisch behandle, jetzt sei sie verstärkt depressiv geworden, habe Suizidgedanken und habe Angst, auf die Straße zu laufen, da sie sich vor ein Auto werfen könne.

Der Kollege erwähnt, dass vor nicht allzu langer Zeit die Patientin in der Psychotherapie über Inzesterlebnisse berichtet habe. Ab dem 9. Lebensjahr sei sie sowohl vom Vater als auch vom vier Jahre älteren Bruder in der Küche mehrfach vergewaltigt worden. Niemand habe bisher davon gewusst. Der Kollege berichtet, er habe inzwischen den Ehemann über die Ursachen der schweren Störungen seiner Frau aufgeklärt.

Bei der Patientin handelt es sich um eine elegant gekleidete, sehr schlanke Frau, blondes Haar, auffallend große Augen, mit denen sie den Untersucher immer wieder hilflos anschaut, sichtlich geängstigt, Stimme zittrig, presst manchmal die Hände zwischen die Unterschenkel und weint im Stuhl eingekauert.

Das traumatische Kindheitsschicksal der Patientin berührt alle Mitarbeiter des Stationsteams. Die Suizidalität erscheint bedrohlich. Die Patientin berichtet in den ersten Tagen von nahezu unentwegt sie quälenden Stimmen von Vater und Bruder mit Beschimpfungen und Vergewaltigungsandrohung.

Da die Patientin auch zunehmend weniger isst, steht sie im Mittelpunkt der ärztlich-pflegerischen Aufmerksamkeit. Sie erhält das Label „Missbrauchspatientin". Alsbald werden weitere Einzelheiten des kindlichen Missbrauchs bekannt: Die Familie wohnte außerhalb des Dorfes in einem abgelegenen Haus. Der Vater war Förster, bedrohte sie mit einem Gewehr. Verzweifelt habe sie sich immer wieder zu verstecken versucht. Sogar aus einem Kleiderschrank sei sie hervorgezerrt worden. Mutter und Schwester erfuhren nichts davon, weil die Vergewaltigungen dann stattfanden, wenn sie zum Einkauf gegangen waren.

Als die Suizidalität immer bedrohlicher wird, wird für die Patientin eine Sitzwache eingerichtet und eine 1:1-Betreuung organisiert. Die Mitarbeiter sind sofort bereit, ihre Dienstpläne umzulegen. All das, worunter die Patientin leidet, kann unter dem Gesichtspunkt ihrer Missbrauchserfahrungen verstanden werden: ihre schweren Schlafstörungen, ihr Ekel vor dem Essen, ihre Angst, von der Tanztherapeutin berührt zu werden, und ihre schamvollen Duschrituale. Sie berichtet schließlich, immer in der Mittagszeit zwischen 13.00 und 14.30 Uhr von den Widerhall-Erinnerungen überfallen zu werden, weil damals in diesen Stunden alles geschah. Sie fühle sich besonders schuldig, schäme sich, komme sich schmutzig vor, sie erinnere sich, dass Vater und Bruder ihr gar nicht verboten hätten, über den Missbrauch zu sprechen, sie hätten gelacht, da ihr sowieso niemand glauben würde. So wird über einen längeren Zeitraum in dieser Mittagszeit eine Sitzwache organisiert.

Als die Patientin nach einer mehrmonatigen Behandlung mit intensivem Personalaufwand ihrer Stationsärztin anvertraut, dass auch die Mutter entgegen ihrem bisherigen Bericht aktiv am Missbrauch beteiligt war, stellen sich erste Zweifel am Berichteten ein. Bei den Belastungsurlauben schiebt sich eine neue Problematik in den Vordergrund: Die Patientin berichtet, ihr Mann habe sich betrunken und sie anschließend vergewaltigt, obwohl sie versuchte, sich vor ihm zu verstecken. Bei einigen Teammitgliedern werden die Zweifel größer, während andere das Berichtete für glaubwürdig und für Missbrauchspatienten typisch halten, sofern traumatisierte Frauen vergewaltigende Männer bevorzugen. Es handle sich um eine Re-Inszenierung. Als sich die Vergewaltigungen während der Wochenendbeurlaubungen im Bericht der Patientin fortsetzen und schon die Empfehlung gegeben wird, dass die Patientin sich mit dem Hilfsverein „Wildwasser" in Verbindung setzen solle, wird nochmals ihre Geschichte in einer Fallbesprechung rekonstruiert.

Man findet heraus, dass die Patientin bereits drei Jahre zuvor wegen depressiver Störungen in stationärer Behandlung war. Die Aufmerksamkeit für die aktuelle Problemsituation hatte keine Zeit gelassen, die damaligen Arztberichte nachzulesen. Es fällt auf, dass die biographischen Angaben variieren: Der Vater ist nicht Förster, sondern als Handwerker beschäftigt. Das Haus liegt nicht abseits eines Dorfes. Das Alter des Bruders stimmt mit dem jetzt angegebenen Alter des Bruders nicht überein. Die damals eruierte Psychodynamik ist eine ganz andere: Die Patientin sei immer neidisch auf eine dynamischere Schwester gewesen, die z. B. dem Vater auf den Schoß klettern konnte.

In der damals erhobenen, sorgfältigen Anamnese wird die nachfolgende Kindheitsgeschichte erwähnt: Da die Patientin noch als Grundschulkind unter Jaktationen des Kopfes im Schlaf litt, wodurch sich schon eine kahle Stelle auf dem Hinterkopf bildete, habe der Vater zur Hemmung dieser motorischen Entäußerung aus Brettern eine Art Apparat gebaut, mit dem das Kopfteil des

Bettes eingeengt wurde. Dieser Apparat wurde von der Patientin und ihrer Schwester heimlich aus dem Bett entfernt, aber die Schwester habe sich die Heimlichkeit bezahlen lassen. Sie wollte den Eltern dann nichts verraten, wenn die Patientin ihr wieder eine Geschichte oder ein Märchen zum Einschlafen erzähle, weil das Ausphantasieren von Märchen und Geschichten ihre große Begabung sei.

Nach der Fallkonferenz, der weitere folgten, kommt es zu einer Beruhigung in der Behandlung. Der weitere Verlauf der Erkrankung war insgesamt gut, wovon ich mich im vorletzten Jahr bei einem Ambulanztermin überzeugen konnte. Es unterblieben seinerzeit während der stationären Behandlung auch Konfrontationen oder Überführungen der Patientin. Allein die Tatsache des Zweifelns, vor allem bei der Stationsärztin, führte zu einer Konzentration auf die realen Problemlagen.

Im Team selbst waren im Hinblick auf die Patientin drei Versionen aktuell: eine Fraktion vertrat die Auffassung, dass sicher sehr viel Ausschmückung zuletzt dabei war, dass aber gewiss ein traumatisches Missbrauchserlebnis stattgefunden haben muss. Die zweite Fraktion hielt am Realitätsgehalt des Berichteten fest, sah in den Zweifeln möglicherweise Ausdruck des Nicht-Wahrhaben-Wollens von furchtbarem sexuellem Missbrauch. Eine dritte Fraktion neigte dazu, der Patientin mehr oder weniger kaum noch Glauben zu schenken. Alle haben allerdings die Schlussfolgerung gezogen, zukünftig im klinischen Alltag nicht mehr das Etikett „Missbrauchspatientin" zu verwenden.

Zweite Kasuistik: Akademietheater

Der zweite Fall liegt zwölf Jahre zurück und betrifft einen nicht-klinischen Kontext. Im November 1997 war ich zum 59. Jahrestag der sog. „Reichskristallnacht" zu einer Internationalen Konferenz eingeladen worden, die im Rathaus zu Wien stattfand. Die Initiative zu dieser Tagung mit dem Thema „Überleben der Shoah – und danach. Spätfolgen der Verfolgung aus wissenschaftlicher Sicht" lag bei einer Ärzte-Gruppe der Wiener Jüdischen Gemeinde. Ich war gebeten worden, einen Vortrag über „Menschen im Widerstand. Trauma-Schicksale und Trauma-Verarbeitung" zu halten (Stoffels 1999). Nach mir sprach ein mir bis dato unbekannter Autor, ein Binjamin Wilkomirski. Gemeinsam mit dem Psychotherapeuten Elitsur Bernstein referierte er über das Thema „Die Identitätsproblematik bei überlebenden Kindern des Holocaust" und stellte eine neue Therapieform der wiedergewonnenen Erinnerung vor. Mit Hilfe dieser Psychotherapie sei es möglich, früheste Kindheitserinnerungen, sogar aus der vorsprachlichen Phase, auch nach Jahrzehnten korrekt zu rekonstruieren. Die These lautete, dass die traumatische Erinnerung glasklar in der Seele das aufbewahre, was sich einst zugetragen habe. Als therapeutische Grundhaltung empfahlen Wilkomirski/Bernstein:

> Der Therapeut soll die vom Klienten vorgetragenen Erinnerungen als Hinweis auf seine vergangene 'äußere Realität' akzeptieren und ihn in seiner Erinnerungsarbeit unterstützen... Dabei muss der Therapeut dem Klienten zur Ermutigung immer wieder bestätigen, dass seine Erinnerungen als Bestandteile einer historischen Realität angehört und aufgenommen werden (Wilkomirski/Bernstein 1999).

Wilkomirski/Bernstein betonten die Bedeutung von „Körpererinnerungen", mit denen auch früheste Lebensphasen erforscht werden könnten. Das psychotherapeutische Setting sollte nicht durch allzu strenge Regeln eingeengt werden:

> Oft hilft es ihnen (den Klienten) auch, wenn die Therapie im Freien stattfindet, etwa auf einem gemeinsamen Waldspaziergang, was natürlich die Bereitschaft erfordert, u.U. die 50-Minuten-Grenze einer Therapiesitzung zu sprengen (Wilkomirski/Bernstein 1999).

Im Rathaus zu Wien stieß die von Wilkomirski/Bernstein vorgestellte Psychotherapie, wie die vielen Nachfragen in der anschließenden Diskussion zeigten, auf großes Interesse. Alsbald wurde klar, dass er selbst ein Betroffener war und jetzt als Klarinettist und Instrumentenbauer in Zürich lebte. Am Abend fand im Akademietheater zu Wien ein Festakt statt. In Anwesenheit von hohen Repräsentanten von Staat und Stadt und von Simon Wiesenthal wurden von schwarz gekleideten Schauspielern zwei Texte vorgetragen. Sie stammten aus dem 1995 erschienenen Buch von Wilkomirski „Bruchstücke. Aus einer Kindheit 1939–1948".

Das 1995 im Suhrkamp-Verlag publizierte Buch „Bruchstücke. Aus einer Kindheit 1939 bis 1948" handelt von dem Versuch des damals 55-jährigen Binjamin Wilkomirski, seine eigene Kindheit zu rekonstruieren. Er wurde in Riga in einer jüdischen Familie geboren, überlebte als einziger seiner Familie die Verfolgungen und wurde nach dem Krieg zu Schweizer Adoptiveltern gegeben, die kein Verständnis für die Probleme des Jungen aufbrachten. Wilkomirski reist auf der Suche nach seiner Vergangenheit zu den Städten der Verfolgung, erkennt in Riga sein Geburtshaus wieder, findet im KZ Majdanek die Baracke, in der er lebte. Das Buch erregt den Leser durch die Brutalität des Beschriebenen: Ratten fressen sich aus toten Körpern ins Freie, zertrümmerte Kinderschädel verspritzen Gehirnmasse über schlammigem Schnee, sterbende Kinder nagen ihre schon erfrorenen Finger bis auf die Knochen ab.

Wilkomirskis Kindheitserinnerungen als Child-Survivor waren während einer Psychotherapie allmählich ans Licht gekommen. Nach den Psychotherapiesitzungen pflegte er seine Erinnerungen aufzuzeichnen und schickte sie seiner Züricher Psychotherapeutin per Fax. So bekam sie die Möglichkeit, diese zu lesen, und die Aufzeichnungen konnten die Grundlage für die nächste, dem

Erinnern und Durcharbeiten gewidmete Sitzung sein. Schließlich war ein ganzes Konvolut von Niederschriften entstanden. Sie bildeten den Grundstock seiner Buchpublikation (Mächler 2000, Ganzfried 2002).

Das Buch erhält hohe jüdische Literaturpreise, wird in 12 Sprachen übersetzt, gehört fast schon zum Klassiker der Holocaust-Literatur, wird vorübergehend zum meistgekauften Buch in der Schweiz. Elfriede Jelinek lässt Wilkomirskis Texte neben Schriften von Elli Wiesel und Paul Celan bei den Salzburger Festspielen vortragen. Wolfgang Benz, Leiter des Berliner Instituts für Antisemitismus-Forschung der FU, empfiehlt die Lektüre Wilkomirskis. Jener habe „unglaubliche Anstrengungen unternommen, um seine Anfänge, seine Identität zu ergründen...". Seine Spurensuche „mündet in eine Darstellung, die dem Leser nachvollziehbare Einsichten in die komplexe Tragödie des Holocaust vermittelt wie kaum ein anderes Dokument". Der Historiker versichert, dass Wilkomirskis Buch durch seine Authentizität beeindrucke, und anders als die Bücher der Anne Frank, bei deren Lektüre „dem Leser das Eigentliche erspart bleibt", handele das Buch von Wilkomirski unmittelbar vom Holocaust.

Als Benz dies schreibt, erscheint in der Schweizer „Weltwoche" ein Artikel, in dem nachgewiesen wird, dass Wilkomirski seine Erinnerungen an den Holocaust erfunden hat. Er ist weder in Riga geboren noch hat er einen jüdischen Hintergrund. Er ist das uneheliche Kind einer Schweizer Saisonarbeiterin. Sie gab ihn in ein Kinderheim und dann zur Adoption frei. In Wirklichkeit heißt Binjamin Wilkomirski Bruno Doessekker.

Wilkomirski/Doessekker hielt Vorträge, ging in Schulen, besprach drei Kassetten der Spielberg-Foundation, war im Auftrag des Holocaust Museums Washington unterwegs, um Spenden einzuwerben. Allein drei Dokumentarfilme werden über ihn gedreht. In zahlreichen Buchrezensionen wird das Werk gefeiert, z.B. auch in der Zeitschrift „Psyche" positiv besprochen:

> Mit Binjamin Wilkomirskis ‚Bruchstücke – Aus einer Kindheit 1939 – 1948' liegt eines der wichtigsten Bücher vor, in welchen eine früheste Kindheit im Konzentrationslager erinnert wird ... Das Hin- und Herspringen zwischen den Zeiten, zwischen der Zeit im Konzentrationslager und der Zeit in Krakau oder dann in der Schweiz ist weniger gekonnter Kunstkniff des Erzählens, sondern repräsentiert die weiterwirkende Vergangenheit ... (Dirschauer 1998).

Ich bin überzeugt davon, dass Wilkomirski/Doessekker seine erfundene Geschichte – zumindest zeitweise – selbst glaubt bzw. geglaubt hat. In anderen Zeiten hätte er sich vermutlich für einen Prinzen gehalten, für das Kind einer illegitimen Beziehung aus hohem Adelsgeschlecht. Aber weshalb, so fragen wir, wird heutzutage die erdichtete Identität als überlebendes Kind des Holocaust phantasiert? Warum trifft Doessekker gerade diese Wahl?

Die Wilkomirski/Doessekker-Geschichte zeigt eindrucksvoll, dass im Opfersein bestimmte Suggestionen und Gratifikationen aufbewahrt sind. Sogar die Identität als Opfer traumatischster Kindheitserlebnisse im KZ kann, so zeigt diese Geschichte, als Attraktor wirken, und niemand ist gefeit davor, durch Pseudo-Erinnerungen getäuscht zu werden.

Erinnerung ist Rekonstruktion

Viele Psychotherapeuten hängen einer falschen Theorie der Erinnerung an. Sie halten fest an der räumlichen Vorstellung eines Speichers, aus dem Erinnerungen abgerufen werden, vergleichbar mit dem Abspielen einer Videokassette. Das führt, gerade im Bereich der Behandlung von traumatisierten Menschen, zu Fehlschlüssen. Hierin liegt ein Grund für die Ratlosigkeit gegenüber dem Phänomen von Pseudo-Erinnerungen. Da Erinnerungen stets kontextabhängig sind, muss auch der Kontext Berücksichtigung finden, gerade wenn die Frage nach der Funktion einer Trauma-Erzählung gestellt und nach einem tieferen Verständnis gesucht wird. Die Subjektseite der Erinnerung und ihre Plazierung im sozialen Raum müssen stets bedacht sein. Erinnerung ist nicht Abbild, sondern, wie eingangs erläutert, Rekonstruktion (Schacter 1996, Fried 2004).

Im Zusammenhang mit Pseudo-Erinnerungen stellt sich als problematisch die Annahme dar, dass ein Großteil aller seelischen Erkrankungen durch traumatisches Erleben zumeist in der frühen Kindheit und überwiegend in der Form sexuellen Missbrauchs verursacht wird. Dies führt zur Suche nach dem Trauma, gefördert durch einen nicht zu unterschätzenden therapeutischen Erwartungsdruck. Patienten, die für Suggestionen empfänglich sind, können in dem Wunsch, mit ihrem Therapeuten Übereinstimmung zu erzielen, Pseudo-Erinnerungen an Traumata generieren. Brainerd und Reyna (2005) haben dies kürzlich anhand einzelner Fälle und in Bezug auf unterschiedliche Psychotherapieverfahren dargestellt.

Psychotherapie-induzierte Pseudo-Erinnerungen sind nicht harmlos. Sie sind für den Patienten bei allem „Krankheitsgewinn" eine schwere Hypothek. Sie können das mitmenschliche Umfeld belasten, tiefe Verzweifelung und Verbitterung in der Familie auslösen, und es besteht stets die Möglichkeit, dass Pseudo-Erinnerungen die therapeutische Situation überschreiten und die Justiz herausfordern.

Die Debatte um Psychotherapie-induzierte Pseudo-Erinnerungen ist nicht abgeschlossen. Um so wichtiger ist es, dass der Psychotherapeut sich um Selbstaufklärung und Selbsterkenntnis bemüht, um kritische Auseinandersetzung mit gängigen Verursachungstheorien, die manchmal Moden sind. Je mehr der Psychotherapeut sich der eigenen Vorannahmen bewusst ist, diese kritisch hinterfragt, je mehr er sich psychotherapeutischem Schulen- und Gruppenzwang löst, um so weniger wird er seinen Patienten einem unangemessenen Erwartungsdruck aussetzen und um so mehr wird er gemeinsam mit seinen Patienten einen Blick für die realen innerseelischen und innerweltlichen Problemlagen entwickeln.

Abschließend will ich einen Hinweis nicht unterdrücken, der in eine andere Richtung zeigt. Pseudo-Erinnerungen, die für den Psychotherapeuten eine Herausforderung sind, für den Juristen ein großes Ärgernis, können als verzerrte Kunst-Produkte betrachtet werden, die ein kreatives Potential beinhalten (Stoffels 2005). Was wäre ein Romanschriftsteller ohne die Begabung zum Erfinden von Geschichten? In der Entdeckung des kreativen Aspekts liegt die Möglichkeit, auch einen konstruktiven Umgang mit false memories in der therapeutischen Situation zu wagen (Mayer 2005).

Literatur

Altweg, J. (2004): Hystorien oder das Wahrlügen. FAZ 17.08.2004, 33
Böhm, H. et al. (2002) : Die Borderlinestörung als Quelle (nicht)-intentionaler Falschaussagen. Praxis der Rechtspsychologie 12: 1–15
Brainerd C. J., V.F. Reyna (2005): The Science of False Memory. New York. Oxford University Press
Brenneis, C. B. (1998): Gedächtnissysteme und der psychoanalytische Abruf von Trauma-Erinnerungen. Psyche 52: 801–823.
Brown v., D. et al. (1998) : Memory, trauma treatment and the law. New York : Norton Professional Books.
Bruckner, P. (1995): La tentation de l'innocence. Deutsch: Ich leide, also bin ich. Aufbau Verlag Berlin, 2. Aufl. 1999.
Dirschauer, J. (1998): Wilkomirski, Benjamin: Bruchstücke – Aus einer Kindheit 1939 bis 1948. Buchbesprechung. Psyche 52: 772–773.
Dörner, K. (2005): Hilfsbedürftige gezüchtet. In: Der Spiegel, Heft 13, 154.
Fried, J. (2004): Der Schleier der Erinnerung. Grundzüge einer historischen Memorik. Beck, München.
Ganzfried, D. (2002): ...alias Wilkomirski. Die Holocaust-Travestie. Jüdische Verlagsanstalt, Berlin.
Herpertz S.C., H. Saß (2003): Persönlichkeitsstörungen. Georg Thieme Verlag, Stuttgart New York, 84ff.
Kirsch, A. (2001): Trauma und Wirklichkeit. Wiederauftauchende Erinnerungen aus psychotherapeutischer Sicht. Kohlhammer, Stuttgart.
Loftus E.F., J. E. Pickrell (1995): The formation of false memories. Psychiatric Annals 25: 720–725.
Mächler, S (2000): Der Fall Wilkomirski. Über die Wahrheit einer Biographie. Pendo Verlag Zürich.

Mayer, U. (2005): False memories. Botschaften aus dem Übergangsraum. Forum Psychoanalyse 21: 58–76.

Schacter, D. L. (1996): Searching for memory. The brain, the mind and the past. Dt.: Wir sind Erinnerung. Gedächtnis und Persönlichkeit. Rowohlt Verlag, Reinbek 2001.

Schulz-Hardt, S., Köhnken, G. (2000): Wie ein Verdacht sich selbst bestätigen kann: Konfirmatorisches Hypothesentesten als Ursache von Falschbeschuldigungen wegen sexuellen Kindesmissbrauchs. Praxis der Rechtspsychologie, Sonderheft, 10: 60–88.

Stoffels, H. (2005) Kunst und Trauma. Über fiktive Realitäten. In: E. Böhlke, A. Heinz, M. P. Heuser (Hrsg.). Über Gott und die Welt. Edition GIB, Berlin.

Weizsäcker, V. v. (1926): Seelenbehandlung und Seelenführung. Nach ihren biologischen und metaphysischen Grundlagen behandelt. In: Achilles, P., Janz, D., Schrenck, M., Weizsäcker, C. F. v. (Hrsg.) Gesammelte Schriften Band 5 S. 67–142. Suhrkamp Frankfurt 1987.

Wilkomirski, B., E. Bernstein (1999): Die Identitätsproblematik der überlebenden Kinder des Holocaust. Ein Konzept zur interdisziplinären Kooperation zwischen Therapeuten und Historikern, in: A. Friedmann/E. Glück/D. Vyssoiki (Hrsg.): Überleben der Shoa – und danach. Spätfolgen der Verfolgung aus wissenschaftlicher Sicht. Picus Verlag Wien, 160–172.

WILHELM FELDER

Täuschungsformen und ihre Protagonisten in Trennungs- und Scheidungsfamilien

Natürlich kommen unterschiedliche Täuschungsformen und Täuschungsmanöver in Trennungs- und Scheidungsfamilien vor. Täuschungen sind aber nicht nur ein Thema bei diesen Familienmitgliedern, sondern auch bei verschiedenen Fachpersonen, die mit Trennungs- und Scheidungsfamilien zu tun haben. Insofern müsste der Titel ergänzt werden durch „Täuschungsformen und ihre Protagonisten in Trennungs- und Scheidungsfamilien und deren privatem und beruflichem Umfeld".

Selbsttäuschungen der Eltern

Eltern unterliegen verschiedenen Formen der Selbsttäuschung. Eine Form, die wir im klinischen Alltag häufig erleben, ließe sich ungefähr so formulieren: „Wenn ich will, kann ich den Vater/die Mutter meiner Kinder verlassen. Dann kann ich dieses Kapitel meines Lebens schließen. Meine Kinder können den Kontakt nach eigenem Gutdünken weiter führen." Elternteile, die so über eine mögliche zukünftige Scheidung nachdenken, unterliegen verschiedenen Selbsttäuschungsmechanismen. Diese Selbsttäuschung kann schon darin liegen, dass die eigene Fähigkeit den Partner zu verlassen, überschätzt wird. Natürlich ist es möglich, eine Absicht zu bekunden, natürlich ist es möglich, den Gang zum Anwalt zu unternehmen und ans Scheidungsgericht zu gelangen. Ob allerdings dann auch die emotionale Loslösung von dem Menschen, mit dem man gemeinsam Kinder gezeugt hat, gelingt, ist eine andere Sache. Der Loyalitätskonflikt, in dem Kinder nach der Trennung stecken können, ist schon fast sprichwörtlich. Natürlich ist oft der erbitterte Streit zwischen den Eltern Hintergrund dieses Loyalitätskonfliktes. Nicht selten aber spüren die Kinder, dass die Eltern auch nach vollzogener äußerer Trennung weiterhin miteinander in einer schwierigen emotionalen Beziehung verstrickt bleiben, was ihnen die Orientierung erschwert. In diesem Sinne wäre es wünschenswert, dass sich nicht nur prüfe, wer sich (ewig) bindet, sondern auch, wer sich zu trennen beabsichtigt.

Scheidungswillige Elternteile, die die Familie aufzulösen gedenken, versuchen ihre Schuldgefühle den Kindern gegenüber nicht selten dadurch abzumelden, indem sie unbeschränkte Kontaktmöglichkeiten zum anderen Elternteil in Aussicht stellen, wenn sie die Kinder mitnehmen, resp. unbeschränkte Kontaktmöglichkeiten anbieten, wenn sie ohne die Kinder ausziehen. Diese Umgangs-, resp. Besuchsregelung erweist sich häufig schnell als eine Illusion. Mütter, die mit ihren Kindern ausgezogen sind, sind schnell nicht mehr bereit, die Kinder dem Vater zu geben, wenn der diese Kinder bis in alle Nacht hinein am Fernseher oder am Computer lässt, sodass die Kinder völlig übermüdet und verdreht nach Hause kommen. Väter haben häufig aufgrund neuer Beziehungen nicht mehr so viel Zeit, wie sie das ursprünglich glaubten.

Eine ganz andere Form der Selbsttäuschung bei Eltern betrifft die Frage der Entscheidungen, sowohl bei sich wie bei den Kindern. Üblicherweise attestieren sich Eltern unserer Meinung nach zuviel Autonomie, gerade dann, wenn es um die Frage der Trennung geht. In der Regel stehen hinter trennungswilligen Elternteilen doch häufig sehr einflussreiche Geschwister, Freunde und Bekannte und nicht zu vergessen die eigenen Eltern. Bezüglich der Autonomie der Kinder hängt es sehr häufig von der geäußerten Meinung ab, ob Eltern diese als autonom oder fremdgesteuert anschauen. Vertritt ein Kind eine Meinung, die mehrheitlich oder ganz der Meinung eines Elternteils entspricht, wird dieser Elternteil dem Kind völlige Autonomie zubilligen und kaum in Betracht ziehen, dass das Kind die Meinung so äußert, um diesem Elternteil zu gefallen. Wenn umgekehrt das Kind eine Meinung äußert, die einem Elternteil nicht passt, wird dieser Elternteil das Kind häufig als völlig unselbständig und fremdgesteuert vom anderen Elternteil betrachten. Natürlich ist diese Schwarz-weiß-Darstellung selten hilfreich. So wie Eltern in der Lage sind Meinungen von anderen Personen anzuhören und sich dann in gewissem Umfang eine eigene Meinung zu bilden, können das in der Regel Kinder schon ab dem Kindergartenalter. Natürlich gibt es die entfremdeten, „ferngesteuerten" Kinder, aber es gibt auch die „ferngesteuerten" Erwachsenen.

Eine dritte Form von Selbsttäuschung bei Eltern betrifft den Aspekt der Entwicklung. Elternteile nehmen häufig für sich in Anspruch, dass sie rund um die gelegentlich schmerzliche Erfahrung der Trennung eine Persönlichkeitsentwicklung gemacht haben, vertreten aber gleichzeitig die Meinung, dass der Partner stehen geblieben sei, keine Entwicklung gemacht habe. In diesem Zusammenhang wäre es interessant, der Frage nachzugehen, wann eine Persönlichkeitsentwicklung bei einem Elternteil zur Scheidung führt, und wann umgekehrt die Scheidung zu einer Persönlichkeitsentwicklung führt. Die bestehende Fachliteratur gibt uns da keine schlüssigen Hinweise.

Selbsttäuschungen von psychologischen beziehungsweise psychiatrischen Fachleuten

Hier stellt sich die Frage inwiefern wir mit realitätsnahen Konzepten arbeiten, resp. inwiefern wir uns mit unseren Konzepten einer Selbsttäuschung hingeben. Betrachtet man die Scheidungsforschung über die Zeit, sieht man, dass die Scheidung zu unterschiedlichen Zeiten mit unterschiedlichen Konzepten verstanden wurde. In den 1960er Jahren noch stand das „Broken Home-Konzept" im Vordergrund. Scheidung wurde als Prozess verstanden, der einerseits zu Bindungsverlust für die Kinder führt und andererseits die Kinder in den Status einer gesellschaftlichen Minorität bringt. In den 1970er Jahren wurde Scheidung verstanden als eine akute familiäre Krise, in der die Eltern sozusagen eine erziehungsmäßige und beziehungsmäßige Bankrotterklärung gemacht haben, sodass die Intervention von außen nicht nur legitim, sondern auch notwendig war.

In den 1980er Jahren stand dann die Trias von Konflikt, Elternverlust und Armut im Vordergrund. Das heißt, die Frage stand im Fokus, inwiefern nach der Scheidung der Konflikt weiter geht, inwiefern die Scheidung dazu führt, dass Kinder einen, allenfalls beide Elternteile verlieren, und inwiefern die Scheidung in die Armut führt.

Ab den 1990er Jahren standen die Familienprozesse, die Frage, wie alte Beziehungen weiter geführt werden, wie neue Beziehungen eingeführt und allenfalls auch wieder gelöst werden, im Vordergrund.

Aus der Innensicht der psychologisch/psychiatrischen Fachpersonen schien es völlig folgerichtig, die bestehenden Konzepte zu entwickeln.

Adams und Coltrane (2006) haben dazu eine interessante Außensicht geliefert. Sie haben in drei amerikanischen Tageszeitungen die Artikel zum Thema Scheidung, Scheidungsgesetzgebung und Ehe über ca. 40 Jahre analysiert. Sie stellen dar, dass die sogenannte No-fault-divorce in Kalifornien erstmals 1969 eingeführt wurde, d.h. dass man ab diesem Zeitpunkt vom Verschuldensprinzip abgerückt ist. Das führte zu einem Paradigmawechsel. Vor dieser Form von Scheidungsgesetzgebung galt das Paradigma: tritt eine soziale Störung auf, unter der ein Ehepartner oder beide leiden, darf der Staat eingreifen. Nach diesem Paradigmawechsel der Scheidung ohne Verschuldensprinzip entwickelte sich die Scheidung zu einem Rechtsanspruch.

In der Folge wurden dann in der Laienpresse folgende Aspekte thematisiert:

– Die Mütter sind durch diese Entwicklung benachteiligt, vor allem aus finanziellen Gründen.
– Die Väter sind benachteiligt, ebenfalls aus finanziellen Gründen, vor allem aber durch das eingeschränkte Umgangsrecht.

– Schließlich wurde immer wieder betont, und das auch und vor allem von den psychologisch/psychiatrischen Fachpersonen, dass die Kinder die wahren Opfer seien.

Mit der Argumentation, es gäbe im Scheidungsprozess eben doch Opfer, bekam die Scheidung wieder den Aspekt einer sozialen Störung / einer sozialen Ungerechtigkeit. Beginnend ab 1996, mit deutlichem Anstieg ab 2001, standen Bemühungen um Aufrechterhaltung der Ehe und Ablehnung der Scheidung viel mehr im Vordergrund des öffentlichen Interesses in den USA als weitere Reformen der Scheidungsgesetzgebung. Dieser Prozess ist nichts anderes als eine erneute Stigmatisierung der Scheidungswilligen/Geschiedenen, an denen wir Fachleute aus der Psychologie/Psychiatrie nicht unschuldig sind.

Selbsttäuschungen und blinde Flecken bei Juristen

Auch Juristen unterliegen Selbsttäuschungen, resp. haben ihre blinden Flecken. Eine erste Selbsttäuschung von Juristen besteht unseres Erachtens darin, dass Juristen häufig davon ausgehen, dass sie nur bestehendes Recht anwenden und sich deshalb die Frage nach unerwünschten Nebenwirkungen dieser Prozesse auf Familien gar nicht zu stellen haben.

M. Friedmann (2004) untersucht in einer Arbeit die sogenannten Hochkonfliktpaare. Bei diesen Hochkonfliktpaaren findet der Autor verschiedene Untergruppen. Da sind zunächst diejenigen, bei denen beide Ex-Partner zu ungefähr gleichen Teilen in diesen Nachscheidungskämpfen verstrickt sind. Daneben gibt es aber auch mind. 2 Untergruppen mit asymmetrischen Nachscheidungskämpfen. Bei der einen Untergruppe beruht der asymmetrische Nachscheidungskonflikt auf einer psychischen Störung des einen Partners, häufig einer Persönlichkeitsstörung. Die andere Untergruppe von asymmetrischen Nachscheidungskämpfen besteht aus Elternpaaren, bei denen der obhutsberechtigte Elternteil den umgangsberechtigten Elternteil einfach aus seinem Leben und dem Leben der Kinder hinausdrängen will. Hier ist die kritische Frage an alle Fachpersonen zu richten, ob behördliche und therapeutische Interventionen nicht an der Aufrechterhaltung des asymmetrischen Konfliktes mitbeteiligt sind. M. Friedmann schlägt hier in Anlehnung an den Begriff der Iatrogenen, der durch den Arzt verursachten Störung, den Begriff der „Lexigenic"-Störung vor, womit er in typisch therapeutischer Manier dem unpersönlichen Gesetz und nicht irgendwelchen Menschen die Schuld in die Schuhe schiebt.

Eine zweite Facette von Selbsttäuschungen bei Juristen sehen wir in Zusammenhang mit dem Kindeswohl-Begriff. Die Selbsttäuschung besteht hier unseres Erachtens darin, dass man sich zwar einerseits einig ist, dass der Kindeswohlbegriff sich nicht scharf definieren lässt, dass aber die Inhalte doch hinreichend klar seien und dass vor allem in der Anwendung das Kindeswohl immer deutlich Vorrang vor den Interessen der Erwachsenen habe. Zur Illustration dafür, dass das sicher nicht immer gegeben ist, erwähnen wir ein höchst richterliches Urteil aus der Schweiz (Bundesgerichtsurteil vom 6. März 2007).

Sachverhalt

Ein unverheiratetes Paar trennt sich zu Beginn der Schwangerschaft mit dem ersten Kind. Das jetzt 7-jährige Kind hat den Vater noch nie gesehen. Die Mutter ist zum jetzigen Zeitpunkt gegen Kontakte des Kindes mit dem Vater und verlangt ein psychiatrisches Gutachten.

In den Erwägungen des Bundesgerichtes wird auf das Urteil der Vorinstanz eingegangen: Zwar sei das Verhältnis der Eltern stark belastet, welcher Umstand zu einem Loyalitätskonflikt des Kindes führen könne. Nach Angaben der Mutter sei das Kind körperlich gesund. Die Kindergärtnerin attestiere ihm Intelligenz und eine starke Persönlichkeit. Unter diesen Voraussetzungen stelle ein allfälliger Loyalitätskonflikt keine Gefährdung des Kindes dar, zumal die Berufungsklägerin durch ihr Verhalten einiges zur Beruhigung der Situation beitragen könne.

Sowohl die zweite wie auch die dritte und letzte Instanz argumentieren also ungefähr wie folgt: das Kind ist offenbar nicht nur gesund, sondern auch noch recht belastbar. Weil es so gesund und so stark ist, wird es wohl auch keinen Schaden nehmen, wenn es jetzt etwas unter Druck kommt, weil die Behörden einen Kontakt zum Vater erzwingen wollen, da sich die Richter von dieser Mutter nicht mehr länger auf der Nase herum tanzen lassen wollen.

Es ist ganz offensichtlich, dass hier die die Bedürfnisse des Vaters und der Richter über die Bedürfnisse des Kindes gestellt werden.

Fraglos hat der Begriff des Kindeswohls seine Bedeutung gehabt. Es stellt sich aber für uns die Frage, ob dieser Begriff nicht ersetzt werden müsste durch den Begriff des Familienwohls. Bei allen familienrechtlichen Maßnahmen müsste es die oberste Maxime sein nach Lösungen zu suchen, die im größtmöglichen Interesse aller beteiligten Familienmitglieder sind. Unseres Erachtens ist es nur in seltenen Ausnahmefällen so, dass das Kindeswohl über die Bedürfnisse eines dann meist psychisch kranken Elternteils gestellt werden muss. Beachtet man die mittel- und langfristige Entwicklung und nicht nur die kurzfristige, können meist Lösungen gefunden werden, die im Interesse aller Beteiligten sind. So liegt es kaum je im mittel- und langfristigen Interesse eines umgangsberechtigten Elternteils, wenn der Umgang gegen erheblichen Widerstand des Kindes kurzfristig erzwungen wird. Mittelfristig führt das in den meisten Fällen dann doch zu einem definitiven Kontaktabbruch, was auch nicht im Interesse des umgangsberechtigten Elternteils liegt.

Täuschungen des Staates und der Gesellschaft

Der Staat täuscht seine Bürger, indem er Gesetzte erlässt, die er nicht durchsetzen kann oder durchsetzen will. Die gesetzlichen Vorgaben im Zusammenhang mit Umgangs-, resp. Besuchsrecht, hatten zu Zeiten größerer Staatsgläubigkeit der Bürger zwar eine gewisse Bedeutung, da die darauf basierenden Gerichtsurteile als verbindlich betrachtet wurden. Bei den Hochkonfliktfamilien ist dies aber längst nicht mehr so. So besteht die unbefriedigende Situation, dass Gesetze und darauf basierende Gerichtsurteile erlassen werden, bei denen klar ist, dass der Staat diese nicht umsetzen kann. Wenn sich ein obhutsberechtigter Elternteil mit genügend Kraft und Ausdauer gegen den Umgang, resp. Kontakt der Kinder zum abwesenden Elternteil wehrt, wird ihn der Staat daran nicht hindern können.

Nicht nur der Staat, auch die Gesellschaft, unterliegt hier Selbsttäuschungen. Paare, die heiraten, gehen selbstverständlich davon aus, dass nur der Tod sie scheidet. Zur Rettung des Liebsten, was sie haben, nämlich des Geldes, lassen sie sich mit geeigneten Eheverträgen ein möglichst günstiges Ausstiegsszenarium offen. Angesichts der aktuellen Scheidungsziffern wäre es ja nicht unrealistisch, von Eltern spätestens zum Zeitpunkt der Geburt des ersten Kindes zu fordern, dass sie einvernehmlich festlegen, wem die Kinder im Scheidungsfall zugeteilt werden sollen, falls sie sich dannzumal nicht einigen können. Diese Vereinbarung könnte selbstverständlich einvernehmlich zu jedem späteren Zeitpunkt wieder neu formuliert werden. Im Streitfall vor Schranken würde dann einfach die letzte einvernehmliche Regelung gelten. So müssten Eltern mehr Verantwortung übernehmen, für die Regelung familiärer Beziehungen, was der Staat nie und nimmer kann.

Und die Kinder?

Von Wamelen hat 1990 eine Untersuchung bei 9- bis 12-jährigen Kindern gemacht. Sie hat unter anderem die Frage gestellt, ob sich Eltern scheiden lassen dürfen. 55% (N = 716) aus 2-Eltern-Familien haben diese Frage bejaht. Bei den Scheidungsfamilien haben 69% (N = 100) diese Frage bejaht. Die nächste Frage, die gestellt wurde, war: „Dürfen Eltern sich scheiden lassen, wenn die Kinder jünger als 12-jährig sind?". Nun waren es aus den 2-Eltern-Familien nur noch 25% und aus den Scheidungsfamilien 48%, die diese Frage bejahten.

Das heißt nichts anderes, als dass Kinder auf der einen Seite sehr viel Verständnis für ihre Eltern aufbringen möchten, aber dass sie sich vor der Scheidung der Eltern doch sehr fürchten. In eine ähnliche Richtung geht eine Untersuchung, die wir bei 15-jährigen Schülern durchgeführt haben (Probst, Siedler 2000). Wir haben diese 816 Schüler gefragt wie sie global die Scheidungsfolgen für Kinder beurteilen: mehrheitlich positiv, mehrheitlich negativ, ungefähr gleich. 16,6% der Kinder aus 2-Eltern-Familien, aber 60,2% der Scheidungskinder waren der Meinung, dass die Scheidungsfolgen für Kinder mehrheitlich positiv sind. Umgekehrt waren 47% der Kinder aus 2-Eltern-Familien der Meinung, dass die Scheidungsfolgen für Kinder vorwiegend negativ sind gegenüber 8,4% der Scheidungskinder. Welche Gruppe von Kindern unterliegt größeren Selbsttäuschungen? Sind es die Kinder aus 2-Eltern-Familien, die das kritische Lebensereignis „Scheidung der Eltern" überbewerten, oder sind es die Scheidungskinder, die, um zu überleben, die Scheidungsfolgen vor sich selber unterbewerten.

Schlussbemerkung

Entwicklungen in die gewünschte Richtung „Bessere Unterstützung von Kindern und ihren Familien" können geschehen, wenn Fachleute ihre Stimme erheben um vom Staat, von den Politikern und von der Gesellschaft die Erfüllung berechtigter Forderungen zu verlangen. Es gehört aber auch zur Entwicklung eigene blinde Flecken und Selbsttäuschungen wahrzunehmen.

Literatur

Adams, M., Coltrane, S. (2006): Framing Divoce Reform: Media, Morality and the Politics of Family, Family Process, Vol. 46, 1, 2006, 17–34.
Friedman, M. (2004): The So-Called High-Conflict Couple: A Closer Look The American Journal of Family Therapy, 32, 101–117.
Klosinski, G. (1997): Begutachtung in Verfahren zum Umgangs-und Sorgerecht: Brennpunkte für den Gutachter und die Familie, 34–44, In: Andreas Warnke, Götz-Erik Trott und Helmuth Remschmidt: Forensische Kinder-und Jugendpsychiatrie.
Probst, C., Sidler, N. (2000): Lizentiatsarbeit: Beziehungen innerhalb der Familie und Wohlbefinden bei Jugendlichen aus Scheidungsfamilien und Zweielternfamilien, betreut von Prof. W. Felder.
Staub, L. Felder, W. (2004): Scheidung und Windeswohl – Ein Leitfaden zur Bewältigung schwieriger Übergänge, Bern: Huber.
Van Wamelen, C. (1990): Children's Ideas about „Divorce and After". Journal of Divorce and Remarriage, 14(2), 125–142.

GUNTHER KLOSINSKI

Tarnen, Täuschen und Lügen
Kinder- und jugendpsychiatrische Anmerkungen zum Besuchsrechtssyndrom, zur jugendlichen Hochstapelei und zum Phänomen der Pseudologia phantastica

> *Lüge nie, denn Du kannst ja doch nicht behalten, was Du alles gesagt hast.*
> (Konrad Adenauer)
>
> *Es gibt fünf Arten der Lüge: Die gewöhnliche Lüge, den Wetterbericht, die Statistik, die diplomatische Note und das amtliche Communiqué.*
> (George Bernard Shaw)

Vorbemerkungen

Beschönigen, Verschleiern, Mogeln, Schmeicheln und höfliches Verschweigen – die Grenzen sind fließend und die Vielfalt ist bunt im Alltag uns umgebender maskierter Unwahrheiten. Wer hält sich schon an das 8. Gebot: "Du sollst kein falsch Zeugnis reden wider Deinen Nächsten?" Empirischen Studien zufolge (DePaolo u. a. 1996) lügen wir im Durchschnitt ein- bis zweimal pro Tag und belügen jeden dritten Gesprächspartner (Feldman, u. a. 2002). Lehrt uns die Entwicklungspsychologie nicht, dass die Fähigkeit zur Lüge und zur Täuschung ein Indikator für soziale Intelligenz ist, die u. a. die Einsicht in motivationale Aspekte des Verhaltens und damit letztlich ein Erkennen und Vorausschauen kausaler Zusammenhänge voraussetzt?

Dass Lüge und Täuschung nicht nur in der psychiatrischen-psychotherapeutischen Arbeit mit unseren Patienten und Familien eine Gegebenheit ist, mit der wir rechnen müssen, sondern, dass auch zahlreiche Interessengruppen in unsere Gesellschaft auf Tarnen, Täuschen und Lügen geradezu setzen, zeigt sich u. a. in der aktuellen Finanz- und Wirtschaftskrise, aber auch in zahlreichen Aspekten der Werbung um den „König Kunde" in unserer Konsumgesellschaft. Wie viel Ehrlichkeit, Offenheit und Wahrheit vertragen wir? Wann scheint eine „Umschreibung" der Wahrheit nicht nur sinnvoll, sondern geradezu erforderlich, da womöglich die Wahrheit nicht ertragen werden kann, sie die Menschen depressiv oder panisch machen könnte?

Allgemeine Anmerkungen zum Thema

Wir müssen uns fragen, ob Tarnen und Täuschen nicht vielerorts und zu allen Zeiten auch akzeptierte Strategien gewesen sind. Erinnert sei an die *Ilias*, an das Trojanische Pferd des listigen Odysseus und an den „Wüstenfuchs Rommel", der mit wenigen Panzern und zahlreichen Attrappen im nordafrikanischen Wüstenstaub seine Gegner zu täuschen versuchte. Verwiesen sei auch auf die Potemkinschen Dörfer, die zum Schein vom Fürsten Potemkin aufgebaut wurden, um einen blühenden Zustand des Landes bei der Inspektion der russischen Zarin vorzuspiegeln. In China – hierauf hat Harro von Senger (1999) verwiesen – wird seit Jahrhunderten die Vorstellung gepflegt, dass eine Strategie des Täuschens und Manipulierens nicht verwerflich ist, im Gegenteil: Wer diese Mittel nicht beherrscht, wird als einfältig und dumm erachtet. Es wurde in diesem Zusammenhang von so genannten Strategemen gesprochen, von strategischem Täuschen, das in China bis heute einen hohen Stellenwert hat, erlernt und gepflegt wird (vielleicht erklärt dies den Umstand, dass im heutigen China Imitate und Plagiate in einem Ausmaß gefertigt werden, die gemeinhin unsere Vorstellung übersteigen).

Sommer (1992) weist darauf hin, dass sich die Lüge als menschliches Urphänomen (gemäß dem lateinischen Wortursprung „Lucrum" = Beute, „Gewinn") auf die Habsucht zurückführen lasse. Ferner wurde postuliert, dass „ein gewisses Maß an Täuschung und Selbsttäuschung (…) für die geistige Gesundheit des Einzelnen erforderlich ist" und dass wir „das Versteckspiel, die Tarnung (…) [brauchen], damit das Zusammenleben und Überleben in dieser komplexen Welt einigermaßen erträglich wird" (Tarr Krüger 1997). Andererseits untergräbt die Durchsetzung des eigenen Interesses mit Hilfe von Winkelzügen, Schauprozessen oder Meineiden das Ideal der Wahrheitsfeststellung, wie sie für die Rechtsprechung in unseren Gesellschaften von grundlegender Bedeutung ist. Wir alle wissen, dass die vermeintliche Verschonung des Patienten vor der Wahrheit oder gar die als Therapie angewandte Täuschung (Placebogabe) die Frage nach der Vertrauenswürdigkeit von Ärzten und der Medizin insgesamt aufwirft. Leben wir in einer Kultur der Lüge? Ist das „So-tun-als-ob" zum universalen Verhaltensmuster unserer Zeit geworden? Man hat das vergangene Jahrhundert als „Jahrhundert der bewussten Irreleitung" und „der Verführung der Menschen durch Propaganda, der Irreführung durch Ideologie, der Demagogie und der Manipulation durch Medien" bezeichnet (Honecker 2004). Von der Erzeugung künstlicher Bilder, künstlicher Spiele und künstlicher Welten (second life) lebt eine ganze Unterhaltungsindustrie: Simulation, Maskierung und Beeinflussung bestimmen das politische Handeln in der medialen Öffentlichkeit und dienen letztlich einer Verschleierung von Machtansprüchen.

Bei näherem Hinschauen wimmelt es in unserer Sprache von Vokabeln, von Begriffen, die an Falschgeld erinnern, sei es z. B. die „Schwangerschaftsunterbrechung" oder die „atomare Entsorgung". „Leben ist Lüge", „wir spielen alle Theater", Schein und Wirklichkeit rücken immer näher zusammen dank einer Globalisierung und Manipulierung medialer Wirklichkeiten und künstlicher erzeugter Welten. Die Aufhebung der Grenze zwischen Schein und Wirklichkeit beflügelt und beunruhigt zugleich. So konnte Geier (1999) formulieren: „In den virtuellen Gemeinschaften nehmen immer mehr Menschen künstliche Identitäten an, die sie im wirklichen Leben nicht mehr ausagieren können. (…) Das körperliche Dasein ist nichts, das Nomadisieren in virtuellen Welten alles."

Ein Blick in die Literatur und Geschichte zeigt, dass es offenbar ohne Lüge nicht geht und dass der Lüge ein besonderer Stellenwert eingeräumt wurde: Keine Geringere als Pallas Athene, die Göttin der Weisheit, ließ Odysseus' Lügen göttliches Lob zuteil werden: Sie rühmte ihn für seine Verschlagenheit, seine List, seine Ränke und seine selbst noch im Vaterland geübte Kunst der Verstellung, eine Kunst, die Odysseus, so die Göttin, mit Athene selbst teile. Platon hat einerseits in seinem Werk *Politeia* die Lüge aus dem Staat ausgeschlossen, sie andererseits „als nützliche Arznei gerechtfertigt", auch wenn es nur dem Herrscher erlaubt sei, sie zu verabreichen, während die Bürger dem Herrscher gegenüber zur Wahrheit verpflichtet seien.

Ein Blick in die Bibel verwirrt: Einerseits wird erwartungsgemäß Gott bescheinigt, dass er nicht lügt: „…Denn es ist unmöglich, dass Gott lügt…" (Hebräer 6, Vers 18). Andererseits wird im Buch der Könige (Kapitel 22, Vers 22) berichtet, dass Gott selbst einen Lügengeist zu Ahabs Propheten entsendet, um ihn zu einer Kriegserklärung gegen seine Feinde zu veranlassen und damit seinen Tod in der Schlacht zu provozieren.

Im kinder- und jugendpsychiatrischen Alltag erleben wir immer wieder, dass Familien, die so genannte Familiengeheimnisse haben, die sie uns nicht mitteilen, die sie verschweigen oder gar verleugnen. Wir alle kennen das Münchhausen-Syndrom und das „Tricksen" von Anorektikerinnen, die tarnen, täuschen, leugnen, um ihr Gewicht niedrig zu halten. Seitdem die Problematik des sexuellen Missbrauchs in der Diskussion unserer Gesellschaft „angekommen" ist, gibt es auch, auf dies muss kritisch hingewiesen werden – das Phänomen und Bemühen „Aufdeckungsarbeit" zu leisten und durch Berichte und Geständnisse der Opfer die Täter zu überführen. In Familienrechtsauseinandersetzungen (in Kampfscheidungen) hat dies mitunter Ausmaße angenommen, die an eine moderne Inquisition erinnern.

Ich möchte mich im Weiteren auf wenige spezielle Phänomene des Tarnen und Täuschens beschränken, die den Kinder- und Jugendpsychiatern, den Sozialarbeitern des Jugendamtes oder den Lehrern nur z. T. bekannt sind.

Gleichklanglügen im Rahmen des so genannten Besuchsrechtssyndroms und des PAS (Parental-Alienation-Syndroms)

Ein charakteristisches, in der öffentlichen Diskussion aber bislang noch wenig bekanntes auffälliges Verhalten von jungen Schulkindern, insbesondere von Kindergartenkindern, stellt das so genannte „Besuchsrechts-Syndrom" (Felder und Hausheer 1993) dar. Es handelt sich um eine Symptomatik, die entsteht, wenn ein Kind im Rahmen des Besuchsrechtes in einen massiven Loyalitätskonflikt zu beiden Eltern gerät. Kinder in Elternkonfliktlagen orientieren ihre Äußerungen oftmals anhand der Kriterien Loyalität oder Überidentifikation zu einer Partei oder Überdistanzierung zur anderen Partei.

Felder und Hausheer beschrieben die Symptomatik des Besuchsrechtssyndroms wie folgt:

Inhaber des Aufenthaltsbestimmungsrechtes: „Das Kind geht nicht gerne zu Besuch, je näher der Besuchstag rückt, umso unruhiger wird das Kind. Manchmal reagiert es mit Schlaf- und Appetitstörungen, manchmal wehrt es sich verbal oder droht, diese Besuche zu verweigern oder gar wegzulaufen. Wenn das Kind zu Besuch geht, ist es unruhig, verstimmt und ärgerlich."

Besuchsberechtigter: „Wenn das Kind zu mir kommt, ist es nervös, aufgebracht und zunächst schlecht ansprechbar. Dann tritt eine Beruhigung ein und wir beide erleben eine schöne Zeit. Nähert sich das Ende des Besuches, wird das Kind zunehmend bedrückter, will nicht nach Hause, möchte bleiben. Wenn es geht, ist es wiederum verstimmt und ärgerlich."

Inhaber des Aufenthaltsbestimmungsrechtes: „Kommt das Kind vom Besuch zurück, ist es schlecht gelaunt und zieht sich zurück. Erst nach Tagen wird es wieder normal. Schlussfolgerung: Die Besuche schaden und sollten eingestellt werden."

Schlussfolgerung des Besuchsberechtigten: „Der Inhaber des Aufenthaltsbestimmungsrechtes ist unfähig, das Kind auf die Besuche vorzubereiten. Die Besuche sollten ausgedehnt werden!"

Das Problem hierbei ist, dass sich beide Elternteile nicht in die Lage des Kindes versetzen können: Das Kind passt sich dem jeweiligen Elternteil an und gibt mit seinem Verhalten indirekt zu verstehen, dass es ihn und nicht den anderen mag, wenn es bei ihm ist. Nicht selten kommt es vor, dass die Kinder bezüglich des anderen Elternteils über Dinge berichten, die so nicht zutreffen, d. h. in ihrer Not verbiegen diese Kinder die Wirklichkeit, sie „flunkern", ohne hierbei ein schlechtes Gewissen zu haben. Ich möchte dies als „Gleichklanglügen" bezeichnen. Weil Vater und Mutter davon ausgehen, dass ihr Kind nicht lügt, kommt es in aller Regel zu einem erheblichen Konflikt mit wechselseitigen Anschuldigungen. Jeder ist fest davon überzeugt, hinter seinem Kind zu stehen, das doch überzeugend und klar seine Wünsche formulieren würde. Dabei haben Vorschulkinder und Kinder bis etwa 7 oder 8 Jahren kaum Möglichkeiten, eine eigenständige Meinung, die im Gegensatz zu der ihrer Elternteile steht, von denen sie abhängig sind, aufzubauen oder zu behaupten. Kinder sind hingegen gezwungen, die Einstellung und Sichtweise der anwesenden primären Bezugsperson weitestgehend zu übernehmen und verleugnen dabei manchmal für kurze Zeit ihre eigene positive Einstellung, die sie früher mehrfach geäußert haben. Dies wird dann von der „anderen Seite" als aktive negative Beeinflussung dieses Elternteils angesehen, was so aber nicht unbedingt der Fall sein muss.

Ich möchte dies an einem Fallbeispiel erläutern:

> Die fünf Jahre alte Julia lebt mit ihrem ein Jahr jüngeren Bruder bei der Mutter und besucht an jedem zweiten Wochenende den Vater und die Großmutter. Zwischen Vater und Mutter herrscht Hochspannung: Die Mutter fühlt sich vom Vater verfolgt, nachdem er ihr im Rahmen der Nachtrennungsphase mit dem Auto nachgefahren ist, um sie zu überwachen. Die Mutter berichtet im Rahmen eines Umgangsrechtsgutachtens, dass Julia häufig vor den Besuchen beim Vater bzw. der Großmutter einnässt oder nicht mehr durchschläft. Die Großmutter, die das Kind am Wochenende in Empfang nimmt, berichtet, dass das Mädchen zunächst überhaupt nichts essen möchte, dass es ganz durcheinander ist. Am nächsten Tag geht es dann schon viel besser. Sonntags, wenn sie dann zurück muss, würde sie äußern: „Ich will hier bleiben, ich will nicht zur Mama zurückgehen." Wegen der gespannten Situation zwischen Vater und Mutter bringt die Großmutter die Kinder zur Mutter zurück und beobachtet dort Folgendes: Das Kind würde sofort an der Mutter vorbeigehen, würde gar nicht „Guten Tag" sagen, die Mutter gleichsam links liegen lassen und direkt in ihr Zimmer gehen und die Tür hinter sich zumachen. Die Mutter berichtet, dass das Kind am nächsten Tag im Kindergarten noch so auffällig sei, dass die Kindergärtnerin sie darauf anspreche und mutmaße, das Kind sei doch sicher wieder beim Vater gewesen.
>
> Der Vater und die Großmutter haben den Eindruck, das Kind sei schlecht vorbereitet auf den Umgang, finde aber zusehends Kontakt, verbringe dann eine gute Zeit und wolle gar nicht mehr zurück. Die Mutter stellt bei der Rückkehr des Kindes fest, dass es missgelaunt ist, dass es sich gar nicht richtig von der Großmutter verabschiedet und die Mutter selbst zunächst auch gar nicht begrüßen möchte, um dann relativ schnell wieder zur Ruhe zu kommen, obwohl es am nächsten Tag im Kindergarten immer noch auffällig reagiert.

Kinder mit einem Besuchsrechts-Syndrom erzählen z. B., der neue Partner der Mutter sei böse, würde sie schlagen (obwohl dies nicht stimmt). Solche Kinder spüren ab, dass der Vater kritisch gegenüber dem neuen Partner der Ex-Ehefrau eingestellt ist, diesem womöglich die Schuld an der auseinandergebrochenen Ehe zuschiebt, das Kind klinkt sich ein und schüttet damit Wasser auf die Mühlen des Vaters: Es will im Gleichklang mit der Sichtweise des Vaters stehen, der die Partei der Kindesmutter verteufelt. Ist das Kind dann wieder bei der Mutter, wird es dort vielleicht etwas Negatives über den Vater berichten, was so nicht stimmt, was so dort gar nicht vorgefallen ist, z. B. dass es langweilig beim Vater gewesen sei, dass man nur vor dem Fernseher gesessen sei oder dass der Vater seinerseits eine neue Partnerin habe, die wolle, dass das Kind zu ihr Mama sage. Gleichklanglügen treten dann besonders häufig auf, wenn Kinder ausgefragt werden und wenn ihnen suggestive Fragen gestellt werden und die Kinder noch im Kindergartenalter sind und damit besonders suggestibel erscheinen.

Stellt sich ein Besuchsrechts-Syndrom ein, ist es von großer Bedeutung, den Eltern klar zu machen, dass jeder der Elternteile „Recht und Unrecht" hat, dass seine Sichtweise nicht falsch ist, die des anderen aber auch nicht. Zunächst fällt es den Eltern schwer, die Vorstellung zu akzeptieren, dass ihr Kind auch Notlügen produzieren kann. Mit der „Aufklärung der Not" und der Hintergründe des auffälligen Verhaltens des Kindes stellt sich bei manchen Eltern eine gewisse Entlastung ein.

Um das Kind, das ganz offensichtlich bei den „Wechseln und Übergängen" leidet, zu entlasten, muss bei einem ausgeprägten Besuchsrechts-Syndrom die Frequenz der Besuche deutlich gedrosselt werden. Genauso wichtig ist es aber, das Konfliktpotenzial zwischen den Elternteilen mit der Hilfe kompetenter Dritter zu verringern, da die Symptomatik des Syndroms durch die elterlichen Gegensätze und Konfrontationen gespeist wird.

Wird ein Besuchsrechts-Syndrom nicht erkannt, kann es zu zwei Entwicklungen kommen: Zu einer prolongierten Form des Besuchsrechts-Syndroms mit autoaggressiven Tendenzen: Unmittelbar vor oder nach den Besuchen reagieren die Kinder nicht nur psychosomatisch, sondern beißen sich z. B. auf die Lippen oder in den Arm oder reißen ihre Nägelfälze an den Fingern blutig. Eine andere Entwicklung mündet schließlich in eine totale Parteinahme für einen Elternteil, wenn der Druck des Loyalitätskonfliktes zu groß wird und nicht mehr ausgehalten werden kann. Es wäre dies dann eine Schutzfunktion, die das Kind vornimmt. Der Besuchsberechtigte, der „leer ausgeht", wird das eigenartige Verhalten des Kindes dann aber als „PAS-Syndrom" deuten.

Zum Konstrukt des „PAS"

Der amerikanische Arzt R. A. Gardner hat 1985 das so genannte PAS-Syndrom (Parental-Alienation-Syndrome), kurz „PAS", postuliert und es wie folgt definiert:

> Das Syndrom der Elternentfremdung ist eine Störung, die vor allem im Zusammenhang mit Sorgerechtsstreitigkeiten auftritt. Die Störung äußert sich hauptsächlich in einer Ablehnungshaltung des Kindes gegenüber einem Elternteil, die in kei-

ner Weise gerechtfertigt ist. Diese Haltung entsteht aus dem Zusammenwirken von Indoktrinierung durch einen programmierenden (eine Gehirnwäsche betreibenden) Elternteil und dem eigenen Beitrag des Kindes zur Verunglimpfung des zum Feindbild gewordenen anderen Elternteils.

Gardner schlug vor, die Diagnose über den Schweregrad des PAS anhand des kindlichen Verhaltens zu stellen und nicht etwa anhand des Ausmaßes der Indoktrinierung, der das Kind ausgesetzt war. Er unterschied drei Schweregrade – leicht, mittelstark und schwer – mit folgenden primären Symptomen: Verunglimpfungscampagne, schwache, leichtfertige oder absurde Rationalisierung der Verunglimpfung, fehlende Ambivalenz, Phänomen „fehlendes eigenständiges Denken", reflexartiger Unterstützung des entfremdenden Elternteils in der elterlichen Auseinandersetzung, fehlende Schuldgefühle und „entliehene Szenarien", die aufgebaut werden.

In den letzten Jahren hat in der Fachwelt eine rege Diskussion über die Frage stattgefunden, ob dieses elterliche Entfremdungssyndrom als Diagnosekriterium gerechtfertigt ist oder ob es vielmehr als eine hervorragende taktische Waffe im Umgangsstreit von den Elternteilen eingesetzt wird, denen kein Umgang gestattet wird. Fegert (2001) ist der Auffassung, „PAS" sei kein diagnostisches Kriterium. Die Beschreibung ermöglicht nicht einmal die Differenzierung zwischen Reaktionsweisen, Abwehrmechanismen und Verhaltensweisen, die durch real begründete Ängste ausgelöst würden, von angeblich induzierten Verhaltensweisen. Er spricht von einem „Parental-Accusation-Syndrome", einem Anklage- und Beschuldigungssyndrom, das in den meisten Fällen vorliege.

Die wohl problematischste Aussage beim PAS ist, dass bei den Kindern, die einen Elternteil ablehnen, von Seiten des anderen Elternteils eine „Gehirnwäsche" durchgeführt worden sei, und zwar im Sinne einer negativen „Programmierung" mit Blick auf den anderen Elternteil. Mit dieser Definition bedient sich Gardner der Terminologie von Militärärzten, die im Rahmen des Koreakrieges von einer Gehirnwäsche sprachen, bzw. der Sektenexperten, die bei religiösen Konversionen, die nicht nachvollziehbar erscheinen, von Gehirnwäsche und Programmierung redeten.

Richtig und wichtig ist, dass Kinder oft massiv beeinflusst werden, dass Ängste und Vorstellungen durch Personen in sie induziert werden, von denen sie abhängig sind. Übersehen wird aber häufig, dass Kinder auch reale negative Erfahrungen mit demjenigen Elternteil gemacht haben, den sie derzeit vehement ablehnen. Dass ihre Erinnerung z. B. an Schläge durch diesen Elternteil auf Grund von Gedächtnisprozessen verfälscht werden können, sollte auch berücksichtigt werden. Immer dann, wenn Kinder ihren Loyalitätskonflikt innerlich nicht mehr aushalten können, wenn er bildlich gesprochen sie zu zerreißen droht, kommt es zum Auftreten einer mitunter plötzlichen und erstaunlich vehementen Extremposition, die diese Kinder dann vertreten. Die sichtbare vehemente Ablehnung dient dann als Schutzfunktion, um nicht psychisch zu erkranken: Im nicht mehr aushaltbaren Loyalitätskonflikt kommt es zu einem Kippphänomen: Um nicht depressiv zu werden oder autoaggressiv, kippt das Gefühl in eine Aggression gegenüber einem Elternteil um.

Als Beispiel für eine Lügengeschichte im Rahmen eines PAS sei folgende Kasuistik angeführt:

> Die zum Zeitpunkt der gutachterlichen Untersuchung (es handelte sich um ein Sorge- und Umgangsrechtsgutachten) knapp 13 Jahre alte Fatma wirkte bereits wie eine 15-Jährige, die mit einem Kopftuch bekleidet war und einen eher bedrückten und schüchternen Eindruck hinterließ. Sie ist das Kind eines arabischen Juristen und Geistheilers und einer Mutter, die von Beruf Arzthelferin ist und aus einer evangelischen Pfarrersfamilie stammt. Die Mutter hatte den Vater in einem arabischen Land kennen gelernt, heiratete ihn, damit er einreisen durfte nach Deutschland. Vom 4. bis 8. Lebensjahr lebte Fatma schwerpunktmäßig im arabischen Land, besuchte dort auch die Schule und wurde von der Großfamilie des Vaters versorgt. Die Eltern einigten sich dann, dass Fatma wegen der besseren Schulsituation in Deutschland zurück zur Mutter ging (beide Eltern waren noch verheiratet). Es war aber danach bereits zu einer Entfremdung beider Elternteile gekommen. Als das Mädchen 9 und 10 Jahre alt war, lebte die Tochter allein bei der Mutter, der Vater in Arabien. Als der Vater dann zurückkam, reichte die Mutter die Scheidung ein. Der Großvater mütterlicherseits bekniete seine Tochter, es doch noch einmal mit dem leiblichen Vater zu versuchen. Der Pfarrer stellte eine Wohnung seiner Tochter zur Verfügung, in der sie dann für 1 ½ Jahre nochmals mit dem Mann und der Tochter zusammenlebte. Es kam dann zur endgültigen Trennung zunächst unter einem Dach. In dieser Zeit solidarisierte sich die Tochter mit dem Vater, sprach nicht mehr mit der Mutter. Der Vater zog dann mit der Tochter aus der Wohnung aus, nahm einen Wohnsitz in einem 400 km entfernten Ort. Es kam dann zur Sorgerechtsauseinandersetzung und zum Gutachtenauftrag. Die Mutter hatte Sorge, der Vater könne eine Klitorisbeschneidung vornehmen lassen, wie es Ritus sei in seiner Familie. Der Kindesvater wollte das alleinige Sorgerecht mit dem Hinweis, die Tochter lehne die Mutter total ab. Fatma berichtete, die Mutter habe zusammen mit einer Freundin der Mutter Fatma in der Wohnung während des Duschens sexuell übergriffig behandelt, die Mutter sei lesbisch, habe mit ihrer Freundin die Tochter im Genitalbereich gestreichelt. Die Kindesmutter war entsetzt, bestritt vehement dieses Ansinnen der Tochter, die noch weiter ausholte: Die Mutter habe ihr einen Trunk mit einem Schlafmittel gereicht und sie an einen Ort verbracht, wo sie auf einem Tisch nackt ausgezogen worden sei: Sie habe nur wie im Traum mitbekommen, dass Männer sich an ihr vergangen hätten.
>
> Eine zusätzliche Glaubhaftigkeitsbeurteilung ergab, dass die Aussagen von Fatma mit hoher Wahrscheinlichkeit nicht erlebnisbegründet waren, sondern einer Falschbeschuldigung entsprangen.

Fatma hatte sich im Ehekonflikt mit dem Vater überidentifiziert und lehnte die Mutter vollständig ab. Bei der Trennungssituation ihrer Eltern noch unter einem Dach befand sie sich in einer emotional höchst kritischen Situation und identifizierte sich mit demjenigen Elternteil, den sie als den stärkeren wahrnahm: mit dem Vater. Dies führte dazu, dass sie die Wahrheit verbog und im Kampf der Eltern gegeneinander aktiv ihren eigenen Beitrag dazu leistete, die Mutter zu verunglimpfen, indem sie den Missbrauchsvorwurf gegenüber der Mutter erhob. Zum Zeitpunkt der Begutachtung bot Fatma die Symptome eines PAS, was ihr Verhalten anging, mit totaler Ablehnung der Mutter: Als die Mutter im Rahmen der gutachterlichen Begegnung mit der Tochter auftauchte, lief die Tochter demonstrativ und schreiend aus den Untersuchungsräumen (in die Arme des Vaters), um so auch dem Gutachter deutlich zu machen, wie sehr sie die Mutter ablehnt und den Vater liebt. Auch wurde für den Sachverständigen deutlich, dass Fatma „dem Vater zuliebe" in ihrer Überidentifikation mit ihm ein Kopftuch trug, um sich gleichsam auch nach außen hin zu ihm zu bekennen und sich damit von der Mutter abzugrenzen. Fatma wurde zur „Falschspielerin", hatte sich weitestgehend dem Vater angepasst und lebte in einem Schwarz-Weiß-Denken, verteufelte die Mutter und idealisierte den Vater (der Sachverständige empfahl dem Gericht zwei Optionen: 1. Das Sorgerecht geht auf das Jugendamt über, die Tochter verbleibt beim Vater, der eine Unterstützung durch eine Familienhelferin bekommt. Alternativ hierzu wurde empfohlen, Fatma in einer Wohngruppe fremd unterzubringen. Eine stützende und begleitende Psychotherapie wurde empfohlen, um eventuell doch wieder eine Annäherung der Tochter an die Mutter vorsichtig anzubahnen bzw. diesbezüglich mit therapeutischer Hilfe eine solche Möglichkeit „anzudenken").

Elternteilen, deren Kind eine PAS-Symptomatik entwickelt hat und die schmerzlich mit ansehen müssen, wie massiv sich ihre Kinder von ihnen abwenden, sei geraten, ihr Besuchsrecht ruhen zu lassen und nicht auf dem Umgang zu bestehen. Auf diese Art und Weise wird dem Kind deutlich gemacht, dass auch von Amts wegen dem Umgangswunsch eines Elternteils Rechnung getragen wird und dies unterstützt wird, dass ein solches Umgangsbegehren grundsätzlich auch aus Sicht des Staates richtig ist. Ein solcher „verteufelter" Elternteil sollte seinerseits die Tür nicht zuschlagen und signalisieren, dass er trotz der derzeitigen Ablehnung gesprächsbereit ist und sich über Kontakte jedweder Art (auch Briefkontakte oder Telefonate) freuen würde.

Jugendliche Hochstapler

Der forensisch aktive Kinder- und Jugendpsychiater stößt immer wieder auf das Phänomen, dass Jugendliche und Heranwachsende notorische Lügner sind, die sich zu Hochstaplern entwickeln, bis sie dann strafrechtlich massiv auffallen und überführt werden. Sie werden deswegen zu Betrügern und

„Falschspielern", weil sie häufig damit Erfolge in der Vergangenheit hatten, weil sie positive Rückmeldungen von ihrer Umgebung abbekamen im Sinne von Anerkennung, Bewunderung und Zuwendung. Dieses positive Feedback unterhält dann immer wieder ihre Neigung, es noch einmal und vielleicht auch in immer größerem Stil zu versuchen. Nicht selten handelt es sich um narzisstische Persönlichkeiten mit großem schauspielerischem Talent. Dies soll an einem Fallbeispiel dargestellt werden:

> Der 20-jährige Richard wurde zwei Jahre vor dem Mauerfall geboren: Seine Mutter war zum Zeitpunkt der Geburt 20 Jahre alt, der leibliche Vater war damals arbeitslos. Nach dem Mauerfall, Richard war 2 Jahre alt, trennten sich seine Eltern: Die Mutter zog mit einem neuen Lebensgefährten nach München, der Kontakt zum leiblichen Vater und zu dessen Eltern brach ab. Da sich die Mutter wenige Wochen nach ihrem Wechsel in die bayrische Hauptstadt von ihrem neuen Partner trennte, auf der Straße stand und arbeiten musste, kam Richard mit 2½ Jahren für 1½ Jahre in ein Heim, hatte wechselnde Bezugspersonen und nur seltenen Kontakt zur leiblichen Mutter. Mit 4 Jahren und 4 Monaten wurde Richard von seinen Adoptiveltern adoptiert. Er hat noch einen 4 Jahre jüngeren leiblichen Vollbruder, den er aber nicht kennt, von dem er aber weiß. Bis zum 11. Lebensjahr nässte er nachts ein. Er zeigte sowohl im Kindergarten als auch in der Grundschule Entwicklungsdefizite im psychomotorischen Bereich. Die Diagnose eines ADHS wurde gestellt. Er wechselte zunächst nach der Grundschule in die Realschule, musste dann aber wieder nach 1 ½ Jahren zurück auf die Hauptschule wegen eines Leistungseinbruchs. Bei seinen Klassenkameraden sei er beliebt gewesen wegen seiner tollen Ideen, die er hatte. Entgegen seinen Fähigkeiten schnitt er nur mit sehr mäßigen Noten seinen Hauptschulabschluss ab und scheiterte dann in seiner Berufsausbildung. Er hatte eine Elektrikerausbildung begonnen, diese aber von sich aus nach zwei Jahren gekündigt. Ab dem 18. Lebensjahr versuchte er eine Eigenständigkeit und Erwachsenheit vorzutäuschen durch „gekonntes Betrügen im Internet". Innerhalb von wenigen Monaten bestellte er bei Versandhäusern zahlreiche Waren, die er aber nicht bezahlte. Er machte dann nicht mehr die entsprechenden Mahnbriefe auf, versteckte sie in einer Schachtel vor seinen Adoptiveltern, die mehrfach den Gerichtsvollzieher im Haus hatten und den Schaden bezahlten.
>
> Nachdem er, animiert durch eine Sendung in Euro-News und durch einen Film im Fernsehen („Catch me if you can") die Idee entwickelte, er könne großartig als Snowboarder rauskommen, er könne vorgeben, er werde von einer Firma gesponsert, begann er im Sinne eines Hochstaplers sowohl seine Freundin, seine Eltern, als auch seine Freunde zu täuschen und dies in bemerkenswert unverblümter Weise: Er ließ sich mit einem teuren Fuhrunternehmen dreimal zu einem verlängerten Wochenende mit seinen Freunden und seiner Freundin nach Österreich fahren (mit zwei Pkws), gab vor, er bekomme im Monat über 3000 Euro von einer Firma gesponsert. Er ließ auch einen Pokal anfertigen in Österreich, dass er ein Snowboardrennen gewonnen habe, und zeigte dies seinen Eltern. In Bedrängnis kam er dann, als die Autofirma, die ihn nach Österreich gefahren hatte, 150.000 Euro von ihm haben wollte und damit drohte, er komme ins Gefängnis, wenn er nicht zahle. Er

bekam dann Angst, entwickelte eine hektische Aktivität, um an große Geldbeträge heranzukommen. Dies führte dazu, dass er zweimal versuchte, teure Uhren bei entsprechenden Juwelieren in Empfang zu nehmen (Rolex für 100.000 Euro). Einmal schien ihm dies auch zu glücken, er wurde dann aber bei der Übergabe der Uhren in Haft genommen.

Im Gespräch mit dem Sachverständigen teilte der junge Mann mit, er habe drei bis vier verschiedene Handyverträge abgeschlossen: Wenn ein Versandhaus nicht mitgemacht habe, dann habe er sich einem anderen Versandhaus zugewandt, habe Spielkonsolen, Fernseher, CDs geordert, er habe gedacht: „Ich bin 18 Jahre alt, da lasse ich mir nichts mehr sagen von den Eltern." Er habe sich als Teamchef Meurer ausgegeben von einer Snowboardfirma, habe in seinen E-Mails den Briefkopf dieser Firma verwandt und habe dann die Aufträge via E-Mail erteilt. Seine Freundin und sein Freund und dessen Freundin hätten von nichts gewusst. Er habe den Pokal als Snowboardsieger von Österreich nach Hause schicken lassen, um danach diesen Pokal der Freundin, seinen Kumpels und den Eltern zu zeigen. Alle hätten positiv reagiert, hätten ihm die Illusion noch für zwei weitere Wochen aufrechterhalten, dass er ein großartiger Snowboarder sei. Der junge Mann hatte auch in der Untersuchungshaft einem Mithäftling gegenüber geäußert, „das Motiv für diese Sachen war, dass ich Snowboardfahren wollte und mich dabei fühlen wollte wie ein Star, der angeblich für die Firma Murton Snowboard fährt. Ich wollte jemand sein, der ich niemals war." Er hatte dann in seiner Not, als der Anwalt des Fuhrunternehmens mit Gefängnis und Gericht drohte, versucht, 8 kg Gold in Hamburg per E-Mail zu bestellen bzw. Diamanten und teure Uhren. (Bei dem jungen Mann lag diagnostisch eine beginnende Persönlichkeitsstörung vor, die einem kombinierten Typus zuzuordnen war und sowohl dissoziale als auch histrionische und narzisstische Anteile aufwies. Bei ihm lag ein deutlicher Geltungsdrang vor, etwas Besonderes und Bedeutsames zu sein (im Satzergänzungstest formulierte er: „Ich wollte ... schon immer Astronaut werden.") Auch lag bei ihm eine Bindungsstörung leichtgradiger Art vor: Um das Gefühl haben zu können, anerkannt und gemocht zu werden, hatte der junge Mann zumindest in der Vergangenheit das starke Bedürfnis, etwas Besonderes und Außergewöhnliches sein zu müssen. Offenbar hatten die materiellen Werte vieles bei ihm ausgeglichen und kompensiert, was er als Scheitern und als Defizit erlebte. Schulisch war er unterhalb seiner Leistung geblieben, obwohl er die Leistung hätte bringen können bei entsprechender Einstellung und Motivation. Er versuchte sein berufliches Scheitern zu kaschieren, herunterzuspielen und gleichsam zu verheimlichen, indem er in eine Scheinwelt auswich und hochstaplerisches Verhalten an den Tag legte. Dabei diente der Film „Catch me if you can" ihm zur Vorlage: Der Hauptdarsteller (Leonardo di Caprio) gibt sich als Arzt aus und als Pilot, fälscht Schecks und Zertifikate.

Zum Phänomen der Pseudologia phantastica

Von Pseudologia phantastica spricht man dann, wenn jemand phantastische Phantasiegeschichten verbreitet, meist, um damit Aufmerksamkeit und Bewunderung oder Zuwendung zu erhalten, wobei diese Geschichten zunächst beim Gegenüber mit Erstaunen aufgenommen werden, bis sie sich dann als unwahr herausstellen.

Nicht selten bewegen sich die Phantasiegeschichten in Bereichen, in denen es um Beziehungen geht zu großartigen Personen oder um Verunglimpfungen von Bezugspersonen (z. B. dass darauf hingedeutet wird, der Betreffende werde vernachlässigt oder es würden ganz schlimme Dinge mit ihm durch irgendwelche Personen geschehen).

So berichtete eine 16-jährige Jugendliche, die ein Praktikum mit zwei andern Schülern auf einem Bauernhof für vier Wochen gemacht hatte, davon, dass sie jede Nacht entführt worden sei von einem unbekannten Mann, der sie mitgenommen habe zu Freunden, wo sie der Reihe nach vergewaltigt worden sei. Diese Mitteilung hatte sie auf einen Zettel geschrieben und ihren zwei Mitpraktikanten dadurch anvertraut, ihnen aber auferlegt, sie dürften dies nicht dem Lehrherrn und auch nicht ihren Eltern mitteilen. Einer der Mitschüler hielt sich nicht daran, informierte den Landwirt, dieser die Eltern, die dann die 16-Jährige zu sich zurückholten. Die Patientin weigerte sich auch, konkreter über die Dinge zu berichten: weder ihren Eltern noch dem Kinder- und Jugendpsychiater gegenüber machte sie nähere Auskünfte. Alles blieb vage, nebulös, im phantastischen Bereich, so dass der Verdacht aufkam, es könne sich womöglich um Wahnvorstellungen handeln. Dies war aber nicht der Fall, wie sich herausstellte, sondern sie gab später an, eine Story erfunden zu haben, um die anderen beiden auf sie aufmerksam zu machen, weil sie mit ihnen in Kontakt kommen wollte, sich aber nicht traute, nicht wusste, wie sie es anfangen sollte. Hier wurden die Lügengeschichten vorgenommen, um erste Kontakte anzubahnen, um auf sich aufmerksam zu machen.

Ausführlicher möchte ich in einem letzten Fallbeispiel auf einen damals bei der forensischen Untersuchung 16 Jahre alten Schüler eingehen, der eine ganze Klasse als Geisel genommen hatte und nach 8 Stunden von der GSG 9-Spezialtruppe zur Aufgabe gezwungen und festgenommen worden war.

> Mit 5½ Jahren wurde Manfred adoptiert, nachdem seine Mutter verstorben war. Er hatte zu diesem Zeitpunkt ein bereits bewegtes Leben hinter sich: Laut Angaben der Adoptiveltern war die Kindsmutter alkoholkrank und hatte mit dem Kind in einer Kommune gewohnt, bis der Junge ins Heim kam: Dies offenbar deswegen, weil die Mutter nicht mehr nach Hause zurückgekommen war. Manfred war das dritte von 5 Geschwistern bzw. Halbgeschwistern. Er selbst konnte sich noch erinnern, dass die Mutter sehr viel geraucht und auch Drogen konsumiert habe. Auch

konnte sich der Jugendliche noch an einen Aufenthalt im Frauenhaus zusammen mit seiner Mutter und den Geschwistern erinnern. Er war 4 Jahre vor dem Mauerfall in Ostdeutschaland aufgewachsen und auch dort zusammen mit den Halbgeschwistern in verschiedenen Heimen gewesen. Manfred hatte seinen leiblichen Vater nie kennen gelernt, nahm aber an, dass es sich um einen Ägypter handelte. Vom Tod seiner Mutter hatte er durch die Polizei erfahren, war bei der Beerdigung nicht dabei. Bereits als 5-Jähriger soll er gelogen haben, sei altklug gewesen und habe Schwierigkeiten gehabt Freunde zu bekommen. Nach der Grundschule kam er zunächst auf das Gymnasium, dann nach einem Jahr Rückstufung auf die Realschule, wobei er die 5. Klasse wiederholen musste und dann, da er mit 7 Jahren eingeschult worden war, 2 Jahre älter war als der Durchschnitt seiner Klasse. Mit 15½ Jahren lief er von zu Hause weg, hielt sich in Paris auf, wurde aufgegriffen nach einer Vermisstenanzeige der Eltern und zurück zu seinen Adoptiveltern gebracht. Vorher hatte er in seinem Tennisclub mit folgender Phantasiegeschichte aufgewartet: Er sei schon einmal mit seinem Vater zusammen in Amerika gewesen: Der Vater sei in den USA geblieben und er, Manfred, sei alleine zurückgekehrt. Als seine Adoptiveltern hiervon erfuhren und sie ihn deswegen zur Rede stellten, entwich der Junge nach Paris. Nach seiner Rückkehr wurde eine Wohngruppenaufnahme in die Wege geleitet, wo er sich mehr und mehr zum Phantast und zum Aufschneider entwickelte und zum Teil Größenphantasien nachhing. Er berichtete dem Sachverständigen gegenüber, bei den meisten Betreuern und Mitbewohnern habe es einen großen Eindruck gemacht, wenn er selbstbewusst herumgerannt sei, da die Leute ihn nicht annehmen würden, so wie er sei. Deswegen habe er aufgeschnitten. Im Alter von 10 Jahren hatten ihn Freunde in ein Rollenspiel mit aufgenommen, wo er sich in überhöhte Rollen hineinversetzte. Er legte sich einen so genannten Wahlvater zu, einen ehemaligen Bundeswehrsoldaten, der einen Bundeswehr-Shop hatte und es dem Jugendlichen ermöglichte, dass er sich dort auch entsprechende Bundeswehr-Kleidung zulegen konnte. Mit 18 Jahren wollte er dann in die Bundeswehr eintreten. Nachdem der Jugendliche in der Wohngruppe immer größere Probleme bekam, aber auch nicht mehr nach Hause durfte an den Wochenenden zu seinen Eltern, dies aber wollte, kündigte er in der Wohngruppe an: „Wetten, dass ich morgen berühmt bin." Er verließ nachmittags die Wohngruppe, suchte eine Bibliothek auf und entlieh ein Buch über Geiselnahme, studierte das „Stockholm-Syndrom" und nahm dann am nächsten Tag in seiner Schule am Unterricht teil in der ehemaligen Klasse, wobei es um das Thema PC im Unterricht ging, was er perfekt beherrschte. 10 Minuten vor Ende der Stunde ging er mit gezogener Waffe auf die Lehrerin zu und forderte den Schlüssel vom Klassenzimmer. Diese glaubte ihm zunächst nicht, bis sie erkennen musste, dass der Junge es erst meinte mit der Geiselnahme und ihm den Schlüssel gab. Nach und nach entließ er einige der Schüler, die Angst vor ihm signalisierten und auch die Lehrerin, behielt aber 8 Schüler, bildete einen runden Kreis und teilte ihnen mit, es sei seine erste Geiselnahme, sie müssten keine Angst haben und schilderte ihnen genau, was nun alles passieren werde, wie die Polizei reagieren würde. U. a., dass sie die Heizung abstellen würden, um dann, wenn sie sich dem Fenster näherten, sie mit Infrarot-Kameras erkennen würden und sicher auch schießen würden. Deswegen dürften sie sich nicht dem Fenster nähern. Mit einem

Handy eines Schülers meldete er sich beim Einsatzleiter und teilte diesem mit, er sei der Geiselnehmer, wolle ein Fahrzeug und eine Million Euro (er habe dies deswegen vorgebracht, um die Ernsthaftigkeit seiner Geiselnahme vorzugeben). Nach 8 Stunden gab er dann schließlich von sich aus auf, nachdem er mit seinem Wahlvater und der Therapeutin gesprochen hatte. Dem Sachverständigen gegenüber hatte der Jugendliche gemeint, er habe ein „großes Ding" drehen wollen. Ihm sei klar gewesen, dass eine Geiselnahme Aufsehen errege, um dieses sei es ihm auch gegangen. Dass es nun aber so große Wellen geschlagen habe, hätte er doch nicht gedacht. Er hatte in seinem Rucksack Proviant für mehrere Tage bereitgehalten, d. h. er sah die Möglichkeit, mehrere Tage die Geiselnahme durchzuführen. Er wusste, dass seine Tat um so größer und spektakulärer sein würde, je länger die Geiselnahme dauere. Während der Geiselnahme wollte er dann auch mit dem Wohngruppenleiter sprechen, um gleichsam den Vollzug der Geiselnahme mitzuteilen und darauf hinzuweisen, dass er nun, wie angekündigt, doch wohl auch berühmt sein werde! Der junge Mann stellte es im Gespräch mit dem Sachverständigen so dar, dass er als Geiselnehmer gleichzeitig auch zum Helfer der Geiseln wurde, d. h. er war gleichzeitig derjenige, der die Kinder bedrohte und der sie beruhigte, betreute und sich um sie kümmerte (u. a. Pizza bestellte, was auch erfolgte). Er wollte ihnen auch zeigen, wie man ins Internet kommt. Insgesamt verhielt er sich kooperativ im weiteren Verlauf der Geiselnahme. Seine Therapeutin war eine hoch idealisierte Wahlmutter-Person geworden und der Wahlvater, der ehemalige Bundeswehrsoldat, zum hoch idealisierten, gleichsam vergötterten Vater. Diese rief er ebenfalls im Rahmen der Geiselnahme auf den Plan. Für den Sachverständigen hatte es den Anschein, als ob der junge Mann auf den Wahlvater seine eigenen Allmachtsphantasien projizierte, dem ehemaligen Bundeswehrsoldaten zutraute, dass dieser ihn aus der verfahrenen Situation herausholen und die ganze Sache zu einem positiven Ende bringen werde.

Abschließend möchte ich darauf hinweisen, dass mit den immer größer werdenden Möglichkeiten, sich in virtuelle Welten im Internet aus der realen Welt heraus zu katapultieren und eine Scheinwelt aufzubauen, die Gefahr wächst, dass manche bindungsgestörte und sich abgelehnt fühlende Jugendliche Filme zur Vorlage nehmen, die sie dann gleichsam mit eigenem Skript nachspielen, wodurch sie auch in den kriminellen Bereich vorstoßen. Interessant wären Forschungen, die der Frage nachgehen, inwieweit tatsächlich Betrüger, Hochstapler und Kriminelle, die durch Vorlagen aus dem Internet, dem Fernsehen und sonstigen Medien zu ihren Handlungen inspiriert wurden, als Problem zunehmen?

Literatur

DePaolo, B. M. u. a. (1996): "Lying in everyday life." Journal of personality and social psychology 70: 979–995.

Fegert, J. M. (2001): Parental-Alienation- and Parental-Accusation-Syndrome? (Teil 2). Die Frage der Suggestibilität, Beeinflussung und Induktion in Umgangsrechtsgutachten. Kind.-Prax. 2: 39–42.

Felder, W. und Hausheer, H. (1993): Drittüberwachtes Besuchsrecht: Die Sicht der Kinderpsychiatrie zum BGE 119, Nr. 41. Zeitschrift des Bernischen Juristenvereins 129: 698–706.

Feldman, R. u. a. (2002): "Self-Presentation and verbal deception: Do self-presenters lie more?" Journal of basic and applied social psychology 24: 163–170.

Geier, M. (1999): Fake. Leben in künstlichen Welten. Mythos-Literatur-Wissenschaft, Reinbek bei Hamburg.

Honecker, M. (2004): „Warum die Pilatus-Frage so schwer zu beantworten ist. Täuschung macht blind." In: Rheinischer Merkur vom 30.09.2004.

Senger, H. v. (1999): Die List, Frankfurt am Main.

Sommer, V. (1992): Lob der Lüge. Täuschung und Selbstbetrug bei Tier und Mensch, München.

Tarr Krüger, I. (1997): Von der Unmöglichkeit, ohne Lüge zu leben. Zürich.

Michael Günter

Narzisstische Selbsttäuschung, Lüge und Gewalt im Gewand der Rechtschaffenheit

Wie Kinder zu viel von ihren Eltern lernen

„Man lügt, um seinen Genuss zu sichern, oder aber seine Ehre zu schützen." Dies schrieb Marcel Proust in „Auf der Suche nach der verlorenen Zeit." Es scheint mir, als ob dieser Satz die Dynamik von Lüge und Gewalt gegen Kinder treffend zusammenfasst. Die Lüge nach außen ist meist wesentlicher und unverzichtbarer Bestandteil des Gewaltsystems in der Familie, wenn Eltern ihre Kinder misshandeln, ihnen auf alle erdenkliche Weise Gewalt antun, ihre Bedürfnisse negieren und sie für ihre eigenen Zwecke missbrauchen. Sie sichert immer die vermeintliche Ehre, oft auch den Genuss. Hinzu kommt in der Regel die narzisstische Selbsttäuschung der Eltern, die im Gewande der Rechtschaffenheit daherkommt: man verwahrt sich über die Zumutung derartiger Verdächtigungen, empört sich gar mit lauten Worten und treuherzigem Blick darüber, wie jemand Kinder sexuell missbrauchen könne, und fordert härteste Strafen für derartige Verbrechen. Die Zahl derer, die ihre Kinder schwer misshandeln, ist groß. Davon kann jeder Kinder- und Jugendpsychiater, jeder, der beruflich enger mit Kindern zu tun hat, ein trauriges Lied singen. In der Bundesrepublik werden jährlich weit über 100 Kinder bis zum Alter von sechs Jahren von ihren Eltern getötet. Ein nicht unerheblicher Anteil der Kinder und Jugendlichen in stationären Jugendhilfeeinrichtungen, in psychiatrischen Kliniken und Gefängnissen ist Opfer von Misshandlungen ihrer Eltern.

Ich werde im Folgenden vier Kinder und Jugendliche aus meiner kinderpsychiatrischen Praxis kurz schildern, um mich an Hand dieser Fälle mit der Frage zu beschäftigen, welche Auswirkungen das Geflecht von Lüge und Gewalt, das charakteristisch ist für die Misshandlung von Kindern, auf die Entwicklung des betroffenen Kindes haben kann. Dabei möchte ich dem Thema dieses Buches entsprechend vor allem auf die Frage der Lüge, des schönen Scheins, der nach außen hin aufrecht erhalten wird, abheben. In der wissenschaftlichen Diskussion zum Thema Traumatisierung wird meines Erachtens diesem Aspekt der Lüge, der Täuschung und der Selbsttäuschung im Vergleich zum Gewaltaspekt zu wenig Gewicht beigemessen. Gewalt geht, vereinfacht gesprochen, einher mit Gefühlen von Hilflosigkeit, Ohnmacht, Ausgeliefert-Sein und resultiert in einer Überforderung der psychischen Verarbeitungskapazität des

Opfers mit den bekannten traumatischen Folgen. Was aber ist der Beitrag der Lüge, des Gespinstes aus Lügen, Halbwahrheiten, Verleugnung der Realität, Selbsttäuschung und Schweigegebot zur Traumatisierung des Opfers?

Zweierlei ist allerdings einzuräumen: zum einen sehe ich als klinisch tätiger Kinderpsychiater vor allem die Kinder, die im Zuge der Traumatisierung psychische Auffälligkeiten entwickelten, also – zum Teil schwer – geschädigt sind, nicht jedoch die, die trotz allem relativ gut davon gekommen sind. Zum anderen dürfte es nicht möglich sein, exakt zwischen den Folgen der Gewalt an sich und den Folgen der mit den Gewalthandlungen verknüpften Verdrehungen der Realität und dem vom Täter explizit oder implizit, meist mit Drohungen durchgesetzten Schweigegebot zu unterscheiden.

Sandra

Sandra war im Alter von 15 Jahren auf Veranlassung ihrer Mutter zur stationären Behandlung in eine kinder- und jugendpsychiatrische Klinik aufgenommen worden. Sie zerstöre zu Hause mutwillig Kleider und Wohnungseinrichtung, kote und uriniere in die Wohnung, bedrohe und misshandle den acht Jahre jüngeren Bruder und schlage die Mutter. Sie habe auch sexuelle Beziehungen zu einem Mann, man befürchte, dass sie sich prostituiere. Zur familiären Vorgeschichte war bekannt, dass das Mädchen auf Grund von Umzügen insgesamt 13 verschiedene Schulen besucht hatte, sie war zuvor mehrfach in verschiedenen Heimen gewesen.

In der Klinik verweigerte sie sich fast durchgängig jeder Behandlung, episodisch kam es zu Zerstörungen und tätlichen Angriffen auf Mitpatienten und Personal. Sie hatte mehrfach „impulshaft" Feuer gelegt, bis sie schließlich, nach einem von ihr gelegten verheerenden Brand auf der betreffenden Station, in eine forensische Psychiatrie verlegt wurde. Auch dort fiel sie durch mangelnde Kooperation, provokantes, zum Teil zerstörerisches Verhalten, ausgeprägte paranoide Ängste und massive Zwänge auf. Einmal stach sie auf einen Mitpatienten ein und sie legte auch in dieser forensischen Klinik Feuer. Sie stieß massive Drohungen gegen ihr noch ungeborenes Kind – die Schwangerschaft war bereits vor Aufnahme in die Klinik eingetreten – aus. Daher übernahm die Mutter der Patientin nach der Geburt das Sorgerecht für das Kind, verschwand aber binnen Kurzem mit dem Kind ins Ausland.

Im weiteren Verlauf stellte sich heraus, dass diese Patientin, die eine schwere Borderline-Symptomatik aufwies, dies alles im Wesentlichen unter dem Einfluss der Mutter vorgespielt hatte. Die Mutter hatte ihr in den schrecklichsten Farben ausgemalt, dass sie, wenn sie sich ihren detaillierten Anweisungen diesbezüglich widersetze, von den Behörden in ein Erziehungsheim gebracht und ihr Kind niemals wiedersehen werde. Sie berichtete außerdem, dass sie von klein an, vor allem von der Mutter, in deren Vertretung auch vom Stiefvater, massiv misshandelt worden war. Sie war mit Gürtel und Peitsche geschlagen und an einen Stuhl gefesselt stundenlangen Verhören unterzogen worden, bis sie schließlich alles zugegeben habe, was die Mutter von ihr verlangte. Die Mutter habe sie gezwungen, mit dem Mann, von dem ihr Kind stammte, Verkehr zu haben. Auch die Angaben über Zerstörungen seitens der Patientin seien von der Mutter erlogen worden.

Im Zuge dessen, dass die Patientin realisierte, dass die Mutter ihr ihr eigenes Kind entzogen hatte, setzte eine Distanzierung von der Identifikation mit dem Lügengebäude der Mutter ein. Die vorher jahrelang bestehende ausgeprägte Symptomatik klang vollkommen ab und die Patientin konnte nicht nur aus der forensischen Psychiatrie entlassen werden, sondern ihr gelang nach und nach eine ausgezeichnete soziale Integration. Sie hatte zuvor in einer dramatischen Aktion ihr Kind von der im Ausland lebenden Mutter zurück geholt und lebte mit dem Kind zunächst in einem Mutter-Kind-Heim, später alleine in geordneten Verhältnissen. Die unglaublichen Vorwürfe der Patientin an die Mutter erwiesen sich als im Wesentlichen zutreffend. Die Mutter wurde deswegen zu einer mehrjährigen Haftstrafe verurteilt. Ich hatte im Rahmen des Prozesses gegen die Mutter Gelegenheit, die Patientin intensiv hinsichtlich ihrer psychischen Situation und der Glaubhaftigkeit ihrer Angaben zu untersuchen.

Jennifer

Die ebenfalls 15-jährige Jennifer wurde in unsere Klinik aufgenommen, nachdem sie versucht hatte, ihren schlafenden Bruder durch mehrere Schüsse zu töten. Das Motiv dafür war, dass Jennifer eigenen Angaben zu Folge, die zwar im Detail so nicht ganz stimmen konnten, im Kern aber als absolut zutreffend anzusehen waren, zwischen dem Alter von vier bis fünf und dem Alter von 11 bis 12 Jahren durch diesen Bruder vielfach sexuell missbraucht und vergewaltigt worden war. Sie hatte sich diesbezüglich bereits im Alter von vier oder fünf Jahren an die Eltern gewandt, bei denen jedoch keine Resonanz gefunden. An dem Tag, der der Tatnacht voranging, war sie in derbster Weise von ihren beiden, bereits erwachsenen älteren Brüdern sexuell beleidigt worden. Sie hatte daraufhin den betreffenden Bruder als „Kinderficker" bezeichnet, war aber erneut bei den Eltern auf Unverständnis und Ablehnung gestoßen.

Jennifer wurde sowohl von uns, als auch von dem Mädchenheim, in das sie nach einem mehrwöchigen Aufenthalt bei uns verlegt werden konnte, als äußerst irritierbar und empfindlich auf der einen Seite, impulsiv und in Konfliktsituationen heftig oppositionell agierend, aggressiv und unverschämt andererseits erlebt. Die ausgeprägt oppositionellen Verhaltensweisen und ihre Impulsivität führten dazu, dass sie aus dem ersten Heim hinausgeworfen wurde und mehrfach aus den jeweiligen Heimen, in die sie aufgenommen worden war, wieder zu uns zurück verlegt werden musste.

Neben der schweren sexuellen Misshandlung durch den Bruder bestand trotz äusserlich scheinbar noch relativ guter sozialer Integration der Familie seit vielen Jahren eine Deprivations- und Verwahrlosungssituation. Der Vater ging nach den Schilderungen Jennifers zwar regelmäßig zur Arbeit – er habe meist Nachtschicht - trinke aber, sobald er nach Hause komme, sehr viel Alkohol. Er schaue fern und gehe schließlich ins Bett, um wieder zur Arbeit zu gehen. Am Wochenende sei er regelmäßig betrunken, werde aggressiv und schlage die Kinder. Andererseits sei er, wenn er nüchtern sei, recht verträglich. Es wurde deutlich, dass das Mädchen ihren Vater trotz allem auch sehr liebte. Die Mutter beschäftigte sich tagsüber im Wesentlichen mit Werbesendungen. Der Haushalt war vollkommen vermüllt. Die Kinder erfuhren weder regelmäßige Aufsicht, noch gab es zuverlässige Mahlzeiten und verlässliche Zeitstrukturen. Die Familie war im Übrigen ebenfalls, wie die von Sandra, vielfach umgezogen, was neben ihrem auch in der Schule auffälligen Verhalten einer der Gründe dafür war, dass Jennifer kaum soziale Kontakte hatte aufbauen können.

Eindrucksvoll war das Verhalten der Eltern, das in frappierender Weise die Beschuldigungen Jennifers bestätigte, sie sei immer der Sündenbock der Familie gewesen. Nach außen hin, so Jennifer, habe man heile Familie gespielt, innen sei es drunter und drüber gegangen und sie sei für alle Probleme verantwortlich gemacht und sanktioniert worden. Tatsächlich stellten die Eltern in verlogener Weise mir gegenüber ein absolut harmonisches Familienleben dar, an dem die Mutter auch auf Vorhalt verschiedener Probleme festhielt, während der Vater zumindest punktuell einräumen konnte, beispielsweise, dass er Alkoholiker, dass seine Frau kaufsüchtig und das Haus vollkommen vermüllt sei. Die Mutter erging sich darin, immer wieder zu schildern, wie sehr sie ihre Tochter liebe, um im selben Satz maßlos über das Mädchen herzuziehen. Wenn der Untersucher der Mutter vorhielt, dass sie ohne Ende Beschuldigungen gegen ihre Tochter vorbringe und diese in den schrecklichsten Farben schildere, reagierte sie dahingehend, dass sie dies vollkommen bestritt und behauptete, Jennifer sei ihr Lieblingskind, um sogleich wieder in heftige Vorwürfe zu verfallen, wie aggressiv, renitent, anspruchlich, unordentlich und unsauber ihre Tochter sei. Selbst in der Gerichtsverhandlung gegen Jennifer, in der die Mutter die Aussage verweigerte, wurde deren Part von der älteren Schwester übernommen: sie beschimpfte und beschuldigte ihre 15-jährige, des Mordversuchs angeklagte Schwester vor Gericht in einer Weise, wie ich dies zuvor noch nie bei einer Gerichtsverhandlung seitens einer Familie gegenüber ihrem angeklagten Familienmitglied erlebt hatte.

Alexander und Albert

Der neunjährige Alexander und der siebenjährige Albert waren gemeinsam mit dem jüngeren Bruder Alberts in einer Pflegefamilie untergebracht gewesen. Die vom Jugendamt in Verkennung der Realität über lange Strecken als eine ihrer besten Pflegefamilien angesehene Familie hatte die Kinder schwer misshandelt und ihnen derart wenig zu essen gegeben, dass der jüngere Bruder Alberts an Unterernährung verstarb. Albert und Alexander wurden in schwer retardiertem und ebenfalls unterernährtem Zustand aus der Familie gerettet und in einem Kinderheim untergebracht. Im Zuge des Verfahrens gegen die beiden Pflegeeltern, die am Ende wegen Mordes zu lebenslanger Haft verurteilt wurden, untersuchte ich die beiden Kinder. Beide wiesen ein schweres Deprivations- und Misshandlungssyndrom mit schwerem psychosozialem Minderwuchs auf. Sie erholten sich in der stabilen Betreuungssituation des Kinderheimes gut und zeigten zunächst bei extrem hoher Anpassungsbereitschaft eine relativ unauffällige Entwicklung. Bei dem jüngeren der beiden, Albert, hielt diese gute Entwicklung, wie ich über Jahre verfolgen konnte, an und stabilisierte sich. Beim älteren, Alexander, kam es im Zuge der Pubertät zu extrem schwierigen Auffälligkeiten mit Instabilität in der Beziehungsgestaltung, heftiger Impulsivität, Lügen und Stehlen und ausgeprägtem Schulversagen. Er konnte sich auf verlässliche Beziehungen nicht mehr wirklich einlassen und scheiterte daher.

Bei meiner Untersuchung im Zuge des Gerichtsverfahrens gegen die Pflegeeltern wollten beide Kinder über das Erlebte eigentlich nicht reden, waren recht einsilbig und zurückhaltend. Sie suchten aus ihrem Erleben zu verbannen, was sie doch nicht vergessen konnten. Eindrücklich war für mich die Fixierung beider auf Themen, die mit Essen und oraler Gier, wie auch mit dem Unterschied, den Eltern zwischen guten und bösen Kindern machen, zusammenhingen. Beide kamen spontan mir gegenüber gleich zu Beginn der Untersuchung auf entsprechende Märchen zu sprechen, ohne dass ihnen dieser Zusammenhang bewusst gewesen wäre. Alexander erzählte mir ausführlich von Hänsel und Gretel, den Brotkrumen, die die Vögel weg gepickt hätten und der bösen Hexe mit ihrem Lebkuchenhaus, die den Hänsel braten wollte. Albert berichtete ebenso spontan auf die Frage, was er so in der Schule mache, von Frau Holle, Goldmarie und Pechmarie.

Zur Illustration dieser Fixierung möchte ich einen Auszug aus meinen Notizen zum Szenotest mit Albert vortragen:

> Er stellte zunächst drei Kinder auf. Er wisse nicht, wer das sei. Zwei Kinder waren ganz nah beieinander, ein Drittes etwas daneben. Er fing dann an, Bäume aufzustellen. Als nächstes nahm er einen Storch in die Hand und hielt ihn über lange Zeit in seiner Hand. Schließlich kam eines der drei Kinder in den Liegestuhl. Er bemühte sich im Weiteren sehr, einen Affen auf einem Baum festzumachen.

Kommentar: Man sieht also, wie intensiv er sich gleich zu Anfang mit der Situation der drei Pflegegeschwister in der Familie beschäftigt.
Er ging dazu über, einen Tisch aufzubauen und beschäftigte sich sehr lange mit dem Tisch. Dieser wurde sehr wackelig von ihm aufgebaut, so dass das Ganze nicht so richtig klappte. Immer wieder fiel der Tisch um oder die Tischplatte fiel herunter. Er bezeichnete den Tisch als Esstisch. Schließlich, nach langer Zeit, klappte es, dass die Platte auf dem Tisch blieb. Er wandte sich zunächst anderen Dingen zu, jedoch fiel wiederum die Platte vom Tisch herunter.
Kommentar: In fast perseverativ anmutender Weise wurde schon hier unbewusst die Unmöglichkeit des Essens von dem Kind thematisiert.
Als nächstes ging er über zu einem Spiel mit Fuchs und Gans. Der Fuchs fresse gerne Hühner. Er wiederholte dies mehrfach, fragte mich, ob es denn keine Hühner habe. Schließlich fand er Hühner. Der Fuchs versteckte sich hinter dem Baum. Der Storch klopfe an den Baum, das würden Störche oft machen.
Kommentar: Erneut geht es um das Essen und das Gefressen werden. Den Storch verstand ich als unbewusst in Zusammenhang mit seinem kleinen Bruder, der gestorben war, stehend.
Er brachte danach einen riesigen Löffel zu den beiden kleineren Kindern, die nah beieinander standen. Er äußerte sich dahingehend, dass der doch gar nicht essen könne mit dem großen Löffel. Er bemerkte danach, dass der Tisch wieder kaputt gegangen sei. Er beschäftigte sich sodann ausführlich damit, Gläser auf den Tisch zu stellen. Er stellte drei Gläser auf den Tisch, kümmerte sich darum, dass es keinen dritten Stuhl habe. Erneut fiel immer wieder die Tischplatte herunter und mit ihr die Gläser. Er schien wie in einer Schleife gefangen. Währenddessen fing er zu singen an und sang das Lied: „Tsch, tsch, tsch die Eisenbahn, alleine fahren mag ich nicht..." Er versuchte immer wieder, den Tisch hinzustellen. Er war dabei unermüdlich und wirkte außerordentlich angestrengt. Insgesamt wirkte die Szene sehr traurig.
Kommentar: Es ging also weiter um das Essen und die Unmöglichkeit zu Essen zu kommen. Zugleich sprach er in dem Lied das Fehlen seines kleinen Bruders an. Auch dies war ihm mit Sicherheit nicht bewusst.
Er spielte sodann mit Pilzen, die im Wald wachsen und die man zum Essen sammeln könne. Schließlich ging es um eine Banane für den Affen. Das kleinste Kind fiel im Zuge dessen um. Albert: „Als ob der in Ohnmacht gefallen ist." Unmittelbar danach sagte er, „Da hat es ja noch ein Trinkbecherchen", welches er soeben entdeckte.
Er wandte sich sodann erneut dem Apfelbaum zu und versuchte in einer wahren Sisyphusarbeit, Bananen auf den Apfelbaum hinzulegen. Tatsächlich ist der Apfelbaum in Szenotest aus Sperrholz ausgesägt und er versuchte, auf der Oberkante dieses Baumes die ebenfalls aus Sperrholz ausgesägten Bananen zu platzieren. Dabei fielen sie natürlich immer wieder herunter. Auch der Tisch fiel erneut um und das wiederholte sich in meinem Erleben unendlich viele Male. Er redete dabei darüber, dass die Äpfel heruntergefallen seien, da habe es auch noch Birnbäume. Er sprach auch darüber, wo denn die zweite Banane sei, ob die der Fuchs gegessen habe und versuchte immer wieder, diese zweite Banane ganz vorsichtig auf dem

Baum zu platzieren. Schließlich stellte er den Tisch wieder auf, die Kinder gingen Pilze suchen. Er wollte nun die dritte Banane auf dem Baum platzieren und alle fielen wieder herunter. Auch dies wiederholte sich quälend oft. Die ganze Szene war für mich so unerträglich, dass ich ihm schließlich dabei behilflich war, die Bananen wirklich auf dem Baum zu platzieren.
Kommentar: Es kam mir so vor, als ob es zu einer weiteren Verdichtung kam. In diesem letzten Abschnitt ging es erneut um den Bruder, der gestorben ist, um die Kinder, die Essen im Wald sammeln müssen und um die unendliche Quälerei, die mit der Verweigerung des Essens verbunden war. Er kam zu keinem in irgendeiner Weise befriedigenden Ergebnis, sondern zeigte unbewusst auf, dass es nie zu einer für ihn befriedigenden Situation kommen konnte. Er stellte sehr authentisch sein tiefes Leid dar.

Sarah

Sarah hatte ich bereits unter einem etwas anderen Blickwinkel und etwas ausführlicher in anderem Zusammenhang vorgestellt (Günter 2008). Ich möchte ihre Geschichte hier unter einem etwas anderen Blickwinkel aufgreifen: sie zeigt eindrücklich, wie gewalttraumatisierte Kinder sich einerseits mit dem sie traumatisierenden Objekt und dessen Attributen identifizieren und andererseits in tragischer Verknüpfung damit auf die für die Situation konstitutionelle Lüge hinweisen und diese unbewusst öffentlich zu machen versuchen.

Die achtdreivierteljährige Sarah wurde mit einer schweren Konversionssymptomatik vorgestellt. Sie zeigte Ohnmachtsanfälle, psychogene Gangstörungen, Konfabulationen, kokettierendes, unecht wirkendes Verhalten mit unselektiver Kontaktsuche wie auch aggressive Auffälligkeiten in raschem Wechsel. Sie verhielt sich außerdem stark sexualisiert, zog einfach ihre Kleider aus und stellte die Genitalien zur Schau, stimulierte sich auch selbst im Genitalbereich in Gegenwart anderer. Sie verschmierte ihre Ausscheidungen im Zimmer und beschäftigte sich mit ihnen. Sie berichtete außerdem in teilweise konfabulatorisch wirkender Weise von sexualisierten Gewalterlebnissen.

Die Klinik, in der Sarah zuvor in Behandlung war, vermutete einen sexuellen Missbrauch durch den Stiefvater. Es war aber vor allem aufgefallen, dass der Großvater und die Mutter in ihrem Auftreten wie ein Liebespaar wirkten und zwischen ihnen eine ausgeprägt erotisierte Nähe herrschte. Der Vater des Kindes wurde dagegen von beiden sehr schlecht gemacht. Nach außen hin tat man so, als ob ansonsten alles in bester Ordnung sei.

Auch im Gespräch mit mir bei der Untersuchung wirkte Sarah extrem sexualisiert und suchte eine heftig erotisierte Beziehung zu mir in Szene zu setzen.

So viel zu den vier Fallgeschichten. Ich werde im Folgenden aus diesen Fallgeschichten einige Schlussfolgerungen hinsichtlich der Bedeutung der Lügen zur Verdeckung der Gewalt für die Entwicklung von Kindern und Jugendlichen ableiten.

Die Folgen der Gewalttraumatisierung von Kindern sind bekannt und in der Literatur breit dargestellt. Es kommt zu einem Ohnmachtserleben, das durch eine Introjektion des aggressiven Objektes bekämpft wird. Dies wurde von Ferenzi bereits 1932 in seiner Arbeit „Sprachförderung zwischen dem Erwachsenen und dem Kind" (Ferenczi 1932) ausgeführt und von Anna Freud 1936 als „Identifikation mit dem Aggressor" bezeichnet. Diese Identifikation mit dem Aggressor hat zum einen eine Fixierung des Kindes an aggressive Dispositionen, die im Sinne eines Sequesters in der Regel von der weiteren Entwicklung ausgeschlossen bleiben und daher nicht integriert werden können, andererseits aber auch die bekannte Fixierung Traumatisierter an das Schuldgefühl, das eigentlich der Täter haben müsste, das von diesem aber in der Regel abgewehrt wird, zur Folge. Diese aggressive Fixierung führt in schwereren Fällen zur Ausbildung eine negativen Identität, wie sie Erikson (1956/57) beschrieb. Dabei greift der Jugendliche zur Abwehr seiner Identitätsdiffusion auf negative Attribute, die ihm zugeschrieben werden, zurück und zieht aus der Identifikation mit diesen negativen Zuschreibungen ein Gefühl der inneren Kohärenz und Abgrenzung gegenüber der Außenwelt. Schließlich kommt es zu dissoziativen und Spaltungsprozessen, die dazu dienen, die Konfrontation mit dem Unerträglichen abzuwehren und damit verknüpfte depressive und paranoide Ängste in Schach zu halten. Dem dient häufig auch eine Überanpassung, die aber gepaart ist mit einem fundamentalen Misstrauen in die Verlässlichkeit von Beziehungen.

Was aber kommt nun spezifisch durch die Lüge der Eltern, ihre Selbsttäuschung, ihre narzisstische Selbstüberhöhung und die Verdrehung der Realität hinzu?

Zunächst einmal sahen wir bei Sandra, dass die Lügen der Mutter vom Kind nicht nur übernommen wurden, sondern dass sie geradezu durch die Tochter in Szene gesetzt und - man könnte sagen - zur Realität gemacht wurden. Sie identifizierte sich mit den Lügen und Realitätsverdrehungen der Mutter und verzichtete damit unbewusst auf ihre Fähigkeit zur Prüfung der Realität aus Angst, die Objektbeziehung zum mütterlichen Objekt zu verlieren. Sie stand vor einer Wahl zwischen Scylla und Charybdis, entweder von der Mutter vollkommen verschlungen zu werden, sich deren verdrehte Sicht der Welt zu eigen zu machen oder von ihr weggerissen zu sein und sich hilflos, einsam und allein zu fühlen. Der Verzicht auf die Fähigkeit zur Realitätsprüfung aber schwächte ihre Ich-Funktionen, wodurch die innere Abhängigkeit von der Mutter nur umso größer wurde. Dies führte sie in einen Circulus vitiosus und zu einer schweren Regression auf ein primitives Funktionsniveau im Sinne einer Borderline-Persönlichkeitsstörung. Sie selbst beschrieb, nachdem sie aus diesem Teufelskreis wieder herausgekommen war, sehr hellsichtig die psychische Situation einer vorübergehenden Aufspaltung in verschiedene Persönlichkeiten: eine normale, realitätsprüfende, kritisch distanzierte und eine verrückte, die Anweisungen der Mutter ohne Überlegung Befolgende. In vielen Fällen wird die Fähigkeit zur Realitätsprüfung durch diese Entwicklung dauerhaft beeinträchtigt. Es kommt zu einer Vermischung von Fantasie und Realität, wie sie beispielsweise charakteristisch ist für schwer traumatisierte, sexuell missbrauchte Kinder. Ihre Berichte über die Missbrauchserlebnisse sind häufig durch eine zumindest zu Beginn unentwirrbare Mischung aus realistischen Schilderungen und Konfabulationen gekennzeichnet, wie dies beispielsweise auch bei Jennifer der Fall war.

Zum zweiten führt die Identifikation des Kindes mit der lügnerischen Struktur zu einer tiefen Verankerung von Täuschungsmanövern in der Psyche des Kindes. Es lernt, mit der Realität zu jonglieren, das einzusetzen, was gerade günstig erscheint. Dieses Lernen ist aus der Not geboren und dient dem psychischen Überleben in einer bedrohlich irrationalen Welt, in der Verlässlichkeiten nicht existieren. Diese Fähigkeit verselbständigt sich aber häufig, wie wir dies erneut besonders deutlich bei Jennifer mit ihren ständigen Lügen und ihren Konfabulationen, aber auch bei Sarah mit ihrem unecht sexualisiert verführerischen Verhalten sehen konnten. Die Identifikation mit der Lüge zeigt sich in gewisser Weise auch in der hohen Anpassungsbereitschaft und Anpassungsleistung dieser Kinder, wie sie beispielsweise bei Alexander und Albert über Jahre hinweg überlebensnotwendig, schließlich zur zweiten Natur geworden war. Sie resultiert nicht selten in einer Persönlichkeits- und Abwehrstruktur, die Winnicott als „falsches Selbst" bezeichnete.

Alle diese Kinder teilten auch die von ihren Eltern produzierte narzisstische Illusion einer heilen Familie. Ich habe selten ein traumatisiertes Kind gesehen, das nicht in auffälliger Weise in diese Wunschfantasie eingebunden war. Bei Sandra äußerte sich dies in einem jahrelangen Glauben daran, dass die Mutter sie doch vor dem Allerschlimmsten bewahren werde, und in der Hoffnung auf ihr eigenes Kind. Erst als diese zerbrach und sie realisierte, dass die Mutter ihr das Kind entzogen hatte, gelang es ihr, sich aus dieser von der Mutter geschürten Illusion zu befreien. Einige der wenigen verbliebenen Auffälligkeiten, als ich sie schließlich untersuchen konnte, war, dass sie in völlig überhöhter idealisierender Weise von der Beziehung zu ihrer kleinen Tochter schwärmte. Jennifer kippte immer wieder zwischen einer Idealisierung und zärtlichen Bindung an den Vater und dem Versuch, die Familie zu schützen und die gemeinsame Familienideologie nach außen hin aufrecht zu erhalten, und heftigen Haßattacken gegen die Familie. So berichtete sie bis zum Zeitpunkt ihrer Tat niemals nach außen von den schrecklichen Zuständen in der Familie, wobei sie sich gleichzeitig auch sehr dafür schämte. Auch Alexander und Albert berichteten niemals über die Torturen und die schweren Misshandlungen, denen sie in der Pflegefamilie ausgesetzt waren. Der Wunsch, dem Albtraum der Misshandlung zu entrinnen und sich in ein „Zwischenreich der Fantasie" (Freud 1936) zu retten, ist nur die eine Seite dieser Identifikation mit dem verlogenen Familienideal. Die andere ist der Wunsch, so wie die anderen auch, zur Familie zu gehören und als wertvolles Mitglied der Familie angesehen zu werden, der über die Identifikation mit diesem narzisstischen Ideal erstrebt wird.

Ähnlich komplex scheint mir die Zerstörung des Vertrauens in Beziehungen determiniert. Ich habe weiter oben darauf hingewiesen, dass die Gewalterfahrung dieses Vertrauen zerstört. Es ist aber auch hier genauso sehr die Erfahrung eines schwankenden Bodens, fehlender Verlässlichkeit, die über die Lüge implementiert wird, die das Vertrauen so stark unterminiert, dass Beziehungen fürderhin als gefährlich und Anlehnungswünsche als bedrohlich erscheinen.

Wenn wir mit Luhmann Vertrauen als einen „Mechanismus zur Reduktion sozialer Komplexität" für unverzichtbar halten, um uns in der Welt zurecht zu finden (Luhmann 2000), dann ist zu befürchten, dass die Zerstörung der Fähigkeit zu vertrauen, die durch die Lüge in der kindlichen Psyche erzeugt wird, ebenso schwer wiegt wie die Implementierung aggressiv destruktiver Identifikationen, die die Folge der Gewalterfahrung ist.

Literatur

Erikson, Erik H. (1956/57): Das Problem der Identität. Psyche 10, 114–176.
Ferenczi, Sandor (1932): Sprachverwirrung zwischen dem Erwachsenen und dem Kind. Die Sprache der Zärtlichkeit und der Leidenschaft. In: ders., Bausteine zur Psychoanalyse, Bd. 3. Bern: Huber, 3. Auflage 1984, 510–525.
Freud, Anna (1936): Das Ich und die Abwehrmechanismen. München: Kindler, 12. Auflage 1980.
Günter, M. (2008). Was ist, wenn der Großvater auch der Vater ist? Einige Überlegungen zu Inzest und Inzesttabu. In: Klosinski, G. (Hrsg.). Großeltern heute – Hilfe oder Hemmnis? Tübingen: Attempto, 171–185.
Luhmann, N. (2000): Vertrauen. Ein Mechanismus der Reduktion sozialer Komplexität. Stuttgart.

Gottfried Maria Barth

Tarnen, Täuschen und Lügen im stationären Setting der Kinder- und Jugendpsychiatrie

Tarnen, Täuschen, Lügen. Dieses Thema bei einem großen Abschiedskongress. Da könnte man erwarten, jetzt wird sich geoutet, die ganze therapeutische Arbeit ist nur Fake, endlich wird es ehrlich aufgedeckt.

Solche Erwartungen werden sicherlich enttäuscht – obwohl: es gilt doch auf viele Aspekte in der therapeutischen Arbeit zu verweisen, die mit Tarnen-Täuschen-Lügen in Zusammenhang stehen. Und diese Phänomene treten, wie wir sehen werden, sowohl auf Patienten- als auch auf Therapeutenseite auf. Ja, sie sind vielleicht in den Grundprinzipien unseres heutigen therapeutischen Arbeitens, unseres Gesundheitssystems und unseres akademischen Betriebs bereits verankert. All dieses differenziert zu erfassen bräuchte einen größeren Rahmen, da es sich jedoch unmittelbar auf die kinder- und jugendpsychiatrische Arbeit auf Station niederschlägt, kann es aber nicht vollständig ausgeklammert werden.

Ich lade Sie deshalb ein, folgenden Gedanken zu folgen:
Pathologische Formen des Täuschens und Lügens bei psychiatrischen Störungen
Tarnen, Täuschen und Lügen im kinder- und jugendpsychiatrischen Alltag
Dies benötigt bestimmte Vorüberlegungen:
Tarnen, Täuschen, Lügen – wovon reden wir?
Biologisch-evolutionstheoretische Sicht und gesellschaftliche Relevanz
Und es folgt daraus:
Umgehen mit der Lüge
Lüge als Element therapeutischer Arbeit
Für eine Haltung der toleranten Authentizität
Also machen wir uns auf den Weg!

Tarnen, Täuschen, Lügen – wovon reden wir?

Es sind sowohl bewusste, aber auch unbewusste, intentionale, aber auch nicht gerichtete Äußerungen oder Handlungen, die in mannigfaltiger Ausformung auftreten.

Auf den ersten Blick erscheint man die Lüge am einfachsten zu bestimmen können als bewusste intentionale Sprachhandlung. Das mag sprachwissenschaftlich korrekt sein, ist aber psychologisch spätestens seit Freud- und wenn man sich darauf nicht berufen mag, neurobiologisch seit Damasio[1] nicht mehr haltbar. Manche Lüge mag durchaus nur in sehr flüchtigem Wissen um den Lügencharakter geschehen, aber auch ein zu nachlässiges Überprüfen auf Wahrheit kann meines Erachtens als Lüge bezeichnet werden. Nehmen wir schließlich den Begriff der Lebenslüge, der in der Regel auf Ibsen[2] zurückgeführt wird und eine Nähe zu psychoanalytischen Konzepten wie dem Falschen Selbst Winnicotts[3] hat, muß man von einer oft schwer bestimmbaren Melange aus bewussten und unbewussten Anteilen als Movens des Lügens ausgehen. Man wird aber trotzdem ohne zu große Bedenken den Begriff der Lüge verwenden. Die Intentionalität wird man bei der Lüge ebenfalls vorfinden, sie muß jedoch nicht immer nach außen gerichtet sein, sondern kann auch gegen sich selbst wie in der Lebenslüge gerichtet sein.

Gleiches kann man bei der Täuschung vorfinden, eine sowohl bewusste als auch unbewusste, nach außen gerichtete oder als Selbsttäuschung auftretende Handlung. Doch Täuschung kann auch als nicht intentionaler Akt einfach geschehen, was aus einer Lüge nur eine falsche Aussage machen würde. Viele Täuschungen über uns selbst, denen wir unterliegen, haben wir nie gezielt ausgeführt. Viele Täuschungen in der Kommunikation geschehen ohne bewusste oder unbewusste Intention, teilweise sind sie einfach der Wahrnehmungsphysiologie geschuldet.

Tarnung kann als eher passive und besondere Form der Täuschung angesehen werden im Sinne des Selbstschutzes, kann sowohl bewusst oder unbewusst geschehen, jedoch oft ohne direkten Adressaten. Tarnung intendiert ein Übersehen werden durch eine möglichst vollständige Angleichung an die Umwelt. So gesehen vielleicht das alltäglichste und häufigste der drei Phänomene.

Wir müssen jedoch bereits zugestehen, dass Tarnen, Täuschen und Lügen nicht immer klar abzugrenzen sind und auch nicht eindeutig bewussten oder unbewussten Prozessen zuzuordnen sind. Das hat für unser Thema die Konsequenz, dass wir eine große Vielfalt an Phänomenen mit sehr unterschiedlicher Bedeutung zu betrachten haben. Ganz zu schweigen von der dadurch beeinflussten Frage nach dem adäquaten Umgang mit Tarnen, Täuschen und Lügen, also dessen vernünftigem Gebrauch und der geeigneten Reaktion darauf.

Aber auch aus philosophischer Sicht machen zwei Grundtatsachen den Gebrauch der Begriffe Tarnen – Täuschen – Lügen schwer. Es sind erkenntnistheoretische und ontologische Fragen, die heute häufig auch im Zusammenhang mit den Neurowissenschaften diskutiert werden.

1. gibt es überhaupt eine *nicht* täuschende Wahrnehmung?
2. gibt es überhaupt den freien Willen, der ein absichtsvolles Täuschen oder Lügen ermöglicht?

Es gibt viele Gründe, die dafür sprechen, beide Fragen zu verneinen. Täuschung ist also nicht nur eine Handlung, sondern begleitet grundsätzlich immer unsere Wahrnehmung. Wir haben nur unsere Wahrnehmung, die wir aus bestimmten physikalischen Signalen konstruieren, aber wir können nicht sicher wissen, ob das draußen alles so ist. Die psychiatrischen Wahrnehmungsstörungen sind dabei nur die Spitze des Eisbergs, dieser selbst ist in unserem Alltag allgegenwärtig. Noch radikaler trifft dies auf psychologisches Wissen zu, wir können nie ein Wissen über die innerpsychischen Vorgänge des anderen behaupten, tun wir dies, haben wir uns bereits grundsätzlich in den Bereich der Lüge und Täuschung vorgewagt.

> Wie viel weiß man wirklich über das, was im Bewusstsein eines anderen vorgeht? Man beobachtet offenbar nur den Körper eines anderen Wesens, auch eines anderen Menschen. Man betrachtet, was er tut, hört, was er sagt und welche anderen Geräusche er von sich gibt, und sieht zu, wie er auf seine Umgebung reagiert – welche Dinge ihn anziehen und welche ihn abstoßen, was er isst, und wo weiter. Man kann ein anderes Wesen darüber hinaus sezieren, sich das Innere seines Körpers ansehen, und etwa seine Anatomie mit der eigenen vergleichen.
>
> Nichts von alledem macht uns jedoch seine Erlebnisse, Gedanken und Gefühle direkt zugänglich. Die einzigen Erlebnisse, die wir wirklich haben können, sind unsere eigenen; wenn wir Meinungen über das psychische Leben anderer haben, so stützen wir uns auf die Beobachtung ihrer physischen Verfassung und ihres Verhaltens[4].

Es führt auch nicht aus diesem Dilemma, wenn man sich die Bildgebung des Gehirns ansieht oder die eigene Gegenübertragung (in der Psychoanalyse) analysiert.

Die Frage des freien Willens halte ich für wesentlich komplexer, seine Infragestellung – aus monistisch-naturwissenschaftlicher Sicht heute fast Allgemeingut, hätte unübersehbare Konsequenzen, für unsere therapeutische Arbeit ebenso wie für die Rechtssprechung.

Ich halte zwei Modelle dagegen. Eine sinnvolle Alternative sehe ich in Bergsons Vorstellung der Verschmelzung aller bisheriger Erfahrungen im jetzigen Augenblick, die zu einer höchst individuellen Vorstellung und Handlung führt, die als freier Wille bezeichnet werden kann.[5] Dieses Modell ist gar nicht abhängig von einer genauen Vorstellung, wie aus Physik Bewusstsein wird. Ich kann einen freien Willen, der Täuschung und Lüge schafft, unterstellen ohne Einblick in die jeweiligen Bewusstseinsvorgänge.

Ebenso wenig widerlegt, wenn auch heute in Verruf geraten, sind dualistische Modelle, die leicht den freien Willen, aber weniger leicht erklären können, wie dieser dann in unsere physikalische Umwelt hineinkommt.[6] Auf der anderen Seite kann der naturwissenschaftliche Monismus nicht erklären, wie aus Physik Bewusstsein wird. Mir scheint aus dieser Richtung die einzige

Möglichkeit zu kommen, Lüge und Täuschung auch bewerten zu können, was wir insgeheim immer schon tun, ohne uns Rechenschaft über die Begründung zu geben.

In der Bewertung des Lügens sind wir jedoch flexibel, so reden wir vom Schwindeln und bewegen uns schon in einem akzeptierten Umfang des Lügens. Oder wir haben Begriffe wie die Notlüge, angelehnt an die Notwehr auch eine weithin akzeptierte Form. Das Täuschen gehört in manchen Berufen fast zum Ethos. Kommt es jedoch ans Licht der Öffentlichkeit, kann es einen empörten Aufschrei geben. Das ist wie eine doppelte Buchführung, die wir sonst nur aus schwerwiegenden psychiatrischen Störungen kennen.

Biologisch-evolutionstheoretische Sicht und gesellschaftliche Relevanz

Wenn wir in die Natur schauen, ist Täuschung allgegenwärtig und für viele Arten ein entscheidender Überlebensvorteil. Sei es, dass sich ein harmloser Schmetterling als Hornisse ausgibt, um sich zu schützen, sei es, dass ein räuberisches Insekt sich als Herbstlaub, Blüte oder Holzspan tarnt, um unentdeckt angreifen zu können. Bewusste Lüge scheint mir dagegen im Tierreich eher selten, im neuerdings oft zitierten Nature-Artikel von Jürgen Tautz über lügende Bienen[7] handelt es sich in Wirklichkeit nicht um Lügen, sondern um eine Weitergabe falscher Wahrnehmung.

Doch so wie Tarnen und Täuschen in der Evolution wichtige Vorteile brachten, verhält es sich in unserer Gesellschaft mit dem Lügen. Beispiele aus Politik und Wirtschaft kann jeder in Fülle finden und wir müssen uns eingestehen, dass wohl eher ein geringer Teil der Lügen zur Rechenschaft gezogen wird. Wir müssten also unseren Kindern die Technik des Lügens und Täuschens lehren, um sie gut auf unsere Welt vorzubereiten. Vorausgesetzt, wir nehmen unseren Glauben an die Evolution und das egoistische Gen ernst. Daraus ergibt sich auch eine völlige moralische Indifferenz gegen Täuschen und Lügen. Was dem Überlebensvorteil dient, ist sinnvoll, lediglich mögliche negative Folgen von Lüge und Täuschung fordern deren Einschränkung. Und diese neuen Werte reichen bis in die Wissenschaft hinein, die bekannten Skandale dürften wohl wieder nur die Spitze des Eisbergs sein. Wenn die Datenfälschung die eigene Karriere befördert, ist sie verlockend, im einfacheren Fall müssen die Berechnungen gesucht werden, die dem gewünschten Ergebnis am nächsten kommen oder eine suggestive Ergebnispräsentation muss die tatsächliche Aussage modifizieren.

Schließlich zeichnet sich gerade auch die Medizin dadurch aus, dass in der Regel über Fehler oder Inkompetenzen hinweggetäuscht wird, um sich nicht angreifbar zu machen. Letztendlich ist auch in Wissenschaft und Medizin nicht die Wahrheit das entscheidende Korrektiv, sondern die Selbstbehauptung und die Geldverteilung, die Wirklichkeit definiert.

Und wie man aus den Äußerungen des durch Selbsttötung verstorbenen Robert Enke ablesen kann, können sich Menschen gerade unter einem Zwang zur Lüge sehen, wollen sie ihre berufliche Karriere oder das Wohlbefinden ihrer Angehörigen nicht gefährden.

Unsere Kinder und Jugendlichen wachsen in diese Welt hinein, in der die Grenzen zu Lug und Trug verwischt sind. Zusätzlich sind sie rein biologisch bedingt erst unzureichend in der Lage, Wahrhaftigkeit und Lüge zu beurteilen. Diese Fähigkeit wird erst im Laufe der Frontalhirnreifung differenziert entwickelt, die Über-Ich-Entwicklung erfordert nicht nur gute Vorbilder, sondern ausreichende biologische Grundlagen. Diese Reifung ist typisch für Jugendzeit und Adoleszenz. Und sie ist der letzte Schritt der Entwicklung der Hirnrinde, die rostral von hinten nach vorne voranschreitet.

So ist bei Kindern immer gut zu überlegen, ob Täuschung und Lügen von ihnen tatsächlich gesteuert werden kann. Kinder und Jugendliche sind also sowohl von ihrer Biologie als auch von ihrer Umwelt her nicht gut vorbereitet, umso vorsichtiger muss man sein, ihr Lügen als pathologisch oder verwerflich zu markieren.

Pathologische Formen des Täuschens und Lügens bei psychiatrischen Störungen

Im vielleicht ersten Lehrbuch der Kinder- und Jugendpsychiatrie, dem *Struwwelpeter* von Heinrich Hoffmann[8] aus dem Jahr 1845 taucht interessanterweise das Lügen gar nicht auf, obwohl viele uns bekannte Störungen bereits beschrieben werden. Man kann höchstens die Selbstüberschätzung des Paulinchen oder die abdriftende Phantasie des Hanns Guck-in-die-Luft als Selbsttäuschung ansehen.

Doch schon Emminghaus beschreibt 1887 in „Die psychischen Störungen des Kindesalters"[9] typische Halluzinationen und wahnhafte Symptome bei Kindern, jedoch auch die Fähigkeit zu besonders phantasiereicher Ausgestaltung bei Kindern und das „vergnügliche, ja gierige Spielen der Kinder mit Vorstellungen".

Bei ihm ist der nahtlose Übergang von normal und pathologisch angedeutet. Erinnerungstäuschungen seien in jungen Jahren häufiger[10]. Eine Steigerung der Phantasie, Hyperphantasia, sei im Kindesalter von vorneherein gegeben[11]. Die Pathologie zeichnet sich nicht primär durch die Inhalte der Gedanken, sondern deren Einbettung in eine kranke Gesamtverfassung aus.

Bei Jaspers tauchen dann aber schon die pathologischen Lügen auf. Er meint damit aus der Phantasie stammende Erzählungen über die Vergangenheit, die schließlich vom Erfinder wirklich geglaubt werden. Er zählt diese zu den Trugerinnerungen, zu denen auch noch die wechselnden und flüchtigen Konfabulationen gehören[12]. Übermäßiges Phantasieren kann sich bis zu einer Pseudologia phantastica ausbilden, die in krassen Widerspruch zur Realität treten kann. Dies trete in psychotischen Bewusstseinszuständen auf, aber auch bei Hysterischen[13], die in einem Willen zur Krankheit anfänglich zur bewussten Lüge greifen, die sich zur selbst geglaubten Pseudologica phantastica auswachsen kann[14].

Daneben beschreibt er ähnlich wirkendes freies Laufenlassen von Assoziationen, in denen die Sprache und nicht das Denken die Führung übernommen hat und die er als Verhältnis- oder Salonblödsinn bezeichnet[15].

Ein großes Gebiet sind bei Jaspers die Selbsttäuschungen, die im Spiel auftreten können und insgesamt im Dienste eines Ausweichens vor der Wirklichkeit stehen[16]. Er verweist auf Ibsen und die für jedermann bzw. den Durchschnittsmenschen notwendige Lebenslüge[17], aber auch auf Klages und die Psychopathen mit ihrem Leiden an lebensnotwendigen Selbsttäuschungen und warnt aber vor voreiliger Festlegung auf solche Interpretationen der Selbsttäuschung[18]. Fremdtäuschungen sieht er in vermeintlichen Krankheitseinsichten von Psychotikern[19]. Bei Jaspers wird also auch das Schillernde des Lügens und Täuschens deutlich und ihre Stellung zwischen Normalität und Pathologie sowie ihre psychologischen Funktionen.

Doch lesen wir in Jaspers' Psychopathologie auch Erstaunliches: „So neigt das Kind zu ‚pathologischen Lügen' …". Entscheidend ist hier jedoch der Zusammenhang, wenn er fortsetzt: „… die seiner hemmungslosen Phantasie ihren Ursprung verdanken, so neigt es besonders zu hysterischen Mechanismen, die seinem Wesen entsprechen und daher bezüglich des späteren Lebens prognostisch günstig sind."[20]

Da er offensichtlich den Begriff der pathologischen Lügen anders verwendet, als wir heute das pathologische Lügen verstehen, gerät man nicht in Widerspruch mit Jaspers, wenn man Kindern aufgrund ihrer unausgereiften mentalen Instanzen noch kein pathologisches Lügen zuschreibt.

Dies wird unterstützt durch neurobiologische Befunde, die das pathologische Lügen, also Lügen in exzessivem Ausmaß, im Bereich der weißen Substanz im Frontalhirn lokalisieren zu können glauben[21]. Dies ist allerdings ein Bereich, der bis zum 30. Lebensjahr in der Reifung begriffen ist, die rostral voranschreitet. So konnten die genannten Befunde verständlicherweise für Kinder und Jugendliche bisher nicht repliziert werden und ich gehe davon aus, dass dies auch nie gelingen wird. Erste Versuche fanden bei diesen eher ein vergrößertes Corpus Callosum – allerdings waren diese Lügner deutlich dümmer als die Vergleichsgruppe[22]. Die Bildgebung hilft uns also heute noch nicht viel weiter, wenn wir das Lügen von Kindern verstehen wollen.

Wenn wir eine Gruppe von Kindern und Jugendlichen beobachten, d torisch lügen und täuschen, so werden wir ihnen ein psychosoziales Reif defizit zuordnen, das wir mit Freud als Über-Ich-Schwäche bezeichnen konnten, aber auch wieder in zwei Gruppen aufteilen können:
Eine Gruppe, die sich Regeln nicht unterwirft, weil sie nicht gelernt hat, diese zu akzeptieren.
Aber es gibt auch eine andere Gruppe, die sich gar keine Gedanken macht, was ihre Lügen anrichten, die gar nicht in der Lage dazu ist. Hier liegt in Zusammenhang mit der biologischen Unreife des Frontalhirns eine Schwäche in der differenzierten emotionalen Entwicklung vor und der Fähigkeit, sich Vorstellungen über das Erleben des anderen Menschen zu machen – man spricht heute von der theory of mind. Gerade bei Kindern und Jugendlichen mag es sich immer um eine Mischung dieser beiden Formen handeln.
Die psychiatrische Klassifizierung des Lügens fragt jedoch nicht nach dieser Differenzierung des Lügens, sondern findet das Lügen in der DSM IV als typisches Symptom einer Störung des Sozialverhaltens bei Kindern und Jugendlichen oder einer antisozialen Persönlichkeitsstörung bei Erwachsenen, die jeweils im Zusammenspiel mit weiteren Symptomen wie Betrügen, aggressivem Verhalten und vielen anderen Regelverletzungen steht.[23] Die ICD 10 spricht von einer Lügensucht, also einer Mythomanie oder auch Pseudologica bzw. Pseudomanie bei Jugendlichen und ordnet sie ebenfalls den Sozialverhaltensstörungen zu.[24]
Das Lügen oder Täuschen anderer ist aber auch eine typische Erscheinung bei Suchterkrankungen, in den DSM IV-Kriterien für pathologisches Glücksspiel ist es explizit aufgeführt. Aber auch generell wird man im Umgang mit Suchtkranken immer auf Lügen oder Täuschungen gefasst sein, aus vorsätzlichen Versuchen bis zu unglaubwürdigen Zusicherungen aus ungenügender psychischer Stabilität, um diese einzuhalten. Heute erlebe ich dies tagtäglich im Rahmen der Sprechstunde für Computerspiel- und Internetsucht, wo Eltern den Kontakt zu ihren Kindern verlieren, wenn diesen eine stabile Verankerung in Verlässlichkeit und Wahrheit verloren gegangen ist. Bei dieser Verhaltenssucht beobachten wir, wie alle Register des Lügens und Täuschens gezogen werden, um das süchtige Verhalten aufrechterhalten zu können.[25]
Ein großes Gebiet der Täuschungen sind die psychotischen Störungen. Halluzinationen sind unbewusste Selbsttäuschungen, die für Realität gehalten werden. Der Wahn ist eine täuschende Interpretation der Realität von hoher subjektiver Gewissheit. Entscheidend ist die massive uneinfühlbare Differenz zur Realität, wobei dieses absolut Fremde des Wahns seiner Durchsetzung mit Erinnerungsspuren nicht widerspricht. Das prozesshafte Wahngeschehen kleidet sich in vorhandene Sprache und Erinnerungen., lediglich an den Grenzen des Wahns war für Jaspers auch eine psychologische Herleitbarkeit denk-

bar.[26] Aus psychodynamischer Sicht können wir aber schon seit Freud diese bizarren Symptome als sinnvolle Handlungen im Dienste des Selbst herleiten und verstehen.

Schließlich sei noch der Körper als Feld für Lüge und Täuschung erwähnt. Diese körperlichen Täuschungen reichen von Simulation über bewusste Manipulation beim Münchhausen- oder Münchhausen-by-proxy-Syndrom und unbewusst getriggerte Pseudosymptome der Konversionsstörung bis hin zu wahnhafter Fehlwahrnehmung der körperlichen Realität in der Magersucht. Im ersten Fall werden Körpersymptome nur gespielt, während im zweiten konkrete körperliche Symptome erzeugt werden. In der Konversionsstörung werden unbewusst Symptome täuschend echt dargestellt ohne dazugehörige organische Veränderung, während in der Magersucht schließlich eine psychosenahe halluzinative und wahnhafte Verkennung des eigenen Körperzustandes erfolgen kann. Gemeinsam ist all diesen Formen ein Hinwegtäuschen über psychische Konflikte durch Körpersymptome, bewusst oder unbewusst.

Alle diese bisher genannten Formen des Lügens und Täuschens sind Krankheitssymptome, damit entziehen sie sich der moralischen Bewertung und teilweise sogar der Rechtsprechung, Ich frage mich jedoch, ob wir in unserer psychiatrischen Beurteilung uns wirklich auch der Moral enthalten und Gründe und Sinnhaftigkeit von Lügen und Täuschen anerkennen können, auch wenn wir selbst davon negativ betroffen sind oder dann unseren therapeutischen Korrekturwunsch zunächst im Zaum halten müssen.

Bewusst nicht erwähnt habe ich die bereits von anderen behandelten Phänomene der falschen Erinnerung und der juristisch relevanten oder intendierten Falschaussage.

Tarnen, Täuschen und Lügen im Alltag der Kinder- und Jugendpsychiatrischen Klinik

In der zweiten Hälfte sollen aus der klinischen Praxis Beispiele für Tarnung, Täuschung und Lüge dargestellt werden, die nicht auf krankheitsassoziierte Phänomene beschränkt sind.

In der Praxis sind Lüge und Täuschung in der Kinder- und Jugendpsychiatrie allgegenwärtig und der Umgang damit ganz unterschiedlich. Natürlich denken wir zuerst an Lügen von Seiten der Patienten, jedem werden Beispiele für Lügen, Täuschen und auch Tarnen diesbezüglich einfallen. Aber auch auf Seiten der Eltern und nicht zuletzt bei den Therapeuten sollte nach Lügen und Tarnen geforscht werden.

Bei den *Patienten* kann die Lüge ganz unterschiedlich motiviert sein: Viele trauen sich lange nicht, ihr wahres Gesicht zu zeigen, sei es, dass sie wirklich etwas zu verstecken haben, oder dass sie nur meinen, dies tun zu müssen. Gerade ein überstrenges Über-Ich, das ja den Träger gnadenlos der Wahrheit verpflichtet, führt diesen dann dazu, sich zu verstecken, weil er dem eigenen oder fremden Anspruch nicht gerecht zu werden meint und sich damit auch nicht dem Gegenüber offenbaren will. Dieses Lügen oder anderweitige Täuschen erfolgt also durchaus bewusst, aber einer inneren Not gehorchend und damit fraglich aus freier Entscheidung. Natürlich gibt es auch hier alle Übergänge zur unbewussten Lüge, die einem hilft, sich nicht nur vor anderen, sondern auch vor sich selbst zu verstecken. Typischerweise liegt eine solche überstrenge Selbstzensur bei depressiven Patienten vor.

So erleben wir bei vielen Patienten eine große Schwierigkeit, eigene aggressive Impulse tatsächlich zu integrieren und damit auch offen zeigen zu können. Das Wilde Tier, so die Aufgabe für einem Jungen mit traumatischer Identitätsstörung, degeneriert zum traurigen Schmusebären.

Diese Täuschung seiner selbst und/oder der Umgebung kann auch verbal erfolgen: Dieser Junge litt unter Einkoten und bezeichnete sein Wildes Tier als Eidechse – wo doch für jeden ersichtlich ist, dass es sich um ein Krokodil handelt, das allerdings ganz offensichtlich voll auf die Bremse getreten ist.

Die Hintergründe dieser Täuschungen reichen von der Unfähigkeit zu einem bewussten differenzierten emotionalen Erleben bis hin zu einer Abwehr dieses Erlebens zur Aufrechterhaltung der psychischen Stabilität. Diese Alternativen würden unterschiedliche Behandlungsstrategien erfordern, sind aber häufig nicht klar zu ermitteln bzw. sind oft vermischt.

Es kann aber hinter der Täuschung auch stehen, dass gerade die Fortschritte, die im Rahmen der Therapie gemacht wurden, versteckt werden müssen, so wie diese 13-jährige Patientin, die behauptete, auf ihrem Weg weitergehen zu müssen und sich nicht auf Therapieangebote einlassen zu können. Sie war verärgert, dass ich das Blatt umdrehte und empfand, dass die Angebote doch sehr verlockend wirkten, was ich allerdings nicht äußerte.

Abb. 1 Wildes Tier 1

Abb. 2 Wildes Tier 2

Abb. 3 Weg 1   **Abb. 4** Weg 2

Diese Patientin täuschte uns auch über ihren mehrmonatigen Geschlechtsverkehr mit einem Mitpatienten und hat doch nach 2-jähriger Behandlung, in die sie sich im letzten halben Jahr intensiv einließ, einen sehr guten Verlauf genommen, den wir bis ins Erwachsenenalter verfolgen konnten. Ihre Täuschung über ihre Fortschritte wird hier deutlich als Aktion innerhalb einer therapeutischen Beziehung. Sie sichert sich auf diesem Weg die Möglichkeit, ihre eigene Beunruhigung weiterhin in den Therapeuten entleeren zu können.

Täuschung kann funktional aus der Beziehung zwischen Patienten und Therapeuten entstehen, die ja von vorneherein eine asymmetrische Beziehung ist. Deshalb bleiben Patienten nur beschränkte Wege, ihre Autonomie zu entwickeln. Die eigene Integration von Aggression kann in einer guten Beziehung auch durch eine Projektion auf den Therapeuten verdeckt werden. Erst im

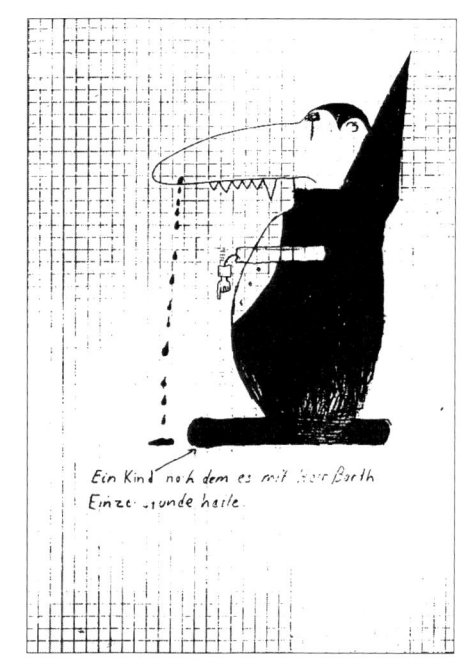

Abb. 5 Vampir

Abb. 6 Tabaluga

zweiten Hinschauen wird einem bewusst, dass das hier verletzte Kind in Wirklichkeit ein Vampir ist.

Die Lüge kann aber auch im Dienst der Beziehung zu den Eltern stehen. Um die Eltern nicht zu enttäuschen, wird das eigene Anliegen versteckt. Dieser 7-jährige Junge blieb bei seiner Aussage, dass er den von der Mutter getrennt lebenden Vater nicht sehen wolle, und erfüllte damit die Erwartung der Mutter.

Aber in seinem Bild zum Thema ‚Sternenhimmel über Meereswellen' malt der den gerade aus dem Ei geschlüpften Tabaluga, der sehnsüchtig seinem Vater Thyreon nachschaut, der ein letztes Mal über Gründland fliegt. In diesem Bild berichtet er von der Bedeutung seines Vaters für ihn und von seinem Schmerz, wenn er diesen verlieren würde.

Wir müssen in diesem Zusammenhang berücksichtigen, dass gerade die Lüge auf der Realitätsebene den Weg öffnen kann, eine psychische Realität ehrlich zu bekennen. Wir fordern unsere Patienten in Aufgaben gerade zur Täuschung auf, um ihre seelische Verfassung kennen zu lernen, indem wir sie bitten, ihre Familie in Tieren oder in anderen Gegenständen darzustellen.

Aus solchen real abwegigen Darstellungen lassen sich intuitiv deutliche Ahnungen über die emotionale Wirklichkeit der Familie ableiten, die nur schwer direkt in Worte gefasst werden könnten.

Abb. 7 Verzauberte Familie

Hier stellt sich die 13-jährige Patientin als Blutsauger, als Zecke links unten dar. Doch die fette Sau ganz rechts, nach ihren Angaben ein jugendlicher Vergewaltiger, gab es wohl in der Realität nie. Neben einem Selbstanteil, sie litt unter Anorexie, könnte wohl auch der Vater darin stecken, auf den vielleicht ein weiteres Bild hindeutet.

Ebenso weist auch ein weiteres Bild auf ihren Selbstanteil in der fetten Sau hin, den sie hinter ehrlicher aggressiver Ablehnung versteckt.

Aber auch ehrlich gemeinte Aussagen können sich im Verlauf als Lüge enttarnen, wenn im Rahmen der Therapie die Kraft entwickelt wurde, sich und die anderen mit tiefer liegen-

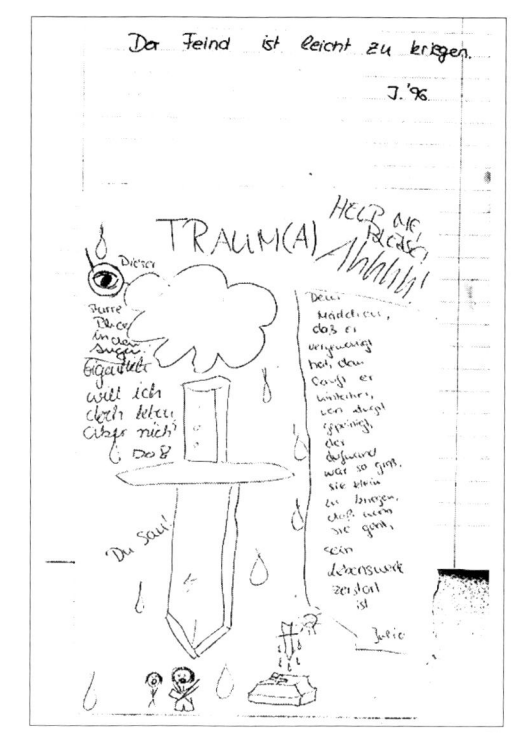

Abb. 8 Dolch

Abb. 9 Bla Bla

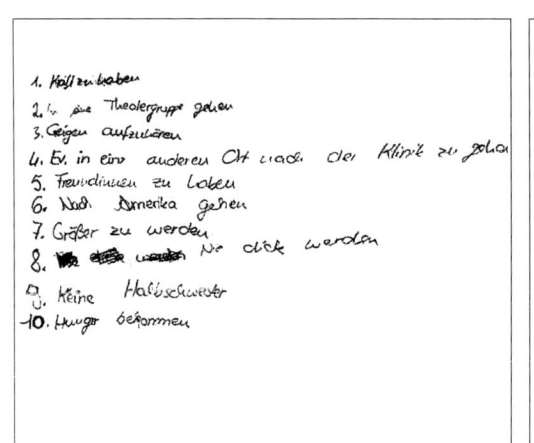

Abb. 10 Zehn Wünsche

den Intentionen zu konfrontieren, die dann der Therapie zugänglicher werden. So ändern sich die zehn Wünsche derselben Patientin nach einem halben Jahr stationärer Therapie scheinbar ins Negative, in Wirklichkeit aber zu mehr Offenheit.

Schließlich mündete diese Patientin in eine bewusste Täuschung, denn dieses Herz ist kein Herz, sondern eine Bombe, an der die Lunte brennt, in der die Problembereiche ehrlich benannt sind.

Wie man sieht, geraten bei näherer Betrachtung die Ebenen von Wahrheit und Lüge völlig durcheinander und Lüge ist in Wirklichkeit Wahrheit, scheinbare Wahrheit in Wirklichkeit Lüge.

Und eine Darstellung kann sich von der äußeren Realität entfernen und doch nicht nur eine sondern sogar mehrere psychische Wirklichkeiten zugleich darstellen.

Die Frage hinter vielen Patientenäußerungen darf für uns nicht lauten, ist das wahr, sondern welche Botschaft wird mir gegeben. So provoziert es mich natürlich, wenn das Schöne als Seifenblase dargestellt wird.

Einfacher erscheint es bei den Patienten, die bewusst

Abb. 11 Herz

Abb. 12 Seifenblase

Regeln übertreten wollen, um entweder ihre eigene Autonomie zu bekräftigen oder unsere Reaktion herauszufordern.

Ein bezeichnendes Beispiel dafür ist das Rauchen von Jugendlichen. Bis auf wenige Ausnahmen ist Jugendlichen in unserer Klinik das Rauchen nicht gestattet. Viele der Jugendlichen umgehen dies, indem sie außerhalb der Klinik Zigaretten deponiert haben und auf diese zurückgreifen, wenn sie sich von Station abmelden und spazieren oder in die Stadt gehen. Dies wissend, dulden wir es, obwohl wir ein Verbot des Rauchens ausgesprochen haben. Die Täuschung durch die Jugendlichen wird mit bereitwilligem Sich-Täuschen-Lassen beantwortet. Was lehren wir unseren Jugendlichen dadurch?

Ich möchte diese Frage vorläufig dahingehend beantworten, dass dies sehr von der persönlichen Haltung, die wir dabei einnehmen, abhängt. Kommt bei den Jugendlichen ein eher interesseloses Wegsehen an, ermuntern wir sie, auch in Zukunft mittels Lüge die Erwachsenenregeln zu missachten. Erleben die Jugendlichen jedoch eher ein Augenzwinkern mit der Botschaft: „Ich weiß ja dass Du rauchst. Wenn Du es innerhalb bestimmter Grenzen machst, gönne ich Dir diesen Freiraum angesichts der vielfältigen anderen Anforderungen in der Therapie", erfährt dieser es als wohlwollende Zuwendung, die ihm in seiner weiteren Entwicklung und zukünftigen Abstinenz von Lügen und Täuschen hilft. Natürlich gebe ich ihm diese Botschaft lieber zu anderen Gelegenheiten als bei der schädlichen Sucht des Rauchens. Doch oft klaffen mein Wunsch als Therapeut und das Angebot des Patienten, wo und wie ich ihn erreichen kann, auseinander und ich bin gezwungen die Pfade zu gehen, über die er sich erreichen lässt. Die Grenze ist dann allerdings überschritten, wenn er auf Station in der Toilette oder gar im Zimmer raucht, dann fordert er ein, durch Sanktionen ernst genommen zu werden.

Aber lassen wir ehemalige Patienten selbst zu Wort kommen, welche Lügen und Täuschungsmanöver sie im Nachhinein zugeben. (Angaben von ehemaligen Patienteinnen und Patienten in der Internet-Patientenzeitung der Tübinger Kinder- und Jugendpsychiatrie sowie ihrer ehemaligen Patienten. Die Detailkenntnisse weisen die Aussagen klar als authentische aussagen aus.):

> Eine Regel in der KJP ist ja, dass man sich gegenseitig nicht viel voneinander erzählen darf. Meine „Zimmergenossin" und ich haben uns immer alles erzählt. Zu der Zeit war sie relativ frisch in die Klinik gekommen und hat den Betreuern nur sehr wenig erzählt. Ich habe immer gelogen und verheimlicht, dass wir untereinander sehr viel reden, uns Geheimnisse anvertrauen und uns über unsere „Krankheit" austauschen, motivieren (im positiven Sinne) und unterstützen.

> Gelogen habe ich persönlich wenn es darum ging, „gefährliche" Gegenstände abzugeben. Ich hatte eigentlich immer Rasierklingen versteckt und diese wurden auch nie gefunden.

> In Bezug auf das Essen habe ich auch oft gelogen. Vor allem wenn ich meine Wochenenden daheim verbracht habe und ich darauf angesprochen wurde ob ich wieder „gekotzt" hätte. Ich hatte einfach Angst, dass ich nicht mehr heimfahren durfte.

> „Meine Generation" hat immer in der Dusche gekotzt statt im Klo. Die Essgestörten hatten ja immer Begleitung nach dem Essen, aber manche konnten auch ne halbe Stunde nach dem Essen noch kotzen (sogar besser, sagten viele – dürfte den Betreuern auch nicht bekannt gewesen sein, dass angedautes Essen sich besser ...) und sind dann einfach duschen gegangen. Dort konnte man damals noch ein Gitter im Boden raus heben, so dass man direkt an einem großen offenen Abfluss war – perfekt zum ... *räusper* und die Dusche übertönte die Würgegeräusche und nahm den Geruch weg...

> Wir hatten im Zimmer mal Hunger, aber es war schon kurz vor 22 Uhr oder so. Also ist eine von uns zur Nachtwache und hat gesagt, dass es im Mädchenklo kein Klopapier mehr gibt. Das Klopapier wurde vorher versteckt. Die Nachtwache hat dann Klopapier geholt und wir sind dann in der Zeit in die Küche und haben uns Bananen in die Tasche gesteckt und sind schnell wieder ins Zimmer. Wir haben extra drauf geachtet, dass die Nachtwache in der Küche steht, wenn wir nach dem Klopapier fragen, sonst wär die Küche abgeschlossen gewesen. Ja, und dann haben wir Bananen gegessen und gelacht, weil das so 'ne dumme Aktion war, „Bananen zu klauen".

Thema „Zimmerputz": Neue Laken wurden gelegentlich im Schrank versteckt und das alte noch 'ne Woche liegen gelassen. Weil, in der KJP die Laken zu wechseln, war immer des anstrengendste, weil die so groß waren. Ich find's eh 'n bisschen übertrieben, wirklich jede Woche des Laken zu wechseln. Aber okay, ist ja 'ne Klinik. Ich kenn manche, die haben das neue Laken versteckt und ihr Laken im Bett gestaubsaugt!! Ich hab mir immer die gleichen Betreuer gesucht, die mein Zimmer kontrollieren, weil ich wusste, worauf sie besonders achten und da hab ich dann immer geputzt. Manche gucken zum Beispiel nur unters Bett und nicht in den Schrank. Manche ziehen den Bettkasten nicht raus und so weiter.

Wir können sehen, dass hier diese Lügen und Täuschungsmanöver in der Regel Beziehungstaten sind.

Der Therapeut bleibt dann hilflos zurück, wenn er sich einer malignen unaufweichbaren Täuschung gegenübersieht. Mein erster Kinder- und Jugendpsychiatrischer Patient konfrontierte mich mit diesem paranoiden Familienzusammenhalt, an den Schwänzen zusammengeknotete Tiger mit Heiligenschein.

Eine Fahrt im Auto dieser Familie nach Baden-Baden war für mich ein pures Horrorerlebnis an massiver nach außen projizierter Aggression.

Lüge kann aber auch in ganz versteckter Form innerhalb der Behandlung auftreten, zum Beispiel in Form eines scheinbaren Einsehens der Probleme, also dem, was häufig ein Zwischenziel der Therapie ist. Dies ist häufig nichts weiter als ein Übernehmen der Therapeutenperspektive, ohne dass eine wirklich persönliche Einsicht geschieht.

Maligne Lügen können auch im Schafspelz daherkommen, wie der Suizid des Fußball-Nationaltorhüters Robert Enke beweist. Das ist dann noch problematischer, wenn bewusst eine Besserung oder Einsicht vorgetäuscht wird,

Abb. 13 Tiger

um möglicherweise ein schnelles Therapieende zu erreichen oder zumindest eine so weitgehende Lockerung, dass z.B. das Ausführen einer suizidalen Handlung möglich wird. Jeder Psychiater ist wachsam, wenn es einem Patienten besser zu gehen scheint und befürchtet genau diese Fälle, wenn er die bei Besserungen anstehende Aufweichung der Überwachung anordnet. Manchmal klärt erst der weitere Verlauf, ob Wahrheit oder Lüge zugrunde lag, im schlimmsten Fall durch die katastrophale Folge.

Lüge und Täuschung von Seiten der *Eltern* kann in gleichen Formen wie bei ihren Kindern auftreten. Wenige zusätzliche Aspekte möchte ich erwähnen: Oft sehen sich Eltern unter dem Zwang, den Klinikaufenthalt ihres Kindes in der Psychiatrie nach außen zu tarnen oder die Umwelt bewusst zu täuschen. Damit geben sie dem Kind kein Vorbild in der Aufgabe, die Behandlung in die eigene Biographie zu integrieren.

Doch noch schwieriger wird es, wenn die Eltern ihre Kinder belügen, sei es, um sie in die Klinik zu bringen, sie dort zu halten oder einfach um Ruhe vor ihnen zu haben oder ihr eigenes Desinteresse an den Kindern zu verstecken. Unabhängig davon, ob diese Lüge vom Kind verstanden werden kann oder nicht, wird auf dieses Kind eine tiefe und destruierende Enttäuschung zukommen. Die scheinbare Fürsorge enttarnt sich dann als krankmachende Pseudo-Fürsorge, was von Jugendlichen tatsächlich so wahrgenommen und ausgedrückt werden kann.

Abb. 14 Fürsorge

Einen ebenso desintegrativen Einfluss haben die häufigen Doppelbotschaften der Eltern wie das lächelnde Nein-Sagen oder die missmutige Zuwendung. Diese Eltern glauben, verbal etwas zu sagen, sind sich zumeist aber ihrer tatsächlichen dem widersprechenden Botschaft gar nicht bewusst. Sie bleiben verwundert zurück, dass die Reaktion der Jugendlichen gar nicht ihrer Absicht entspricht. Mindestens eine der gegensätzlichen Botschaften muss Lüge sein, das Kind ist allein gelassen welche Botschaft es glaubt und wie es reagiert, die dann folgenden Konsequenzen sind nicht vorausschaubar. Eine Lösung kann dann darin liegen, eine echte Wut bei den Eltern zu provozieren, also einen Kontakt der nicht widersprüchlich ist. Martin Buber hat schon beschrieben, dass der echte Affekt mehr Beziehung in sich trägt als gesichtslose Zuwendung.[27]

An diesem Punkt ist zu fragen, wie unsere Haltung als *Therapeuten* gegenüber Patienten und Eltern ist, wo unser Lügen und Täuschen liegt. Ein heikler Punkt, wiewohl jedem bewusst ist, wie er zu Beginn seiner therapeutischen Tätigkeit eine Sicherheit vorzutäuschen versuchte, von der er meilenweit entfernt war. Eine Haltung, die in unserem Medizinsystem systematisch gefördert wird und eher zu einem verzögerten Erwerb wahrer Sicherheit und Souveränität führt. Deren Fehlen äußert sich dann häufig in Rigidität und einem ängstlichen Vermeiden von Nähe, was die therapeutische Beziehung schwer behindern kann.

Natürlich geschieht die Lüge auch bei Therapeuten oft mit guter Intention. Am bekanntesten dürfte wohl die Anwendung von Placebos sein. Doch welche langfristigen Auswirkungen ein seelisches Placebo hat, entzieht sich noch unserer Kenntnis.

Wie Patienten uns Therapeuten empfinden können, möchte ich nicht selbst beschreiben, sondern dazu wieder ehemalige Patienten zu Wort kommen lassen. Dies stammt wie die obigen Zitate aus unserer neuesten Ausgabe der Internet-Patientenschrift LabIRRinth, die durch Ehemalige zusammengestellt wurde und online öffentlich eingesehen werden kann.[28]

Wir glaubten, dass sie über magische Kräfte verfügten.
Wir dachten, sie könnten unsere innersten Gedanken und Gefühle lesen.
Wir sahen, wie sie sich zu geheimen Ritualen versammelten, die sie Teambesprechungen und Supervisionen nannten, und in denen es um uns ging – nur blieben wir grundsätzlich davon ausgeschlossen.
Sie stellten heilige Regeln und Gebote auf, die nie in Frage gestellt werden durften und die sie uns nie erklärten.
Sie sagten uns, dass sie besser über uns Bescheid wüssten als wir selbst. Was wir dachten, sagten und taten, war grundsätzlich „pathologisch".
Aber dann erkannten wir, dass das meiste davon nur billige Zaubertricks und Bluff waren.

Wir merkten, dass auch die Therapeuten nur mit Wasser kochten.
Sie hatten keineswegs die Fähigkeit, uns völlig zu durchschauen.
Wir spürten, dass sie oft sehr unsicher, unerfahren und ratlos waren.
Sie hatten ihre eigenen Probleme, von denen wir aber nichts wissen durften.
Sie waren nicht so unfehlbar, wie sie uns glauben machen wollten.
Wir kamen zu dem Schluss, dass sie nur Zauberkünstler waren, auf einer Bühne namens Station.
Aber dennoch taten sie so, als wäre alles echt und ehrlich.
Versteckten sich hinter leeren Phrasen und Worten.
Sie ließen sich nicht in die Karten schauen und begriffen nicht, dass das für uns kein Spiel war.
Wenn etwas schlecht lief, war es unsere Schuld, weil wir uns nicht genug auf die Therapie einließen – wenn es gut ging, war es allein ihr Verdienst.
Warum zeigen sie sich uns nicht so, wie sie wirklich sind?
Wovor haben sie Angst?
Warum sprechen sie v.a. ÜBER uns, aber nicht MIT uns, wenn es doch um uns geht?
Dann wären wir wohl auch bereit, ihnen unsere Tricks und Täuschungen zu offenbaren und die Versteckspiele aufzugeben.

Lüge als unausweichliches Element therapeutischer Arbeit

Dass Lüge und Täuschung eine wirksame therapeutische Methode sein können, zeigt sich neben den Placebos in der paradoxen Intervention, die genau das Gegenteil von dem beabsichtigt, was sie anzustreben vorgibt.

Darüber hinaus frage ich mich, ob Psychotherapie nicht ständig in Gefahr ist, zur unbeabsichtigten Lüge zu mutieren oder dies sogar konzeptionell in sich trägt.

Häufig ist eine gewisse sportliche Haltung bei Therapeuten anzutreffen, die ihre Patienten mit jedem Einfall deutend konfrontieren, um sie damit der Wahrheit näher zu bringen. Dabei übersehen sie oft eigene Projektionen auf den Patienten ebenso wie die Bedürfnisse des Patienten. Solche Therapie kann leicht zu einer Folie à deux werden. Der therapeutische Furor des Psychiaters zieht den Patienten in dessen Welt mit hinein. Wenn überhaupt, mag dies für die Gesundheit des Behandlers günstiger sein als für die des Patienten.

Es kann aber auch zu einer Lüge führen, wenn lediglich die bewusste kognitive Seite betrachtet und behandelt wird und alle anderen Anteile des Patienten ohne Berücksichtigung bleiben. So können alle therapeutischen Schulen strukturell in einer Lüge gefangen sein.

Abgrenzen davon sollte man Lügen im Interesse des Patienten. Wenn man dem Patienten nicht alles zumutet, kann das oft in seinem Interesse liegen. Insbesondere bei Informationen, die aus Interpretation oder Übertragungs- und Gegenübertragungsanalyse erschlossen werden, die also für den Patienten sehr bewusstseinsfern sein können, ist ihre deutende Mitteilung vorher intensiv zu prüfen. Zugleich sind Übertragungs- und Gegenübertragungsphänomene wie alle anderen Projektionen prinzipiell Lügen, die zugleich eine tiefere Wahrheit transportieren. Auch die abstinente Haltung des Therapeuten, seine Selbstreduktion auf eine Funktion, könnte im weitesten Sinne als Lüge gewertet werden. Auch diese im Interesse des Patienten, der alleine im Focus des Interesses stehen soll. Ein Element der Lüge tritt in der hervorgehobenen Abstinenz, also dem Verschweigen aller persönlicher Informationen durch den Therapeuten, dadurch auf, dass er damit noch viel interessanter werden kann und viele Patienten sich dann viel mit ihm beschäftigen. Das kann zwar die gewünschte Übertragungsbeziehung anregen, kann im Einzelfall aber auch Patienten im Sinne der Abwehr von sich ablenken.

Bewusste Lüge ist eine etablierte therapeutische Technik im Rahmen der Paradoxen Intervention. Vor allem in der Systemischen Therapie wird dadurch versucht, Bewegung im Patienten herbeizuführen. Die Verschreibung des Symptoms (teilweise paradoxe Intention genannt) will trotz gegenteiliger Aussage natürlich nicht die Symptomverstärkung, sondern dessen Reduktion. Wenn allerdings eine Patientin vom Therapeuten gesagt bekommt, sie sei zu fett und solle Kokain nehmen und dieser auf Nachfrage betont, dass er das ernst meine[29], könnte eine Grenze fachlich und ethisch verantwortbarer therapeutischer Technik überschritten worden sein.

Gleichzeitig handeln wir auch im Spannungsfeld des Doppelauftrags durch den Patienten und durch die Gesellschaft. Wenn wir wirklich die beunruhigenden psychischen Elemente, die Auslöser von Tarnung und Täuschung sein können, behandeln wollen, stellen wir uns möglicherweise gegen die Gesellschaft. Denn in dieser steht heute unzweifelhaft wirtschaftliches Wachstum im Mittelpunkt. Integrierte und zufriedene Menschen unterstützen dies vielleicht weniger als beunruhigte, die sich der manischen Abwehr bedienen, einer Form zumindest partieller Selbst- und auch Fremdtäuschung. Könnten diese Menschen doch vielleicht ganze Wirtschaftszweige wie Privatfernsehen und Unterhaltungsindustrie, vielleicht auch Sportwagenhersteller unnötig werden lassen.

Also auch ein Argument, die Lüge in der therapeutischen Arbeit nicht anzutasten? Vielleicht zwingen uns die herrschenden Verhältnisse auch zur Lüge im Interesse unserer Patienten. In Untersuchungen geben 50% der Ärzte an, bereit zu sein, für ihre Patienten zu lügen, beispielsweise um Krankenkassenleistungen zu ermöglichen.[30]

Aus dem Gesagten wird deutlich, dass eine eindeutige Antwort auf diese Frage wegen der Vielfältigkeit des Phänomens gar nicht möglich ist.

Dass vielleicht gerade wir Psychiater für die Lüge anfällig sind, sollte uns der Fall Gert Postel lehren, nach eigenen Aussagen ein ehemaliger Patient einer Kinder- und Jugendpsychiatrie, der es als gelernter Postbote immerhin bis zu einer Berufung auf eine C4-Professur in Psychiatrie und zum Leitenden Klinikdirektor brachte.

Die Definitionsgewalt liegt in der Regel bei den Therapeuten. In ausgeprägten Fällen, wie sei heute oft noch die Regel sind, führt dies zu einer paternalistischen Psychiatrie, die immer alles besser weiß.

In der Kinder- und Jugendpsychiatrie stehen wir in einem Spannungsfeld zwischen den negativen Auswirkungen einer paternalistischen Haltung und der Verantwortung für die Entwicklung des Minderjährigen.

Umgehen mit der Lüge

Das Umgehen mit Lügen auf Seiten der Patienten hängt immer vom jeweiligen Hintergrund ab, je nachdem, ob das Über-Ich gestärkt oder ein dominantes Über-Ich aufgelockert werden soll.

Der Wirbel um die Selbsttötung von Robert Enke hat die gefährliche Seite bestimmter Lügen in die Öffentlichkeit gebracht. Es kann zur Katastrophe führen bzw. in diesem Fall zum letalen Ausgang einer psychischen Krankheit, wenn den malignen Anteilen dieser Krankheit keine Grenzen gesetzt werden. Die Konstellation im genannten Fall ist der Alptraum jedes Psychiaters: Der Patient gibt glaubhafte Zusicherungen, die sich im Nachhinein als perfekte Täuschung entpuppen. Im Zweifelsfall ist dann nicht mehr wichtig, ob eine bewusste intendierte Lüge vorlag wie bei Robert Enke oder nur eine nicht fundierte Zusicherung, die bei nächster Gelegenheit umkippen und in eine tödliche Suizidhandlung abgleiten kann. Oder ob das bessere Befinden des Patienten zwar echt, aber nur aus der definitiven Entscheidung zum Suizid herstammt und damit nur eine Pseudobesserung darstellt. Für den Psychiater kann es nur in den Versuch münden, alle diese Lügen zu erkennen und notwendige schützende Maßnahmen einzuleiten.

Ein Fragezeichen steht für mich hinter der öffentlichen Präsentation des Todes von Robert Enke. So sehr ich begrüße, dass die Fußballnationalmannschaft Betroffenheit zeigt und durch ihr Heraustreten aus dem geplanten Ablauf ein gutes Zeichen setzt, so fürchte ich mich vor den Folgen der öffentlichen Gebrauchsanweisung zur Täuschung der Umwelt. Erste Irritationen und Identifikationen von Patienten mit Robert Enke konnten wir bereits in dieser Woche auf unseren Stationen erleben. Man muss kein großer Pessimist sein, um durch diese Öffentlichkeit einen Werther-Effekt zu befürchten.

Problematisch ist, dass gerade der Kampf gegen die Lüge auf der anderen Seite Lüge und Täuschen provoziert. Nicht lügen zu dürfen kann geradezu in die Lüge treiben. Es kann mit Bagatellen beginnen, doch um den Forderungen gerecht zu werden, muss eine Lüge durch eine weitere verdeckt werden, was in einen schwer entrinnbaren Teufelskreis führt.

Auf der anderen Seite kann die Lüge auch überlebensnotwendig sein. Zum einen in Form der Selbsttäuschung: So wie die Patientin, von deren Mutter glaubhaft überliefert ist, dass diese ihre Tochter als Baby töten wollte. Wann ist ein Mensch überhaupt in der Lage, diese Tatsache der Tötungsabsicht der eigenen Mutter wirklich auszuhalten? Bis dahin ist die Fähigkeit zu einer anderen subjektiven Wirklichkeit ein Segen. Und wir Therapeuten müssen sehr vorsichtig mit unserem Vorhaben umgehen, diese Lüge mit der Absicht einer Integration der Realität aufzudecken, dürfen dies nur unter sorgfältiger Beachtung der Signale der Patientin angehen.

Ist es denn überhaupt sinnvoll, Patienten vom Tarnen, Täuschen und Lügen weg zu führen?

Wir könnten uns wohl schnell dahingehend einigen, dass wir Patienten sowohl zur Wahrheit als auch zur Lüge befähigen sollten. Das hört sich gut an, führt aber auch zu erheblichen Bedenken. Zwar passe ich damit sicherlich die Patienten gut an gesellschaftliche Bedingungen an. Doch vergewaltige ich damit meine psychotherapeutische Intention eines erfüllenden und authentischen Zusammenlebens von Menschen.

Zugleich komme ich auch hierbei in zweifelhafte Grenzbereiche: Ich müsste dann die Patienten trainieren, ihre Lügen konsequent durchhalten zu können – auch mir gegenüber. Aber welche Basis einer therapeutischen Zusammenarbeit habe ich dann überhaupt?

Dem möchte ich entgegensetzen, dass wir eine unbewusste emotionale Kommunikation haben, die auch in bedrückender Wirklichkeit Halt geben kann, deren Wahrheit aber durch bewusste Lügen auch nicht einfach übergangen werden kann. Jeder bewusste oder unbewusste Einsatz von Lüge wird durch diese tiefere Wahrheit konterkariert und kann deshalb in sich nur unstimmig sein.

Für eine authentische Beziehung

In meinem Resumé möchte ich einige Punkte aus anderen Beiträgen aufgreifen. Es hat mich beeindruckt und gibt mir für unsere Arbeit zu denken, dass auch in der Diplomatie das gegenseitige Vertrauen von zentraler Bedeutung ist und ein zentrales Argument der Theologie der Schutz des Vertrauens ist. Ich erlaube mir, auch Herrn Retzer dahingehend zu verstehen, dass Beziehung weit wichtiger als Realitätsprüfung ist und nach Herrn Stoffels wir keine Realitätserinnerung, sondern nur Rekonstruktion haben.[31] Nehme ich dann noch die von mir dargestellte vielfältigen Funktionen, aber auch chamäleonhafte Natur von Lüge, Täuschung und Tarnung hinzu, drängt sich mir der Schluss auf, dass dieses Thema nur von untergeordneter Bedeutung ist. Tatsächliche Wahrheit erreichen wir nur in einer authentischen offenen Haltung, nicht in bewussten oder unbewussten inhaltlichen Mitteilungen. Wollen wir die affektiv-emotionalen mentalen Vorgänge erreichen, geschieht dies nicht durch Darüber-Reden, sondern über unmittelbare Beziehungserlebnisse. Diese lassen sich nicht erzeugen, sondern sie können sich ereignen, wenn sich unsere Haltung dafür öffnet. Dies liegt dann jenseits aller erfahrbaren Realität, also jenseits unseres psychologischen Wissens oder beeinflussenden Handelns, das alles zur Lüge werden kann. Als beschreibende Annäherung liegt mir Martin Bubers Ich-Du nahe und ich bin beruhigt, dass er natürlich unser ganzes Wissen und Erfahren als Grundlage des Alltags nicht ablehnt, so wie wir unser Fachwissen und die Therapieausbildungen zur Strukturierung unserer täglichen Arbeit benötigen.[32] Sinnhaft und täuschungsüberwindend wird sie aber nur in der Ausrichtung auf wirkliche Begegnung. Darin können wir dann den Appell durch das Antlitz des Anderen hören, auf den uns Emmanuel Levinas aufmerksam gemacht hat[33]. Leicht kann falsch verstandene Professionalität zur Vergegnung (mit diesem Begriff hat Martin Buber seine Beziehung zur eigenen Mutter beschrieben)[34] und zur Verweigerung gegenüber dem Anderen führen.

Damit überschreiten wir auch heute übliche medizinethische Argumentation, die üblicherweise auf utilitaristischen Argumenten aufbaut.

Der Versuch, die Lüge nicht zu entreißen, sondern sie unnötig werden zu lassen, ist ein Ausweg aus dem Labyrinth von Lüge und Täuschung, wenn er auch viel Geduld erfordert. Hier handelt es sich darum, das Vertrauen des Patienten zu erwerben, wozu in vielen Fällen auch notwendig sein kann, sich als authentischer Mensch in die Begegnung hinein zu begeben. Dabei mag sich die Spreu vom Weizen trennen. Wenn hinter dem psychologischen Beruf das Bedürfnis nach Kontrolle steht, danach, die anderen Menschen in Schach und sich vom Leibe zu halten, ist es nicht möglich, sich auf wirkliche Begegnung einzulassen.

Ich glaube, dass meine Ausführungen viele Hinweise enthalten, dass man der Frage nach Lüge und Täuschung mit unserer wissenschaftlichen und das heißt heute in der Medizin in erster Linie naturwissenschaftlichen Annäherung nicht ganz gerecht wird. Ich frage mich manchmal, ob der naturalistische Fehlschluss, gegen den bereits Hume und Moore letztgültig argumentiert hatten, nicht klammheimlich im Zuge eines naturwissenschaftlichen Monismus wieder Einzug gehalten hat. Diesem sollten wir uns nicht beugen, falls wir uns den Menschen mehr als der Wissenschaft verpflichtet fühlen. Wenn wir Lüge und Täuschung nicht nur beschreiben wollen, sondern im Einzelfall entscheiden wollen, ob wir sie akzeptieren oder dagegen angehen wollen, brauchen wir einen anderen Hintergrund.

Ich möchte in diesem Zusammenhang die Philosophin Susan Neiman zitieren:

> Im weitesten Sinn stimmen wir vermutlich mit Comte überein, dass die Geschichte des Geistes vom theologischen zum metaphysischen und schließlich zum wissenschaftlichen Zeitalter fortschreitet. Meine These ist, dass diese Ansicht selbst eine historische ist.
>
> Deshalb sollten wir uns im Heilberuf der Wissenschaft nicht gänzlich verschreiben. In diesem Beruf sind wir im Sinne Kants, dass der Andere nie nur Mittel sein darf, sondern immer zugleich Zweck unserer Absicht sein muss, zu einer Ethik des Anderen und der Begegnung berufen.[35]

Anmerkungen

[1] Damsio (2003) hat als bedeutender Vertreter der neurobiologischen Sichtweise hervorgehoben, dass unser Denken, Entscheiden und Handeln überwiegend aus nicht bewussten Quellen gesteuert wird. Damit ist eine Annäherung der modernen Wissenschaft an die 100 Jahre alte Psychoanalyse erfolgt.

[2] In der Psychiatrie wie auch der Psychoanalyse wird häufig auf Ibsen verwiesen. Dietzsch (1998) beschreibt Ibsens Lebenslüge in seiner Geschichte der Lüge. Eine neuer Verwendung des Begriffs findet sich bei Chu (2005). .

[3] Das Falsche Selbst ist ein zentrales Konzept von Donald Winnicott (z.B. 1992), das zwar eine Funktionstüchtigkeit im Alltag erhält, aber primär auf Abwehrprozessen aufbaut und eine Reaktion auf wenig förderliche Beziehungserfahrungen ist.

[4] Thomas Nagel (1990) behandelt in seiner kurzen aber lesenswerten Einführung in die grundlegenden philosophischen Probleme auch das „Fremdpsychische" (S. 18ff).

[5] Ich halte Bergsons Konzept der Integration aller Erfahrungen, der Sammlung in einem Augenblick und der Beschreibung der ganz individuellen Melange an Einflüssen auf das Individuum bis heute als eines der überzeugendsten Konzepte, das das Wissen um die Entwicklung des Menschen mit der Vorstellung eines freien Willens verbindet. (Bergson 1911).

[6] Eine sehr schöne Diskussion zu diesem Thema hat Brüntrup (2001) geschrieben. Darin kann er nachweisen, dass aus philosophischer Sicht keine schlüssigen Argumente gegen dualistische Konzepte vorliegen.

[7] Ledford (2008) wirft diese Frage in den Nature News am 24. Juni 2008 auf und belegt dies u. A. mit einem Interview mit Jürgen Tautz.

[8] Heinrich Hoffmann (1845) hat in seinen „Lustige Geschichten und drollige Bilder für Kinder von 3–6 Jahren", die später als „Der Struwwelpeter" erschienen sind, das erste Kinder- und Jugendpsychiatrische Lehrbuch beschrieben, das die zentralen Krankheitsbilder in bis heute gültiger Form beschreibt. Seine therapeutischen Vorschläge sind jedoch heute obsolet und verbieten dieses Buch als Kinderbuch.

9 Emminghaus (1887) kann das erste wissenschaftliche Lehrbuch der Kinder- und Jugendpsychiatrie zugeschrieben werden.
10 Emminghaus S. 89.
11 Emminghaus S. 93.
12 Karl Jaspers (1913) Psychopathologie kann bis heute als Basislektüre jedes angehenden Psychiaters gelten. Hier S. 64ff.
13 Jaspers S. 126.
14 Jaspers S. 371.
15 Jaspers S. 184.
16 Jaspers S. 273.
17 Jaspers S. 671.
18 Jaspers S. 273f.
19 Jaspers S. 353.
20 Jaspers S. 575.
21 Beispielhaft hat dies Yang eröffentlicht.
22 Kruesi hat hierzu Untersuchungen gemacht.
23 Die DSM-IV-TR, deutsch veröffentlicht von Saß et al. (2003), darf als zentrale Klassifikation weltweit gelten. .
24 Dilling (2008) veröffentlichte eine übersichtliche Darstellung des Psychiatrie-Kapitels V (F) der ICD 10.
25 Eine Darstellung dieses Problembereichs bei Jugendlichen und Stellungnahme hierzu findet sich bei Barth 2009.
26 Siehe das Wahnkonzept bei Karl Jaspers (1913).
27 Martin Buber, dessen Leben im Zeichen der Versöhnung stand, beschreibt in Ich und Du 1923, dass echte Wut fruchtbarer ist als antlitzlose Fürsorge. Ausgabe in „Das Dialogische Prinzip" (1984).
28 Diese Beiträge sind zu finden in der Internet-Patientenzeitung ehemaliger Patienten unter www.labirinth.de.
29 Persönlicher Bericht einer ehemaligen Patientin A. über ihre nachfolgende Behandlung in einer anderen Universitätsstadt.
30 Solche Umfragen sind immer vorsichtig zu genießen und sind im Grunde nicht zitierfähig, aber jeder tätige Arzt wird diese Tendenz bestätigen und sich im Einzelfall berechtigt fühlen, im Interesse des Patienten im Einzelfall auch auf Koten der Wahrheit Partei zu ergreifen.
31 Siehe die anderen Beiträge in diesem Band.
32 Siehe die Gegenüberstellung von Ich-Du-Haltung und Ich-Es-Haltung bei Martin Buber (1923).
33 Emmanuel Levinas (2003) hat dies in seiner Vorlesung aus den 40-er Jahren, als zentrale Form der Ethik beschrieben.
34 Martin Buber (1963) berichtet diese Formulierung selbst in seinen Autobiographischen Fragmenten (S. 1-2).
35 Susan Neimann (2006) weist darauf in ihrer abendländischen Philosophiegeschichte eindrücklich hin.

Literatur

Barth, G.M. (2009): Internet- und Computerspielsucht bei Jugendlichen: ein vielgestaltiges Problem. Schweizer Zeitschrift für Psychiatrie & Neurologie 9 (2), 2009: 35–42.

Barth, G. M. (2009): Editorial: Computerspielsucht und Gewalt. Schweizer Zeitschrift für Psychiatrie & Neurologie 9 (2), 2009: 3.

Bergson, H. (1911): Zeit und Freiheit. Jena: Diederichs.

Brüntrup, G. (2001): Das Leib-Seele-Problem. Stuttgart: Kohlhammer.

Buber, M. (1923): Ich und Du. In: Das Dialogische Prinzip. Heidelberg: Lambert Schneider 1984.

Buber, M. (1963): Autobiographische Fragmente. In: Martin Buber, herausgegeben von Paul Arthur Schilpp und Maurice Friedmann. Stuttgart: Kohlhammer.

Chu , V. (2005): Lebenlügen und Familiengeheimnisse. München: Kösel.

Damasio, A.R. (2003): Ich fühle, also bin ich. München: List.

Dilling, H. (2008):. Bern: Huber.

Ditzsch, S. (1998): Kleine Kulturgeschichte der Lüge. Leipzig: Reclam.

Emminghaus, H. (1887): Handbuch der Kinderkrankheiten. Nachtrag 2: Die psychischen Störungen des Kindesalters. Tübingen: Laupp.

Hoffmann, H. (1845): Esslinger Verlag Schreiber 1997.

Jaspers, K. (1913): Allgemeine Psychopathologie. Berlin: Springer 1996.

Kruesi, M. J. P. und Casanova, M. F. (2006): White matter in liars. The British Journal of Psychiatry, 188(3), 293–294.

Ledford, H. (2008): Are honeybees gullible. Nature online, 24 June 2008.

Levinas, E. (2003): Die Zeit und der andere. Hamburg: Meiner.

Nagel, T. (1990): Was bedeutet das alles. Stuttgart: Reclam.

Neiman, S. (2006): Das Böse denken. Eine andere Geschichte der Philosophie. Frankfurt am Main: Suhrkamp.

Saß, H., Wittchen, H.-U. und Zaudig, M. (2003): DSM-IV-TR. Göttingen: Hogrefe.

Winnicott, D. (1992): Aggression: Versagen der Umwelt und antisoziale Tendenz. Stuttgart: Klett-Cotta.

Yang, Y., Raine, A., Lencz, T., et al (2005): Prefrontal white matter in pathological liars. The British Journal of Psychiatry, 187, 320–325.

DIETER STÖSSER

Gefahren der Tarnung und Täuschung
Kooperation im Dreieck: Kinder- und Jugendpsychiatrie, Klinikschule und Jugendhilfe

> *Die Wahrheit ist die Erfindung eines Lügners.*
>
> *Die Information einer Beschreibung hängt von der Fähigkeit eines Beobachters ab, aus dieser Beschreibung Schlussfolgerungen abzuleiten.* (Heinz von Foerster)

Kooperatives Spannungsfeld im therapeutischen Setting in der Kinder- und Jugendpsychiatrie

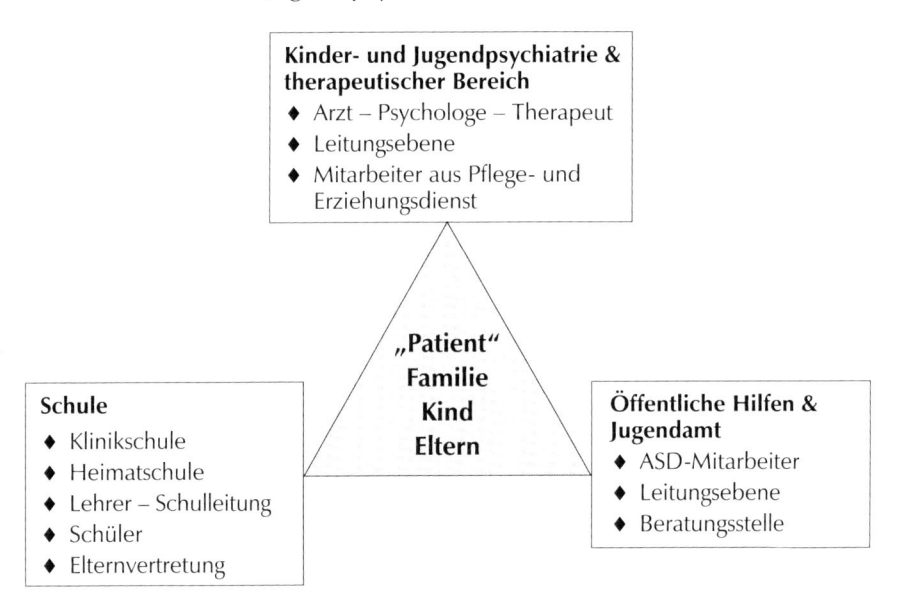

Kinder- und Jugendpsychiatrie & therapeutischer Bereich
- Arzt – Psychologe – Therapeut
- Leitungsebene
- Mitarbeiter aus Pflege- und Erziehungsdienst

„Patient"
Familie
Kind
Eltern

Schule
- Klinikschule
- Heimatschule
- Lehrer – Schulleitung
- Schüler
- Elternvertretung

Öffentliche Hilfen & Jugendamt
- ASD-Mitarbeiter
- Leitungsebene
- Beratungsstelle

Patient – Kind – Eltern – Familie

In der Medizin spricht man ganz selbstverständlich von *der* Arzt-Patient-Beziehung. In der Kinder- und Jugendpsychiatrie gibt es „den" Patienten oder „die" Patientin nicht, sondern man hat es im klinisch-therapeutischen Setting einer kinder- und jugendpsychiatrischen Klinik im Regelfall mit einem komplexen familiären System zu tun. Man trifft stets auf das familiäre und soziale

Umfeld um das vermeintliche „Problemkind" herum, seien die bedeutsamen Personen (Bezugspersonen) konkret beteiligt oder nicht. Selbst wenn nur wenige Familienmitglieder aktiv beteiligt sind (z.b. die Mutter und ein Kind), sind die abwesenden Personen von impliziter oder expliziter Bedeutung.

Die beteiligten bzw. bedeutsamen Personen haben jeweils eine eigene Perspektive auf die Situation:

Patienten/Klientenperspektive
– Eltern-/Elternteilperspektive
– Kindperspektive
– Angehörigenperspektive (Geschwister, Großeltern etc.)

Die Familie mit dem „Indexpatient" (in der Klinik vorgestelltes Kind oder Jugendlicher) oder eine Familie mit einem „Indexproblem" in der Familie (unser Problem ist...) trifft im Rahmen einer eingehenden Diagnostik oder Behandlung im klinischen Setting einer Kinder- und Jugendpsychiatrie auf Helfer, Mitwirkende oder auch „Gegner".

Zunächst trifft die Familie auf die therapeutische Institution an sich mit seinen Mitarbeitern aus verschiedenen Berufsgruppen und Aufgaben:

Kinder- und jugendpsychiatrische sowie therapeutische Perspektive
– Ambulanzschwester – Sekretärin (Terminvergabe, Initialtelefonat)
– Arzt – Psychologe – Therapeut
– Mitarbeiter aus Pflege- und Erziehungsdienst sowie Sozialpädagogen
– Leitungsebene

Im Falle einer (teil-)stationären Behandlung kommt das System der Schule dazu, nicht nur die Heimatschule, sondern im Rahmen der Therapie die Klinikschule als Ort der vorübergehenden Beschulung:

Schulperspektive
– Heimatschule
  • Lehrer
  • Schulleitung
  • Schüler
  • Elternvertretung
– Klinikschule
  • Lehrer + Rektor

Neben der Schule als üblicherweise in dieser Altersgruppe zentrales soziales und berufliches Umfeld gibt es häufig Informationen oder Eindrücke aus dem Bereich der Jugendhilfe einzubeziehen. Der Kontakt, die Kooperation oder die Kontaktgestaltung mit dem Jugendamt kann sehr vielschichtig erfolgen. In vielen Fällen stellt sich die Frage nach einer Beratung in der Vergangenheit, (z.B. in einer Erziehungsberatungsstelle), oder nach bereits durchgeführten öffentlichen Hilfen (Jugendhilfemaßnahmen, gewährt und finanziert durch das Jugendamt). Bisweilen waren evtl. bereits Eingriffe in die Familie thematisiert oder erfolgt (z.b. im Sinne des Kinderschutzes, zur Abwendung einer Kindeswohlgefährdung durch das Jugendamt in der Funktion als „Wächteramt").

Öffentliche Hilfe & Jugendamtsperspektive
– ASD-Mitarbeiter (Allgemeiner sozialer Dienst)
– Leitungsebene
– Bereich wirtschaftliche Hilfen
– Beratungsstelle

Kontextklärung, Auftragsklärung und Motivation der Familie

Am Beginn eines diagnostischen oder therapeutischen Prozesses steht implizit oder explizit die Klärung des Kontextes und der Auftragslage. Es stellen sich dem diagnostisch oder therapeutisch Tätigen in der Klinik u.a. die folgenden Fragen:

– Mit wem haben wir es zu tun?
– Wen müssen oder wollen wir aus formalen Gründen einbeziehen (gemeinsames Sorgerecht)?
– Wen wollen wir inhaltlich einbeziehen? Z.B. *beide* Eltern, weitere (Patchwork-)Familienmitglieder (z.B. neue Partner), Therapeuten, Schule, Jugendamt etc.
– Wie erlebe ich die Personen bzw. die Familie im (Erst)kontakt?

Hierfür ist eine (gedankliche) Einteilung in die folgenden Gruppen hilfreich:

– *Patient* („Leidender", „Duldender", „Ertragender"): Standardbegriff in der Medizin.
– *Kranke*: sehr geläufige Bezeichnung in der Körpermedizin (s.a. Bezeichnung der Klinikschule: „Schule für Kranke").
– *Kunden* („kundig"): eigentlich aus wirtschaftlichen Kontexten und dem Handel stammender, zunehmend auch im Dienstleistungsbereich geläufiger Begriff.
– *Besucher*: s.u.
– *Klagende*: s.u.
– *Klienten*: im therapeutischen Setting oftmals Ziel, als Gegenüber für die konstruktive therapeutische Beziehung einen Klienten zu haben.

Vor allem die einstweilige und jederzeit veränderbare (fließende) Einteilung in die 3 Kategorien: *Besucher – Klagende – Klienten* hat sich bewährt und ist für das weitere Vorgehen sinnvoll und hilfreich:

- *Besucher*: Ein Besucher kommt im Auftrag von Dritten (z.b. Schule, Jugendamt). Ein Besucher folgt z.b. einer Auflage bzw. eines Fremdauftrages, sieht aber selbst in seinem Verhalten und in seiner Person kein Problem.
  → *hohes Tarn- und Täuschungspotential*
- *Klagender*: Ein Klagender hat ein eigenes Anliegen, sieht sich selbst aber nicht als Teil des Problems und auch nicht als Teil der Lösung. Er kommt meist mit der Vorstellung, dass eine *andere* Person sich ändern müsse. Klagende können zu Kunden werden.
  → *mittleres Tarn- und Täuschungspotential*
- *Kunde*: Ein Kunde hat ein Anliegen und ist bereit, Schritte zur Lösung des Problems zu unternehmen. Er ist motiviert und Aufgaben können direkt gestellt werden.
  → *Kooperationspartner, geringes Tarn- und Täuschungspotential*

Aus dieser Eingangseinschätzung ergeben sich motivationale Informationen, Hinweise für das weitere Vorgehen und auch differenzierbare Risiken von „Tarnung oder Täuschung". Es ergeben sich also unterschiedliche Erwartungshorizonte für die Offenheit der Kommunikation, für die Zielstrebigkeit der Kooperation oder für den Vermeidungsgrad der Kommunikation und der Interaktionsmuster mit dem Gegenüber.

Neben dieser Grobeinteilung für den „prima-vista-Eindruck" in der Eingangssituation lohnen sich initial weitere Fragen, seien diese konkret der Familie gestellt, mit ihr erörtert oder intern im Behandlungsteam reflektiert:

- Wer will etwas von der Kinder- und Jugendpsychiatrie (KJP)?
- Wer hat den (größten) Leidensdruck?
- Wer hat die (stärkste, schwächste) Motivation?
- Wer motiviert oder drängt von außen?
- Bei wem ist die Kooperationsbereitschaft wie ausgeprägt?
- Welche allgemeinen (Vor-)Einstellungen und Wahrnehmungen zu Institutionen wie Jugendamt, Ämtern, Schule, Psychiatrie liegen bei den Beteiligten vor? Hier spielen die eigenen biografischen Erfahrungen der Erwachsenen (Wirklichkeitskonstrukte, Überzeugungen, Vorurteile) eine bedeutsame Rolle.

Für das Erreichen des Ziels einer konstruktiven Kooperation bzw. eines guten Behandlungsergebnisses sind gute Kooperationspartner erforderlich. Daraufhin gilt es vom Erstkontakt an zu arbeiten. Je nach therapeutischer Orientierung spielt das Ziel einer Klienten- oder Kundenbeziehung mit dem ursprünglich als „Patienten" oder „Kranken" bezeichneten Menschen eine mehr oder weniger große Rolle.

Kommunikative Herausforderungen in der Kooperation im therapeutischen Setting in der Kinder- und Jugendpsychiatrie

Beim Aufeinandertreffen unterschiedlicher Menschen aus voneinander entfernten Ausgangslagen bei eingeschränkter gegenseitiger Wahlfreiheit (betroffene Familie versus Therapeuten) können leicht kommunikative Missverständnisse entstehen. Eine rundum gelungene Kommunikation ist in einem solchen Setting (mehr oder weniger zufällige Zuordnung der Familie zu einem Untersucher oder Behandler per Überweisung u.ä.) jedenfalls keineswegs selbstverständlich. Es ergibt sich eine beträchtliche *Ent-„Täuschungsgefahr"* seitens der Institution KJP.

Folgende Formulierungen über implizite (unbewusste) oder explizite (bewusste) Erwartungen oder Haltungen sollen dieses Gefahrpotential verdeutlichen:

- „Helfen Sie uns, wir schaffen es nicht alleine!", „Sie sind die Spezialisten, Sie müssen unsere Probleme lösen".
- „Die Behandlung der beschriebenen Symptomatik ist bei uns gut möglich, der therapeutische Erfolg ist sicher erreichbar!" „Wir sind die Spezialisten dafür!".
- „Wir können Ihr Kind erst im stationären Setting *richtig* einschätzen." („So können wir sie/ihn *wirklich* kennen lernen und sagen was sie/er *wirklich* braucht").
- „Die Trennung von zu Hause (stationäre Behandlung) hat positive Wirkungen auf die Entwicklung" („lassen Sie sich darauf ein!").
- „Unsere Behandlung ist effektiv und die Behandlungsdauer wird kurz sein."
- „Nur wenn wir lange (ambulant/stationär) behandeln, kann sich *wirklich* etwas verändern!" „Nur eine lange Behandlung hat langfristige, *echte* Effekte".
- „Die Therapie sichert oder bringt den Verbleib in der Familie." („entweder Sie kooperieren, oder das Jugendamt ….").
- „Die Therapie verbessert die Beziehungen zwischen dem Kind und den Eltern", „die Behandlung hilft allen in der Familie".
- Die Therapie bringt etwas für die elterliche (Paar-)Beziehung." „Sie als Eltern/Paar haben was davon!".

- „Alles wird bei uns offen kommuniziert, nichts passiert ohne Wissen bzw. gegen den Willen der Eltern", „Wir reden offen über jeden Schritt oder Kontakt mit anderen", „Sie bekommen alles mit, was in der Klinik gemacht wird".
- Die negativen Gefühle des Patienten gegenüber seinen Eltern oder Familienmitgliedern werden intern in der Klinik gehalten, d.h. der Familie werden diese nicht mitgeteilt, aus Schutz des Kindes/Jugendlichen: „therapeutischer Schutzraum", Vertrauensbasis, Schweigepflicht.
- Vorfälle in der Klinik (z.B. aggressive Verhaltensweisen des Kindes/Jugendlichen) werden vor den Eltern „verheimlicht", „sonst bekommt er/sie Zuhause schlimme Konsequenzen oder die Familie bricht die Therapie ab".
- Der Verlauf der Behandlung wird seitens der Therapeuten idealisiert, um Fortsetzung zu erhalten („er/sie ist auf einem guten Weg...").
- Der Verlauf der Behandlung wird seitens der Therapeuten negativ dramatisiert, um die Fortsetzung der Behandlung zu begründen: „Er/sie ist noch lange nicht so weit, braucht noch länger Therapie".
- „Wir müssen mit dem anderen sorgeberechtigten (getrennten) Elternteil sprechen" (evtl. sogar gegen den Willen des vorstelligen Elternteils) „wir wollen auch mit ihr/ihm zusammen arbeiten".
- „Wir brauchen eine umfangreiche Schweigepflichtentbindung für unsere Kooperation mit...".

Neben den Kommunikationsprozessen zwischen therapeutischer Einrichtung (Klinik) und der Familie gibt es noch weitere institutionelle oder formale „Mitspieler" und Einflussgrößen.

Es können aus diesen Systemen im Umfeld weitere „Einladungen" zum Tarnen und Täuschen kommen, z.B. an die kinder- und jugendpsychiatrische Klinik:

Krankenkasse/Medizinischer Dienst der Krankenkassen (MDK)
Wenn es um die Kostenübernahme oder Fortsetzung einer kostspieligen stationären Maßnahme geht, melden sich die Kostenträger üblicherweise rasch, um sich „fürsorglich" über den Verlauf und die weitere Dauer der Behandlung zu informieren.

Für eine zu beantragende Kostenzusage oder eine Verlängerung der Kostenübernahme erscheint eine gewisse Dramatisierung der Symptomatik und Problematik „hilfreich".

DRG-System
Im DRG-System wird die Anzahl der „Ressourcen verbrauchenden" Diagnosen geldwert honoriert. D.h. je mehr zu behandelnde Diagnosen formuliert werden können, desto höhere Pauschalen, Vergütungen und Einnahmen er-

zielt die Klinik. („Je kränker, desto besser"). Diagnosen bekommen implizit den Charakter einer Art Währung.

Jugendamt/Jugendhilfe
Wenn es um die Weitervermittlung von in der Kinder- und Jugendpsychiatrie therapierten Kindern und Jugendlichen geht, so kommt das System Jugendamt und Jugendhilfe ins Spiel. Neben der eigenen fachlichen Kompetenz und Autonomie in den Entscheidungen über die Gewährung angemessener und notwendiger Hilfen in diesem System kommen durch die ökonomischen Grenzen der öffentlichen Hilfen (Steuergelder knapp, leere öffentliche Kassen, Spardruck, Wirtschaftskrise) ganz neue Herausforderungen. Diese tangieren die helfenden Absichten („die beste Hilfe oder Maßnahme" für das Kind, den Jugendlichen, die Familie) in zunehmenden Maß. Während man vor ca. 10 Jahren noch gut darauf vertrauen konnte, dass eine aus der klinischen (stationären) Behandlung heraus erarbeitete und vorgeschlagene Jugendhilfemaßnahme (z.B. Wohngruppenunterbringung) vom Jugendamt bereitwillig übernommen wurde, so geht heutzutage die Planung parallel (im besten Fall), oder unabhängig voneinander (mit der Chance für eine Übereinstimmung), oder gar konträr zwischen den beiden Systemen. Diese Ungewissheit über die Perspektive eines Kindes oder Jugendlichen im Helfersystem Jugendhilfe erfordert ein antizipierendes „taktisches" Denken: wie kann oder muss man argumentieren, damit eine für sinnvoll und notwendig erachtete Maßnahme auch unterstützt und genehmigt wird? Wie soll man einen Behandlungsbericht unter dieser Prämisse formulieren, ohne dabei natürlich unkorrekt oder gar bewußt falsch zu berichten:
  Welcher Duktus in der Berichterstattung ist sinnvoll und zielführend? Sollte man eher die Tendenz zu einer ressourcenorientierten (oder gar „beschönigenden") Darstellung wählen? Oder ist eine eher defizitorientierte (dramatisierende) Beschreibung der Problematik, der Symptomatik oder des Verlaufs zur Förderung der Genehmigung einer Jugendhilfe-Maßnahme hilfreich? Sollte man eine Kindeswohlgefährdung als bedeutsames Argument eher „großzügig" attestieren, selbst wenn es (noch) keine konkreten „objektiven" Befunde oder „Beweise" gibt? Wie wirkt eine solche Darstellung im Bericht dann auf die Eltern, die den Bericht ja auch bekommen?

Ein weiteres Umfeld stellt nicht nur vor oder während der Behandlung, sondern auch danach das System Schule dar.

Heimatschule/neue Schule
Eine Weitervermittlung auf eine Schule ohne Aufnahmeverpflichtung stellt bisweilen eine hohe kommunikative Herausforderung dar. Soll man die positiven Entwicklungen in der Therapie hervorheben und eher beschönigen, damit

eine Rückführung in die bisherige oder eine Aufnahme in einer neuen Schule erfolgen kann? Inwieweit sollte man in diesem Kontext die (weiterhin) bestehenden Schwierigkeiten betonen oder „ehrlich" berichten.

Es stellt sich also die Frage: Welche Tendenz in der Berichtsverfassung „ist richtig und wahr"? Gibt es den „richtigen Bericht" in diesem Kontext überhaupt? Es erscheint je nach Kontext eine Defizitorientierung oder Ressourcenorientierung in schriftlichen oder mündlichen Darstellungen und Berichten ziel führender

In einem ähnlichen Dilemma könnten Mitarbeiter der öffentlichen Hilfen (z.B. Jugendamt) sein: Es können aufgrund der Ausgangslage gewisse „Einladungen" zum Tarnen und Täuschen seitens der Jugendhilfe gesehen werden.

Öffentliche Hilfen – Jugendamt – Beratungsstelle

- *Schule*: Im Rahmen der Beteiligung des Jugendamtes könnte versucht werden für Schüler/innen mit sozial auffälligem Verhalten Brücken zu bauen um die Schule zur weiteren Integration zu bewegen. Ferner könnte ein betontes, schützendes Verständnis für bildungsferne und/oder belastete Eltern zu wecken versucht werden.
- *KJP*: Psychische Störungen bei Jugendliche könnten tendenziell dramatischer (notfallmäßiger) beschrieben werden, um Jugendlichen eine Aufnahme in der Klinik vorzubahnen, zu erleichtern oder zu ermöglichen.
- *Niedergelassene Therapeuten*: Sachlage dramatisch darstellen zwecks Verkürzung der Wartezeiten
- *Jugendamt intern*: In der psychosozialen Diagnosestellung könnten Probleme in einer Familie dramatisiert und Gefährdungen „hoch gehängt" werden, um kostenintensive Maßnahmen gegenüber dem Bereich der wirtschaftlichen Hilfe bzw. unter dem auferlegten Spardruck rechtfertigen zu können.

Tarnen und Täuschen haben begrifflich – zumindest in zwischenmenschlichen Beziehungen – eine negative Bedeutung, einen „schlechten Ruf". In der Biologie hingegen lassen sich damit eher sinnvolle und notwendige Vorgehensweisen im Dienste des Überlebens beschreiben. Wenn man nun auch in zwischenmenschlichen Bezügen über den „negativen touch" hinwegsieht und aus einer distanzierten Position die neutrale Funktionalität von Tarnungen und Täuschungen erkennen kann, dann bekommen die Begriffe Tarnen und Täuschen in vielen uns geläufigen Kontexten weniger eine negative und zu verhindernde Bedeutung, sondern eine neutrale oder gar wertzuschätzende Qualität. Tarnungen und Täuschungen können aus systemischer Sicht als „normale" Vorgehensmuster, als bisweilen notwendige, für einen legitimen und hehren Zweck hilfreiche und sinnvolle Methoden sein. Tarnungen und (Selbst-)Täuschungen sind selbstverständliche Anteile zwischenmenschlicher Kommunikation, welche per se keine Wertung enthalten müssen. Aus dieser Sicht heraus kann man distanzierter, aber auch professioneller mit diesen und anderen kommunikativen Mustern umgehen. Man darf dann auch getäuscht werden oder sich täuschen, ohne sich betrogen zu fühlen, sondern man kann unter Verzicht auf „die Wahrheit" diese Aspekte offen ansprechen und in die direkte Kommunikation integrieren, unter Wahrung einer neutralen (nicht gleichgültigen!) Haltung.

Epilog

Robert Enke
* 24. August 1977 in Jena;
† 10. November 2009 in Eivelse

Das Symposium am 13. und 14.11.2009 stand unter dem aktuellen und intensiven Eindruck des wenige Tage davor erfolgten Suizids von Robert Enke, dem damals aktuellen Torwart der Fussball-Nationalmannschaft. Robert Enke hatte sich – für seine gesamte soziale Umgebung völlig überraschend – am Abend des 10. Novembers 2009 vor einen Regionalzug geworfen und geplant umgebracht.

Erst nach seinem Tod wurden zahlreiche Aspekte seiner schon länger bestehenden depressiven Verstimmungen bekannt und von seiner Frau durchaus offensiv an die Öffentlichkeit gebracht. Seine Frau trat in einer bewegenden Pressekonferenz vor die Medien und teilte der Nation mit, was innerhalb der Familie schon seit Jahren ein dauerhaftes Thema war und wie ein Damoklesschwert über der Familie hing: Robert Enkes Depressionen und seine innere Verzweiflung darüber, die er vor der Öffentlichkeit verheimlichen musste. Es wurde deutlich, wie erfolgreich er seine Umgebung, seinen Verein, seine Kollegen, die Fans, ja ganz Fussball-Deutschland „getäuscht" hatte bzw. seine depressive Problematik verstecken konnte. Nur sein engster familiärer Kreis, insbesondere seine Frau kannten diese, von ihm nach außen aktiv verborgene Seite. Die beiden hatten offenbar aus Angst vor einem Öffentlichwerden seiner Problematik und der daraus folgenden (bzw. befürchteten) Reaktionen der Umgebung - der als wenig empathisch erlebten (Fussball-)Welt – diesen Weg der Verschwiegenheit gewählt.

Robert Enke entstammte einer sportbegeisterten Familie. Sein Vater war Psychotherapeut und erfolgreicher 400-Meter-Hürdenläufer, seine Mutter Handballspielerin. Enke legte auf dem Jenaer Sportgymnasium sein Abitur ab. Er plante ein Studium, entschied sich dann aber für eine Karriere im Profifußball. Eigentlich war er also optimal darauf eingestellt, Psyche und Körper, Sport und Emotionen in Einklang zu bekommen. Er war intelligent, reflektiert, ein Familienmensch und nicht süchtig nach oberflächlicher Anerkennung, er war kein Superstar mit entsprechenden Allüren oder divenartigem Auftreten. Er zeigte sich nicht als Narzisst, sondern als beliebter Vorzeigeathlet, geschätzter Profi, Idol und Vorbild für die Jugend.

Seine Frau Teresa Enke formulierte auf der viel beachteten Pressekonferenz am 11.11.2009, die am Tag nach dem Selbstmord von Robert Enke angesetzt worden war:

„Wir haben gedacht, wir schaffen alles, mit Liebe schafft man alles, aber es geht eben doch nicht immer". Teresa Enke sprach darüber, wie es war, die Depressionen ihres Ehemannes jahrelang vor der Öffentlichkeit zu verbergen.

Enkes Frau Teresa sagte ferner:

> „Wenn er akut depressiv war, dann war es schon eine schwere Zeit. Das ist klar, weil ihm auch der Antrieb gefehlt hat und die Hoffnung auf baldige Besserung. Die Schwere bestand auch darin, das Ganze nicht in die Öffentlichkeit zu tragen. Das war sein Wunsch, weil er Angst hatte, seinen Sport zu verlieren. Was natürlich Wahnsinn ist. Die Zeit war nicht einfach, aber wir haben sie gemeinsam durchgestanden.
>
> Wir hatten schon einmal eine schwere Zeit. Auch nach Laras Tod hat uns alles so zusammengeschweißt, das wir dachten, wir schaffen zusammen alles. Ich hab versucht ihm zu sagen, dass es immer eine Lösung gibt.
>
> Er wollte keine Hilfe mehr annehmen. Er wollte es nicht aus Angst, dass es rauskommt. Aus Angst, dass wir Leila verlieren. Es ist die Angst, was denken die Leute, wenn man ein Kind hat, und der Vater ist depressiv. Ich hab ihm immer gesagt, das ist kein Problem. Robert hat sich liebevoll um Leila gekümmert - bis zum Schluss."

Es spielten somit – in der Gesamtschau – auch irrationale Sorgen und Ängste um ihr Adoptivkind Leila eine Rolle: nämlich die Befürchtung, dass das Jugendamt das kleine Kind aus der Familie holen könnte, falls die Depressionen des Vaters bekannt würden. Dass er und seine Frau höchstwahrscheinlich kompetent und ohne jegliche benennbare Kindeswohlgefährdung als gute Eltern und Familie „funktionierten", konnte er subjektiv nicht für sich sicher fühlen.

Im September 2006 war ihre leibliche Tochter im Alter von zwei Jahren an einem angeborenen Herzfehler verstorben. Im Mai 2009 adoptierten sie die kleine Leila und das Familienglück schien wieder komplett, aber der Schein trog. Robert Enke schaffte es zwar, sich mutig, konzentriert und erfolgreich auf dem Trainingsplatz, im Stadion und insgesamt im harten Profigeschäft Fußball zu etablieren, aber er schaffte es nicht, aus dieser eigentlich privilegierten Erfolgsgeschichte heraus seine Depressionen zu überwinden. Robert Enke war in einer ambulanten psychotherapeutischen Behandlung. Seinem Therapeuten verheimlichte er jedoch auch die Schwere seiner Symptomatik in der Zeit direkt vor dem Suizid, damit dieser nicht seine Pläne, seinen autonomen und unaufhaltsamen Weg in Richtung Freitod stören könnte (z.B. über eine Zwangseinweisung). Noch am Tag des Suizids hatte er intensivere (stationäre) Hilfe abgelehnt, wie sein Psychiater und Psychotherapeut Valentin Markser berichtete.

Valentin Markser sagte auf der Pressekonferenz am Tag nach dem Suizid:

„Diese Phasen gehen nicht mit akuten, sondern eher mit latenten Selbstmordgedanken einher. Wir standen uns sehr nahe und wir haben letzten Endes diese Gefährdung nicht bemerkt. Er konnte das Ausmaß gut verbergen. Er hat bis zum Schluss die Veröffentlichung gescheut und das für eine zusätzliche Krise gehalten."

Hartmut Osswald

Placebo: Seine Anwendung und Wirksamkeit

Was ist ein Placebo?

Ein Placebo (von lateinisch placebo, ich werde gefallen) ist ein Scheinmedikament, das keinen Wirkstoff enthält. Wenn man von einer Arzneimittelbehandlung spricht, dann folgt daraus, dass man auch von einer Placebo (Schein)-Behandlung sprechen kann. Hier soll die Bedeutung der Placebo-Behandlung nur im Rahmen von Arzneimitteltherapien besprochen werden. Die Scheinbehandlungen wie z.B. Bachblüten-Therapie oder Edelstein-Therapie werden zwar auch als Placebobehandlungen eingestuft, sollen aber hier nicht thematisiert werden.

Eine Definition des Placebo als Arzneimittel ist nur in Bezug auf das Verum möglich. Das Placebomedikament sieht genauso aus wie das Verummedikament, d.h. der Patient kann nicht erkennen, ob er Placebo oder Verum verabreicht bekommt. Die Placeboverwendung erlaubt es daher, die Wirkungen des Verum mit den Bedingungen zu vergleichen, die die Verum-Therapie begleiten. Zu diesen Bedingungen gehört, in welcher Form das Verum (bzw. Placebo) verabreicht wird (oral, rectal, subcutan, intravenös), mit welcher positiven oder negativen Suggestion die behandelnde Person die Erwartungshaltung des Patienten in eine Richtung lenkt und in welchem Rahmen (psychosozialer Kontext) die Behandlung stattfindet (zu Hause, in der Ambulanz oder in der Station). Zu diesen Bedingungen gehört weiterhin, dass man das Placebo in folgender Weise geben kann:

1. unverblindet, d.h. Patient und behandelnde Person (Arzt oder Pflegepersonal) wissen, dass im Placebo keine wirksame Substanz enthalten ist, und sie wissen, wie die Placebopille aussieht;
2. einfach-blind, d.h. nur der Patient weiß nicht, ob er Verum oder Placebo bekommt;
3. doppel-blind, d.h. der Patient und die behandelnde Person wissen beide nicht, ob ein Placebo oder ein Verum gegeben werden.

Wenn substanzbedingte unerwünschte Arzneimittelwirkungen (wie z.B. Kopfschmerzen, Schlafstörungen, Husten, Obstipation etc.) objektiviert werden sollen, dann kann mit einem Placebo bestimmt werden, welche der geklagten unerwünschten Wirkungen spontan und substanzunabhängig auftreten. Es ist hierbei selbstverständlich, dass die Inhaltsstoffe einer Placebo-Pille inert sein müssen, d.h. sie darf keinen Zucker, kein Salz, keine Geschmacksstoffe oder irgend etwas Bemerkbares enthalten, das sich von der Verum-Pille unterscheidet. Die Regeln einer wissenschaftlich korrekten Anwendung von Placebo im Rahmen von klinischen Studien werden weiter unten besprochen.

Gibt es ein morphologisches Substrat für die Placebo-Wirkung?

Diese Frage richtet sich an die Personen, die in der Wirkung von Arzneimitteln ohne wirksamen Inhaltsstoff immaterielle, geistartige Kräfte sehen. Für diese Auffassung geistiger Kräfte, die in der Entstehung von Krankheiten wirksam werden oder die die Wirkung von Arzneizubereitungen vermitteln, sei hier die Lehre des Arztes Samuel Hahnemann genannt, da die von ihm begründete Homöopathie heute noch in signifikantem Umfang praktiziert wird. Hahnemann schrieb in seinem Werk Organon 6, §11 über die Entstehung der Menschenpocken oder Masern:

> ...so wie ein Kind, mit Menschenpocken oder Masern behaftet, dem nahen, von ihm nicht berührten, gesunden Kinde auf unsichtbare Weise (dynamisch) die Menschen-Pocken oder die Masern mittheilt, das ist, es in der Entfernung ansteckt, ohne dass etwas Materielles von dem ansteckenden Kinde in das anzusteckende gekommen war, oder gekommen sein konnte... eine bloß spezifische, geistartige Einwirkung theilte dem nahen Kinde dieselbe Pocken oder Masernkrankheit mit, wie der Magnetstab der ihm nahen Nadel, die magnetische Eigenschaft.

Die Existenz von Viren war zwar zur Zeit von Hahnemann noch nicht bekannt. Er hat aber das Prinzip von „geistigen" Kräften auch auf die Arzneimittel übertragen und Verdünnungen der Arzneistoffe hergestellt, die so groß waren, dass vom ursprünglichen Arzneistoff nichts mehr in der Zubereitung enthalten war. Er hatte die Auffassung, dass die Verdünnung des Arzneistoffes zu einer Potenzierung seiner Wirkung führt. Hierzu gibt er ein Beispiel in der Einleitung seines Werkes Organon 6, Seite 15, über die Wirkung von destilliertem Wasser beim Menschen:

> Materiell können die Ursachen unserer Krankheiten nicht seyn, da die mindeste fremdartige Substanz[1], sie schiene uns auch noch so mild, in unsere Blutgefäße eingebracht, plötzlich wie ein Gift, von der Lebenskraft ausgestoßen wird, oder wo dieß nicht angeht, den Tod zur Folge hat.
>
> [1] Das Leben stand auf dem Spiele als etwas reines Wasser in eine Vene eingespritzt ward.

Viele gläubige, magische oder ideologische Betrachtungsweisen der Realität existieren auch heute. Die Naturwissenschaften haben mit vielen Irrtümern, die aus diesen Betrachtungsweisen, einschließlich denen der Hahnemann'schen

Auffassungen, entstanden sind, aufgeräumt. Neben dem Interesse an Grundlagenforschung gibt es aber auch praktische Gründe dafür, die Placebophänomene näher zu untersuchen, weil bei einigen Krankheiten und Beschwerden (Morbus Parkinson, Depressionen, Schmerzempfindungen) deutliche Heilungserfolge (die Angaben schwanken zwischen 20 bis 50%) nach Placebobehandlung berichtet wurden (Beauregard 2007, Kaptchuk 1998, Price et al. 2008). Schließlich sollte geklärt werden, warum Placebobehandlungen bei manchen Patienten sehr gut und bei anderen mit der gleichen Erkrankung deutlich schwächer wirken.

Im Folgenden wird eine wissenschaftliche Untersuchung an freiwilligen und gesunden Probanden vorgestellt, bei der die morphologischen und funktionellen Substrate im Gehirn für Schmerzempfindungen unter Placebobedingungen an freiwilligen Probanden mit der funktionellen Magnetresonanz-Spektroskopie (fMRI) abgebildet wurden (Wager et al 2004). Den Probanden wurde gesagt, eine neue schmerzlindernde Salbe solle untersucht werden. Hierzu sei Placebo-Anwendung vorgeschrieben, um die Wirksamkeit der Schmerzsalbe sicher zu belegen, d.h. einer Gruppe wurde gesagt, sie bekämen die Schmerzsalbe („Verum"), der anderen Gruppe wurde gesagt, sie bekämen das Placebo (Vehikel), das keine schmerzlindernde Wirkung habe (Kontroll-Gruppe). In Wirklichkeit bekamen jedoch beide Gruppen das gleiche Vehikel, nämlich Vaseline.

Die Abb. 1 zeigt das experimentelle Vorgehen. In der Serie A wurde ein schwacher oder starker elektrischer Schmerzreiz („*shock*") über 6 Sekunden (sec) auf das Handgelenk appliziert. Den Probanden wurde über einen Bildschirm angekündigt, dass ein starker oder ein schwacher Reiz („*cue*") vorgenommen werden sollte. Sie hatten 3, 6, 9 oder 12 sec Zeit („*anticipation*"), den Reiz zu erwarten. Nach dem Reiz mussten die Probanden den subjektiv empfundenen Schmerz auf einer Skala von 1–10 einstufen („*rating*"). Danach wurden 3–12 sec für eine Pause („*rest*") eingeräumt. Anschließend wurden weitere gleichartige Zyklen bis zu 15 mal wiederholt.

Die Experimente in der Serie B wurden ähnlich der Serie A durchgeführt mit dem Unterschied, dass jetzt ein anderer und länger anhaltender Hitzeschmerz („*heat*") über 20 sec appliziert wurde. Nach 4–8 sec Pause mussten die Probanden die subjektiv empfundene Schmerzstärke einstufen und konnten sich danach für 40–50 sec erholen, bis ein neuer Zyklus begann. Die Reizstärke in dieser Serie B lag zwischen 1–10, wobei 1 nur einem sehr schwachen Schmerz entsprach, während der Schmerz bei der Reizstärke 10 unerträglich war. Der Versuch wurde dann mit den Stärken 2, 5, 8 durchgeführt. Parallel zu diesen kontrollierten Schmerzreizen wurden in beiden Serien (A, B) die schmerzrelevanten Hirnregionen während jeder der 5 Phasen des Experiments (*cue, anticipation, shock, rating, rest*) mit der Methode des functional magnetic re-

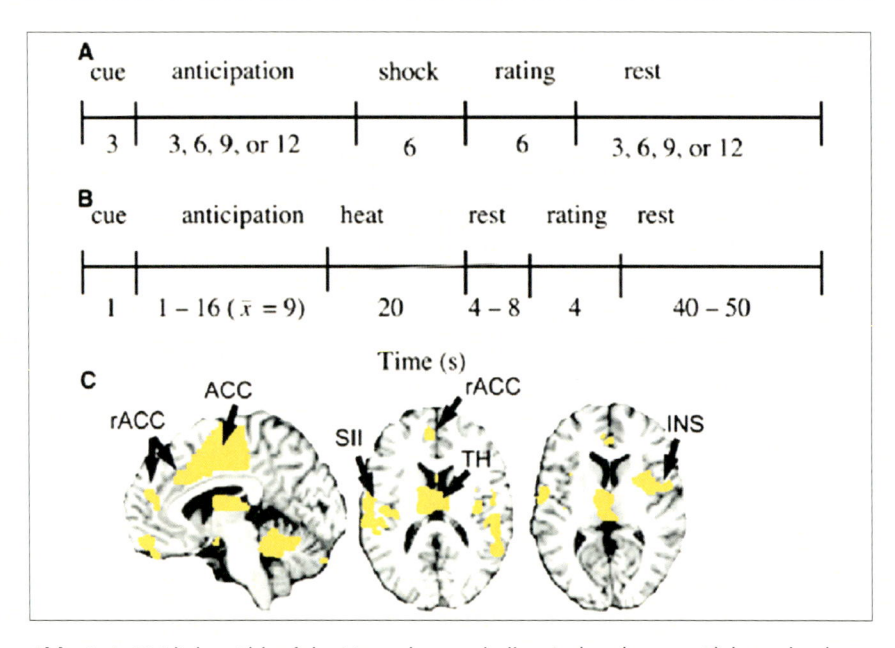

Abb. 1 A: Zeitlicher Ablauf des Versuchsprotokolls mit dem kurzem Elektroschock am Handgelenk; **B**: Zeitlicher Ablauf des Versuchsprotokolls mit dem Hitzereiz; **C**: Auf Schmerz reagierende Hirnregionen, auf die die Placeboeffekte sich in den folgenden Versuchen beziehen. **INS**: Insula; **TH**:Thalamus; **ACC**: anteriores Cingulum; **rACC**: rostrales anteriores Cingulum; 511: sekundärer somatosensorischer Cortex (Wager et al. 2004)

sonance imaging (fMRI) abgebildet („*scanning*"), um die schmerzbedingten Aktivitätsänderungen dieser Hirnareale zu identifizieren. Die in der Abb. 1 unter C gelb markierten Hirnregionen zeigen das typische Aktivierungsmuster nach Schmerzempfindung. Diese Untersuchungen dienten der Kalibrierung der Reizstärken und der reproduzierbaren Darstellung der typischen Aktivierungsmuster im Hirn nach Schmerzempfindung unter Kontrollbedingungen.

Um nun einen Placeboeffekt hervorzurufen, wurden die Probanden „hinters Licht geführt", d.h. die angekündigte Schmerzintensität (Stufe 8) wurde (ohne, dass die Probanden es bemerken konnten) de facto auf Stufe 3 reduziert, wenn die Probanden die „Verum"-Salbe aufgetragen bekamen. Dadurch wurde der Eindruck suggeriert, dass das „Verum" analgetisch wirksam sei. In der Kontroll-Gruppe wurde eine hohe Schmerzstufe (Stufe 8) angekündigt und auch appliziert. In einer zweiten Phase wurde den Probanden beider Gruppen die Schmerzstufe 8 angekündigt, sie wurden jedoch alle nur mit der Schmerzstufe 5 gereizt. Obwohl in dieser letzten Phase die Probanden der gleichen Reizstärke ausgesetzt waren, zeigte sich jetzt, dass die „Verum" Gruppe, denen die Wirksamkeit der Salbe suggeriert worden war, mit einer signifikant

Abb. 2 Hier sind die aktivierten Hirnareale als Differenz zwischen Kontroll-Gruppe und „Verum"-Gruppe dargestellt. Die rot gefärbten Regionen sind die, bei denen die Verminderung der subjektiven Schmerzempfindung und die verminderte neuronale Aktivität der Schmerz empfindlichen Regionen („pain matrix"') signifikant korrelierten. Sie liegen im dorso-lateralen Aspekt des präfrontalen Cortex. **A**, **C**, **E** entsprechen den Daten der Studie I (elektrischer Reiz); **B**, **D**, **F**, entsprechen den Daten der Studie II (thermischer Reiz). Der interessierte Leser wird auf die umfangreichen Details der Methodik dieser Arbeit, einschließlich des „supporting online material" verwiesen (Wager et al 2004).

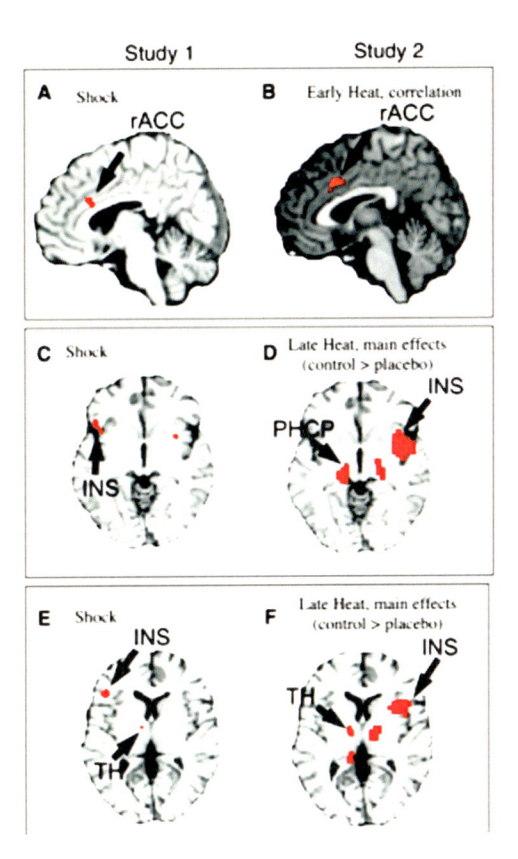

geringeren Einschätzung der Schmerzintensität reagierten als die Probanden der Kontroll-Gruppe. Sowohl bei dem Reizprotokoll der Serie A, als auch bei dem der Serie B, korrelierten die gemessenen neuronalen Aktivitäten der im fMRI identifizierten Areale signifikant mit den Angaben der empfundenen Schmerzintensitäten, d.h. geringere Schmerzempfindung entsprach der geringeren neuronalen Aktivität.

Diese hier dargestellten Ergebnisse zeigen klar, dass es für den Placeboeffekt ein morphologisches Substrat gibt, und dass er reproduzierbar nachgewiesen werden kann. Das widerspricht klar der Auffassung von Hrobjartsson (2001, 2010), der den Placeboeffekt als eine Voreingenommenheit („reporting bias") ansieht, der verschwindet, wenn Untersuchungen an einer großen Zahl von Patienten durchgeführt werden. Ein weiteres wichtiges Ergebnis dieser Studie von Wager et al (2004) ist die Lokalisation der Hirnareale, die für die Erwartungshaltung der Placebo-behandelten Probanden („Verum"-Gruppe) verantwortlich ist. Diese Hirnareale repräsentieren die kognitive Kontrolle der Schmerzempfindung. Damit wird auch ein Beitrag für den Wirkungsmechanismus des Placeboeffektes geliefert. Die Methode der neuronalen Aktivitätsmessungen in verschiedenen Hirnregionen mit fMRI hat weitere beeindruckende Ergebnisse für die morphologischen Substrate verschiedener kognitiver und emotionaler Leistungen, einschließlich der Placeboeffekte, geliefert (Beauregard 2007, Brühl et al 2010, Lidstone et al 2007, McCabe et al 2010).

Wissenschaftliche Aspekte der Placebo-Behandlung

Bevor die Verwendung von Placebo-Medikation unter wissenschaftlichen Aspekten behandelt wird, ist es vielleicht hilfreich, sich ins Gedächtnis zu rufen, welche Erfolge die Medizin zustande gebracht hat, seitdem sie sich wissenschaftlicher Methoden bedient. Große Erfolge sind auf dem Gebiet der Seuchenbekämpfung, der Schutzimpfungen und der Verwendung von Antiinfektiva gelungen. Auf dem Gebiet der kardiovaskulären Erkrankungen (z.b. Bluthochdruck, Herzinfarkt) sind entscheidende Erfolge erreicht worden. Die Chirurgie zusammen mit den vielfältigen und sicheren Narkoseverfahren hat ebenfalls aufgrund wissenschaftlicher Arbeiten die therapeutischen Optionen ganz erheblich vergrößert. Auf einigen Gebieten der Onkologie (z.b. Leukämie) sind wesentliche Verbesserungen erreicht worden. Ein besonders eindrucksvolles Ergebnis wissenschaftlicher Forschung ist die Behandlung des grauen Stars durch Linsenimplantation. Die Aufzählung ist nur unvollständig und kann hier nicht vervollständigt und detailliert dargestellt werden. Es soll nur festgehalten werden, dass nicht der Aberglaube, wie er in vielen alternativen Heilverfahren herrscht, sondern die Wissenschaft die Therapieoptionen so sehr verbessert hat.

Wie geht die Wissenschaft vor, dass sie in den letzten 100 Jahren so viel erreichen konnte? Das Prinzip der wissenschaftlichen Methoden scheint einfach zu sein:

1. Wiederholtes Beobachten eines Phänomens
2. Aufstellen einer Hypothese, die Vorhersagen erlaubt
3. Überprüfen der ersten Hypothese mit weiteren Beobachtungen
4. Ablehnung, Erweiterung, oder Bestätigung der ersten Hypothese (Theorie)

Das Objektivitätspostulat stellt die Norm für die Erkenntnis auf und legt dafür einen Wert fest, der in der objektiven Erkenntnis selbst besteht. Mit anderen Worten: Die Erkenntnisse, die sich aus Versuch-und-Irrtum-Prozessen ergeben, werden mit der ethischen Entscheidung verbunden, die den grundlegenden Wert einer objektiven Erkenntnis begründet (nach Jacques Monod 1971).

Wenn wir mit diesen allgemeinen Prinzipien die wissenschaftlichen Aspekte der Placebo-Behandlung betrachten, dann wird klar, dass ein Placebo weder eine Wunderdroge noch ein unwirksames Scheinmedikament ist. Ein Placebo ist ein Werkzeug für wissenschaftlich begründete klinische Studien, um die substanzbedingten Wirkungen eines Arzneimittels vor dem Hintergrund eines wechselnden psychosozialen Kontextes (s.o.) zu objektivieren. Für diesen Kontext ist es in klinischen Studien entscheidend, dass eine Placebomedikation doppel-blind gegeben wird, d.h. weder der Patient noch der Arzt (Therapeut, Pflegepersonal) können Placebo und Verum unterscheiden. Damit soll gesichert werden, dass für das Verum und für das Placebo die gleichen Bedingungen herrschen (psychosozialer Kontext). Um die notwendige Gleichwertigkeit der Bedingungen, unter denen Verum oder Placebo gegeben werden, zu erreichen, sollten klinische Studien für den Wirksamkeitsnachweis eines Arzneimittels an vielen (möglichst mehr als 100) Patienten und an mehreren Studienorten (multizentrisch) durchgeführt werden. Eine Randomisierung der Zuteilung der Patienten in Placebo- bzw. Verum-Gruppen nach einem vorgegebenen Versuchsplan, die Gleichzeitigkeit der Behandlungen in den beiden Gruppen, die Durchführung der klinischen Studie in mehreren Zentren, die dokumentierten Einwilligungen nach Aufklärung über das Studienziel (um nur einige wichtige Kriterien zu nennen) müssen nachvollziehbar protokolliert sein (Rössler 1986).

Ein Nachteil dieser Studien ist, dass die Ergebnisse an vielen Patienten nur statistische Wahrscheinlichkeiten wiedergeben und nur teilweise der individuellen Reaktion der einzelnen Patienten entsprechen. Dieser bekannte Tatbestand beruht auf genetischen Polymorphismen nicht nur bei den Arzneimittel abbauenden Enzymen und Polymorphismen der endogenen Rezeptorsysteme, sondern auch auf der individuellen Bewertung der Krankheit durch den Patienten. Hinter dieser individuellen Bewertung können sich unterschiedliche Erwartungshaltungen oder vorangegangene Konditionierungen der Patienten verbergen.

Ein Verum sollte in einer klinischen Studie dann nicht gegen ein Placebo getestet werden, wenn schon etablierte Therapieverfahren verfügbar sind, so dass bestenfalls nur eine Überlegenheit der neuen Therapie gegenüber der bisherigen gezeigt werden kann. Dies ist im Einklang mit den Deklarationen von Helsinki, 5. Überarbeitung, CIOMS 2002, § 29:

> The benefit, risks, burdens and effectiveness of a new method should be tested against those of the best established effective intervention. This does not exclude the use of placebo, or no treatment, in studies where no proven prophylactic, diagnostic or therapeutical methods exists.

Zur internationalen Abstimmung unterschiedlicher Maßstäbe der Rechtfertigung, Placebo-Behandlungen bei klinischen Studien zu fordern oder sie nicht in den Studienplan einzubauen, siehe Ehni und Wiesing (2008).

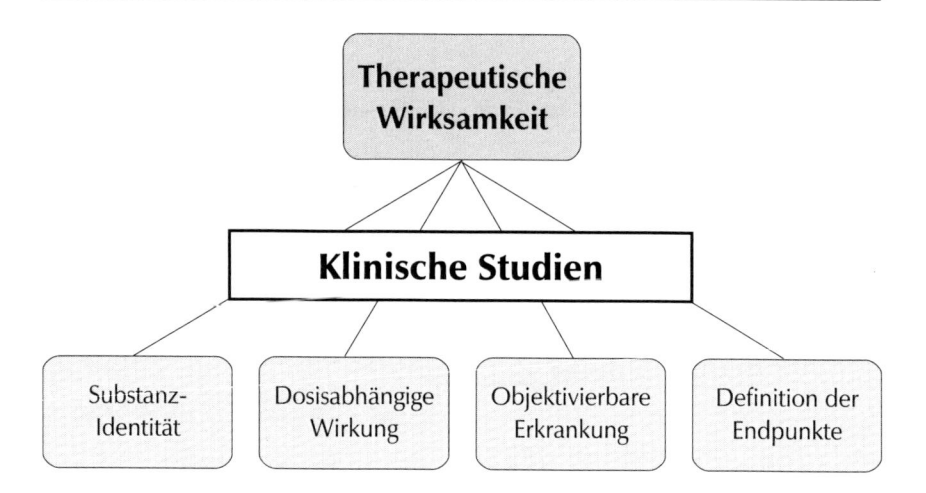

```
        Therapeutische
          Wirksamkeit
                │
         Klinische Studien
     ┌────────┬────────┬────────┐
Substanz-  Dosisabhängige  Objektivierbare  Definition der
Identität     Wirkung        Erkrankung       Endpunkte
```

Abb. 3 Voraussetzungen für den Nachweis einer therapeutischen Wirksamkeit in klinischen Studien.

Zusammengefasst lässt sich feststellen, dass eine Placebo-Behandlung ein unverzichtbares Werkzeug ist, das bei klinischen Studien in der Regel eingesetzt werden muss, um substanzspezifische Wirkungen von den Wirkungen abzutrennen, die durch die Faktoren der Behandlungssituation entstehen können. Allerdings müssen weitere Voraussetzungen gegeben sein, die den Beweis einer therapeutischen Wirksamkeit ermöglichen, wie schematisch in Abb. 3 gezeigt.

Es ist klar, dass mehrere dieser Voraussetzungen bei alternativen Arzneimittel-therapien nicht gegeben sind: die *Substanzidentität* und auch die der Substanzkonzentration sind bei den meisten Pflanzenextrakten nicht gegeben. Daraus folgt auch, dass eine *Dosisabhängigkeit* der Wirkung fehlen kann. Ebenso gibt es viele Krankheitsbilder oder auch nur Befindlichkeitsstörungen (*objektivierbare Erkrankung*), die sich einer wissenschaftliche Untersuchung entziehen. Ein allgemeines Problem, das auch für Arzneimittel gilt, die die ersten drei Voraussetzungen erfüllen, ist die *Definition der klinischen Endpunkte*, d.h. es muss geklärt sein, welches Ziel die Untersuchung hat: Senkung der Mortalität, Verminderung der Beschwerden, Verminderung der Hospitalisierung oder der Arztbesuche, Steigerung der Leistungsfähigkeit, Verbesserung der Lebensqualität. Es ist offenbar, dass nicht für alle Therapieverfahren die oben genannten Voraussetzungen erfüllt werden können und daher klinische Studien nicht uneingeschränkt geeignet sind, um verbindliche Richtlinien zur Therapie zu entwickeln.

Ethische Aspekte der Placebo-Behandlung

Als Reaktion auf die oben beschriebene Schmerzstudie an Probanden hat sich in den letzten Jahren eine lebhafte Diskussion in der Ethik medizinischer Fragen entwickelt (Fässler et al 2009, Lichtenberg et al 2004, Miller et al 2004, Walburg, Schonauer 2009). Diese Diskussion kreist um den Aspekt der Täuschung des Patienten durch den Arzt, wenn er willentlich ein von ihm als wirkungslos eingeschätztes Placebo dem Patienten im Rahmen seiner Behandlung verordnet, d.h. *einfach verblindet*. Der Forderung einer Einwilligung des Patienten in den Behandlungsplan nach wahrheitsgemäßer Aufklärung wird dann nicht mehr entsprochen. Die älteren Auffassungen des Placebo als wirkungsloses Scheinmedikament haben dazu geführt, dass eine Placebo-Behandlung wegen Wirkungslosigkeit und Verletzung der korrekten Aufklärung abgelehnt wird (Hróbartsson, Gøtzsche 2001, Lichtenberg et al 2004, Miller et al 2004). Als Ausweg wird vorgeschlagen, „unreine" Placebo-Medikationen zu verwenden, wie z.B. Vitamine oder stark verdünnte homöopathische Zubereitungen (Walburg, Schonauer 2009). Ein Vorteil dieser Auffassung wären die wahrscheinlich geringen unerwünschten Arzneimittelwirkungen. Aber auch ein Placebo könnte unerwünschte Wirkungen hervorrufen (Nocebo) (Barsky et al 2002). Wenn der Arzt an die Wirkung einer homöopathischen Zubereitung glaubt, ohne zu wissen, dass er in Wirklichkeit nur ein reines Placebo gibt, dann könnte er vielleicht einen noch besseren Heilerfolg bewirken (*doppelblind*). Die Situation einer „*dreifachen*" *Verblindung*, Patient, Arzt und Hersteller glauben fest an die Wirkung einer Arzneizubereitung, die nichts als das Verdünnungsmittel enthält, macht die Situation noch undurchdringlicher. Die Lösung dieser Fragen liegt im rechtlich erlaubten ärztlichen Ermessen: Wenn ein Patient sich krank fühlt und von ärztlicher Seite weder eine klare Diagnose gestellt werden kann, noch eine etablierte Therapie existiert, dann könnte eine Placebo-Behandlung sinnvoll erscheinen (Miller et al 2004, Price et al 2008, Walburg, Schonauer 2009).

Ungekärt ist, ob die personalisierte Therapie (Medizin), die die individuellen Gegebenheiten bei einem Patienten (einschließlich der Polymorphismen) im Gegensatz zu den statistisch gesicherten Therapieleitlinien thematisiert, Verfahren entwickeln kann, die den Konflikt einer Placebo-Behandlung entschärfen (Lichtenberg et al 2004, Walburg, Schonauer 2009).

Falls ein Medikament aus den Vorstellungen einer alternativen, komplementären Medizin in eincr klinischen Studie auf seine Wirksamkeit geprüft werden soll, dann sollte genauso wie bei anderen klinischen Prüfungen gegen Placebo getestet werden. Dies entspricht auch den Empfehlungen einiger Gruppen, die sich mit den „alternativen" Arzneimitteltherapien beschäftigen.

Research on Complementary and Alternative Medicine (CAM) should adhere to the same ethical requirements for all clinical research, and randomized, placebo-controlled clinical trials should be used for assessing the efficacy of CAM treatments whenever feasible and ethically justifiable. In addition, we explore the legitimacy of providing CAM and conventional therapies that have been demonstrated to be effective only by virtue of the placebo effect. (Miller FG et al., JAMA, 2004)

Ein weiteres Problem der placebo-kontrollierten multizentrischen klinischen Studien entsteht, wenn z.B. in Afrika Arzneimittel gegen Malaria getestet werden sollen. Eine Einwilligung nach Aufklärung („informed consent"), möglichst mit Unterschrift dokumentiert, ist entsprechend den Forderungen, die in Europa oder USA gelten, kaum möglich. Gelten die ethischen Richtlinien universell oder nur lokal?

Das Thema der Anwendung und der Wirksamkeit von Placebo lässt sich in fünf Kernaussagen zusammenfassen:

1. Wissenschaftliche Untersuchungen haben gezeigt, dass der Placeboeffekt real und reproduzierbar ist; er hat ein morphologisches Substrat.
2. Der Einsatz einer Placebo-Medikation ist erforderlich zum Nachweis einer Arzneimittel bedingten und spezifischen therapeutischen Wirksamkeit im Rahmen von klinischen Studien.
3. Die Grenze der wissenschaftlich begründeten Therapien liegt in ihrer relativen Unpersönlichkeit und in der praktischen Schwierigkeit, die Qualitäten der ärztlichen Kunst (Zuwendung, Verständnis, Freundlichkeit) wissenschaftlich zu thematisieren.
4. Die ärztliche Kunst trägt wesentlich zur Placebo-Wirkung bei, sie sollte aber die medizinische Wissenschaft beherrschen ("praticing the art while mastering the science", B.Lown 1996).
5. Das Nicht-Anerkennen und damit das Nicht-Anwenden von wissenschaftlich begründeten Therapien stellt einen negativen Wert dar.

Literatur

Barsky, A.J., Saintfort, R., Rogers, M.P., Borus, J.F. (2002): Nonspecific medication side effects and the nocebo phenomenon. JAMA 287: 622–627.
Beauregard, M. (2007): Mind does really matter: evidence from neuroimaging studies of emotional self-regulation, psychotherapy, and placebo effect. Prog Neurobiol. 81:218–236.
Brühl, A.B., Kaffenberger, T., Herwig, U. (2010): Serotonergic and noradrenergic modulation of emotion processing by single dose antidepressants. Neuropsychopharmacology 35:521–33.
Ehni, H.J., Wiesing, U. (2008): International ethical regulations on placebo-use in clinical trials: A comparative analysis. Bioethics. 22:64–74.

Fässler, M., Gnädinger, M., Rosemann, T., Biller-Andorno, N. (2009): Use of placebo interventions among Swiss primary care providers. BMC Health Serv Res 9:144.

Kaptchuk, T.J. (1998): Intentional ignorance: a history of blind assessment and placebo controls in medicine.Bull Hist Med. *72*:389–433.

Hróbjartsson, A., Gøtzsche, P.C. (2010): Placebo interventions for all clinical conditions. Cochrane Database Syst Rev. Jan 20;(1):CD003974.

Hróbjartsson, A., Gøtzsche, P.C. (2001): Is the placebo powerless? An analysis of clinical trials comparing placebo with no treatment. N Engl J Med. *344*:1594–602.

Lichtenberg, P., Heresco-Levy, U., Nitzan, U. (2004): The ethics of the placebo in clinical practice. J Med Ethics *30*:551–554.

Lidstone, S.C., Stoessl, A.J. (2007): Understanding the placebo effect: contributions from neuroimaging. Mol Imaging Biol 9:176–185.

Lown, B. (1996): The lost art of healing, Houghton Miffin Company, New York.

McCabe, C., Mishor, Z., Cowen, P.J., Harmer, C.J. (2010): Diminished neural processing of aversive and rewarding stimuli during selective serotonin reuptake inhibitor treatment. Biol Psychiatry *67*:439–445.

Miller, F.G., Emanuel, E.J., Rosenstein, D.L., Straus, S.E. (2004): Ethical issues concerning research in complementary and alternative medicine. JAMA *291*:599–604.

Monod, J. (1971): Ethik der Erkenntnis, in „Zufall und Notwendigkeit", Seiten 214 ff. R. Piper&Co. Verlag, München.

Price, D.D., Finniss, D.G., Benedetti, F.A. (2008): A comprehensive review of the placebo effect: Recent advances and current thought. Annu. Rev. Psychol *59*: 565–90.

Rössler, D. (1986): Ethische Aspekte der klinischen Arneimittelprüfung. In: Grundlagen der Arzneimitteltherapie, pp 58–66. Hrsg. Dölle, Müller-Oerlinghausen, Schwabe, Bibliographisches Institut Mannheim.

Wager, T.D., Rilling, J.K., Smith, E.E., Sokolik, A., Casey, K.L., Davidson, R.J., Kosslyn, S.M., Rose, R.M., Cohen, J.D. (2004): Placebo-induced changes in FMRI in the anticipation and experience of pain. Science *303*:1162–1167.

Walburg, M., Schonauer, K. (2009): Die Zulässigkeit von Placebos im klinischen Alltag. Psychiat Prax *36*:359–361.

Hans-Ulrich Schnitzler & Annette Denzinger

„Ehrlichkeit" in der akustischen Kommunikation bei Tieren

Der Begriff Ehrlichkeit (honesty) beschreibt eine sittliche Eigenschaft des Menschen und passt eigentlich nicht, um das Kommunikationsverhalten von Tieren zu charakterisieren. Wir verwenden ihn hier trotzdem, da er in der Verhaltensforschung fest eingeführt ist. Ehrliche Kommunikation bei Tieren findet dann statt, wenn die von einem Sender an einen Empfänger vermittelte Information über sich oder die Umwelt zutrifft. So signalisiert zum Beispiel ein Platzhirsch mit aufwändigem Bellen und Röhren seine wahre Stärke an die Nebenbuhler und an die Weibchen.

Akustische Kommunikation ist bei Tieren weit verbreitet. Die mit dem Stimmorgan erzeugten akustischen Kommunikationssignale vermitteln Informationen über die Identität des Senders sowie über dessen Verhaltensstatus. Sie zeigen z.B. Geschlecht und Alter an und informieren über Eigenschaften des Senders, wie Größe, Ausdauer und Fähigkeit zur Imitation. Die Laute verraten weiter, welche Verhaltensziele verfolgt werden. Revierverteidigung, Balz, Mutter-Kind-Interaktion oder Warnen vor Gefahren durch Alarmrufe sind typische Verhaltensziele. Die akustischen Darbietungen informieren auch über den affektiven Status. So wird z.B. die Dringlichkeit von Alarmrufen häufig durch eine höhere Intensität und durch Steigern der Frequenz und der Wiederholrate kodiert. Die akustische Kommunikation positioniert den Sender im sozialen Geschehen und zeigt auch häufig an, wo ein Tier in der Rangordnung steht.

Akustische Kommunikation ist bei Vögeln besonders hoch entwickelt und recht gut untersucht. Die Vögel sind besonders interessant, weil sie komplexe Signalfolgen generieren, die als Gesänge bezeichnet werden. Durch Singen signalisiert ein Vogel, wer er ist (Identität), welches Ziel er verfolgt (motivationaler Status) und wie er die gegenwärtige Situation bewertet (affektiver Status). Beim Reviergesang kämpft ein Männchen vokal mit anderen Männchen und signalisiert: „Haut ab, ich bin der Stärkste, Größte …". Beim Balzgesang flirtet das Männchen vokal mit einem Weibchen und lockt: „Komm her, ich bin der Beste, Schönste …", und beim Duettsingen versichern sich die Partner eines Paares: „Bleib, wir gehören zusammen…".

Die Gesänge der Vögel, aber auch die der Buckelwale, der Gibbons, der Heuschrecken und Grillen, und auch die Lautfolgen vieler anderer Tiere sind je nach Art und Zweck ganz unterschiedlich strukturiert. Wie kommt es zu diesen Unterschieden? Bei der Gestaltung ihrer Laute sind die Tiere nicht frei. Die Evolution passt die Kommunikationssignale durch Selektionsprozesse so an, dass die Reproduktionsrate oder Fitness des Individuums und damit sein Beitrag zum Gen-Bestand der folgenden Generation erhöht wird. Diese Selektionsprozesse unterliegen folgenden Randbedingungen: Zum einen setzen die anatomischen und physiologischen Möglichkeiten des Stimmorgans des Senders und des Gehörs des Empfängers Grenzen. So sollte der Frequenzumfang eines Signals zum Hörbereich passen. Zum anderen müssen die Signale so strukturiert sein, dass sie gut vom Sender zum Empfänger übertragen werden können. Im Wald ist die Akustik anders als auf einer Wiese, was zu anderen Signalformen innerhalb einer Art führt. Schließlich wird die Struktur der Signale von den Interessen des Senders und Empfängers bestimmt.

Oft haben Sender und Empfänger ähnliche Interessen, wie z.B. beim Austausch von Kontaktlauten, die eine Gruppe zusammen halten. Da in kooperativen Situationen Sender wie Empfänger den gleichen Vorteil haben, sind die Signale meist wenig aufwändig und unauffällig, Täuschen macht keinen Sinn.

Anders ist es in Konfliktsituationen zwischen Sender und Empfänger, wie z.B. bei der Balz. Das Weibchen sucht einen Partner, der ihr die besten Gene für die Nachkommen bietet und damit deren Überlebenswahrscheinlichkeit erhöht. Männchen sollten deshalb versuchen, sich als den Größten, Schönsten und Besten darzustellen. Während Männchen sich durch Täuschung des Weibchens Vorteile verschaffen könnten, wäre für Weibchen eine zutreffende Bewertung der Qualitäten des Männchens von Vorteil. Damit stellt sich in solchen Konfliktsituationen immer die Frage: Wie „ehrlich" sind die Kommunikationssignale oder, anders ausgedrückt, wie zutreffend ist die übermittelte Information?

Ehrlichkeit in Signalen ist gegeben, wenn relevante physische Merkmale, wie z.B. Größe und Ausdauer, zutreffend vermittelt werden. Wenn nur der qualitativ Beste in der Lage ist, das wirksamste Signal zu erzeugen, bekommt der Empfänger immer ehrliche Informationen. Nach der Regel „je stärker der Sender und je größer der Aufwand für die Signalgenerierung, umso ehrlicher das Signal" erhält der Empfänger verlässliche Informationen über Merkmale wie Größe, Kraft, Gesundheit, Ausdauer und andere relevante Qualitäten. Solche Merkmale können nicht vorgetäuscht werden. Nur wer die entsprechenden physischen Eigenschaften oder die benötigten Ressourcen hat, kann die kostspieligen Signale produzieren. Hohe Kosten sind ein Handicap für den Sender, gewährleisten aber Ehrlichkeit und können nur vom Fittesten erbracht werden. Nur der Beste kann sich den Luxus teurer Signale leisten.

In seinem 1872 publizierten Buch „The expression of emotions in man and animals" hat schon Darwin ausgeführt, dass Kommunikationssignale wichtige Informationen über den Sender liefern. Er erläutert, dass Ausdruckbewegungen, zu denen auch die akustischen Kommunikationssignale der Tiere gehören, meist angeboren sind. Weiter beschreibt er Ähnlichkeiten in Ausdrucksbewegungen zwischen den Arten bis hin zum Menschen. So macht Darwin unter anderem auch eine Aussage darüber, wie artübergreifend Körpergröße und damit Dominanz signalisiert wird. Er formuliert die Regel, dass sich Größe in einer tieferen Stimme spiegelt. Da große Tiere meist dominanter sind, folgt daraus, dass tiefe Frequenzen große und dominantere Individuen anzeigen, während höhere Frequenzen für kleinere und submissivere Artgenossen typisch sind. Diese Regel wurde später in vergleichenden Untersuchungen bestätigt. Bei vielen Tierarten wird die Stimme mit zunehmender Aggression tiefer und rauer, während Unterlegenheit durch Ansteigen der Stimmlage angezeigt wird. Diese Kodierung wird artübergreifend verstanden. Deshalb finden auch wir Menschen das tiefe Grollen von Raubkatzen besonders bedrohlich.

Das Röhren von Rothirschen ist ein besonders gut untersuchtes Beispiel für ehrliche Vermittlung von Qualitäten des Senders. Mit Beginn der Brunftzeit im frühen September sammeln starke Männchen einen Harem ein, der aus bis zu 20 Weibchen bestehen kann. Diesen Harem müssen sie gegen Rivalen verteidigen. Dabei setzen sie vokale Kampflaute ein, die als Bellen und Röhren klassifiziert werden. Die Belllaute reichen meist aus, um junge Hirsche abzuschrecken. Das Röhren vermittelt ernsteren Rivalen die wahre Stärke des Platzhirsches und zeigt seine Kondition und Größe an. Die Rivalen antworten ebenfalls mit Röhren. Wenn der Rivale aus den Lauten entnehmen kann, dass der Platzhirsch größer und stärker ist, kommt es nicht zum Kampf. Nur wenn der vokale Kampf unentschieden ist, wird gekämpft. Der Platzhirsch zeigt seine gute Kondition und Stärke dadurch an, dass er laut, häufig und lang andauernd röhrt. Allein das Röhren kostet viel Energie und hält ihn auch vom Fressen ab. Hinzu kommt der Energieverlust beim physischen Kämpfen. Deshalb verliert ein Platzhirsch in der Brunftzeit bis zu 20% seines Körpergewichts. Am Ende dieser anstrengenden Periode nimmt die Kampfstärke rapide ab. Die Häufigkeit des Röhrens verringert sich und er verliert nun auch mal Kämpfe gegen Rivalen, die er früher besiegt hat oder er toleriert Rivalen in der Nähe seines Harems. Durch das Röhren wird auch die Körpergröße angezeigt, die wiederum direkt mit der Stärke korreliert.

Die ehrliche Kommunikation der Körpergröße ergibt sich aus dem Zusammenhang zwischen Vokaltraktlänge und dem röhrenden Bass der Hirsche. Je größer ein Tier, umso länger ist der Vokaltrakt und desto imponierender der Bass. Die Wirkung der Bassstimme steigt mit zunehmender Länge des Vokaltrakts und der damit verbundenen der Verringerung des Abstands der Formanten. Hirsche ziehen während des Röhrens ihren Kehlkopf nach unten und machen damit den Abstand der Formanten noch kleiner. Da die größten Tiere den Kehlkopf am weitesten absenken können, ist der dabei erzielte Effekt ein weiterer Anzeiger für Größe. In Verhaltenstests wurde gezeigt, dass Männchen und Weibchen den Basscharakter des Röhrens beachten. Weibchen wählen in Wahlversuchen die durch die Stimme angezeigten größeren Männchen, und Männchen vermeiden sie.

Auch bei anderen Tieren wird die Körpergröße in ihren Lauten angezeigt. So nimmt z. B. bei manchen Fröschen und bei der Zwergohreule die Frequenz der Kommunikationslaute mit zunehmender Körpergröße ab und bei Rhesusaffen und bei Hunden korrelieren Vokaltraktlänge und damit die Tiefe der Bassstimme mit der Körpergröße. Dies wird vom Menschen genutzt, um die Größe von Hunden abzuschätzen. Selbst beim Menschen spiegelt sich die Körpergröße in der Stimme. In Wahlversuchen wurden Frauen synthetisierte Vokale vorgespielt und dann gefragt, wie sie den männliche Sender einschätzen. Dabei kam heraus, dass die tiefere Bassstimme als männlicher und der Sender als größer, älter und vor allem als attraktiver eingestuft wurden. Diese Einschätzung war deutlicher während der fruchtbaren Tage. Dieses Ergebnis wird als Hinweis dafür gesehen, dass weibliche Partnerwahl für die Entwicklung der tiefen männlichen Stimme verantwortlich sein könnte.

Die Präferenz für tiefe Stimmen führte bei verschiedenen Tiergruppen zur Evolution extrem ausgebildeter Vokalapparate. So kam es durch den Druck sich vokal größer darzustellen bei verschiedenen Vogelarten, wie z.B. beim Trompetenschwan, zu einer enormen Verlängerung des Vokaltrakts, der in Schlingen gelegt werden musste, um in den Körper zu passen. Ein anderes Beispiel für extreme Anpassungen des Vokalapparates finden wir bei einigen Flughunden. Der riesige Kehlkopf des Hammerkopfflughunds füllt fast den ganzen Brustraum aus. Die Ursache für diese Vergrößerung dürfte im Balzverhalten liegen. Diese Flughunde werben mit extrem intensiven Balzlauten um die Gunst der Weibchen. Wer besonders laut ist, hat auch den größten Erfolg. So wurde beobachtet, dass 5 von insgesamt 85 Männchen an 79% aller Paarungen beteiligt waren.

Nicht immer ist es jedoch die tiefe Stimmlage, die Auskunft über die Stärke eines tierischen Senders gibt. Beim Hahnenschrei haben die Rufe dominanter Tiere eine höhere Frequenz. Auch beim Menschen führt Aggression zu einem Ansteigen der Frequenz. Dies wird dadurch erklärt, dass hier mit höherem Aufwand ein lauteres Signal erzeugt wird und dass dieses Steigern aus physikalischen Gründen zu einer Frequenzerhöhung führt. Die Frequenz wäre hier also ein ehrlicher Anzeiger für die Produktionskosten, die der Sender bereitstellen kann.

Die bisherige Beispiele stammen hauptsächlich von Männchen, die ihr Revier verteidigen und in ihren Lauten Auskunft über Größe, Kraft und Ausdauer ehrlich übertragen. Beim Balzverhalten sind diese Informationen ebenfalls wichtig. Hinzu kommt jedoch noch eine weitere Qualität, die Fähigkeit zum

Lernen, die durch die Komplexität der Signale angezeigt wird. Dies lässt sich sehr schön am Beispiel einiger Vogelgesänge erläutern.

Bei den Vögeln singen Männchen, sowohl um ein Territorium zu verteidigen als auch um ein Weibchen anzulocken. Der Reviergesang ist gegen Rivalen gerichtet. Er ist Anzeiger für Identität, Stärke und Ort des Sängers und er ist meist etwas einfacher strukturiert und kürzer. Der Balzgesang soll potentielle Partnerinnen von der Qualität des Sängers überzeugen und ist meist länger und viel komplexer. Die Attraktivität steigt mit Komplexität und Größe des Repertoires. Ganz generell gilt: „Je komplexer, umso sexier".

Manche Vögel steigern die Komplexität ihrer Gesänge durch Imitieren der Laute von anderen Vögeln, anderen Tieren oder von Schallsignalen aus ihrer Umwelt. Diese Fähigkeit wird als Spotten bezeichnet. Versierte Spötter sind die Stare, die andere Tiere, den Menschen, akustische Ereignisse aus ihrer Umwelt und sogar Musik nachahmen. Sie bellen wie Hunde, miauen wie Katzen, seufzen und lachen wie Menschen. Sie imitieren das Quietschen einer Tür und das Klingeln des Telefons und können auch lernen, Worte zu wiederholen und Melodien zu pfeifen. Besonders berühmt wurde ein Star, den Mozart am 27.5.1784 kaufte, und der nahezu fehlerlos einen Ausschnitt aus seinem G-Dur Klavierkonzert pfeifen konnte. Nur ein hohes G war um einen halben Ton versetzt. Ein Meister der Imitation und damit der Komplexität ist der Sumpfrohrsänger, dessen Repertoire fast ausschließlich aus Imitationen von Rufen und Gesängen anderer Vogelarten besteht. Ein Teil dieser Vorbilder kommt nur in Afrika vor, wo die Sumpfrohrsänger überwintern. Eine Untersuchung der Gesänge von 30 Individuen zeigte, dass diese insgesamt 212 andere Vogelarten imitierten, davon kamen 113 Arten aus Afrika. Ein besonders spektakulärer Imitator ist der australische Leierschwanz. Er ahmt nicht nur andere Vögel nach, sondern auch das Klicken eines Kameraverschlusses und das Summen des anschließenden elektrischen Filmtransports, die Sirene der Diebstahlsicherung eines Autos und das Starten und Kreischen von Motorsägen.

Nachdem wir uns jetzt so lange mit der Frage beschäftigt haben, wie Ehrlichkeit kodiert wird, möchten wir zum Schluss auch noch die Frage stellen, ob Tiere lügen können. Es gibt Beispiele dafür, dass die in den Kommunikationssignalen übermittelte Information auch falsch sein kann. So kann ein Tier z.B. einen Alarmruf ausstoßen, ohne dass ein Feind vorhanden ist. Diese Täuschung wird aber erst zur Lüge, wenn sie von selbstbewussten Individuen mit Einsicht in ihr Handeln absichtlich erfolgt. In der Verhaltensforschung wird deshalb unterschieden zwischen funktionellem Täuschen (functional deception) und absichtlichem Täuschen (intentional deception).

Bei funktionellem Täuschen haben Tiere am Erfolg gelernt, dass ein zufällig ablaufendes Verhalten Vorteile bringt. So kann z.B. ein Alarmruf, der dem Empfänger Gefahr signalisiert und Flucht auslöst, bei der gemeinsamen Futtersuche mit Artgenossen bewirken, dass diese vom Futter abgelenkt werden. Obwohl der Sender davon einen Vorteil hat, handelt es sich bei dieser Form des Täuschens nicht um Lügen, da das Verhalten konditioniert ist und beim Sender ohne Selbstbewusstsein und ohne Einsicht in sein Handeln abläuft. Es gibt viele Beispiele für diese Form des Täuschens. Kohlmeisen vertreiben Konkurrenten an der Futterstelle mit Alarmrufen, Haushähne locken Hennen mit Futterrufen, obwohl kein Futter vorhanden ist, und Rauchschwalben stören mit Alarmrufen, wenn ihre Partnerin Interesse für ein anderes Männchen zeigt.

Voraussetzung für absichtliches Täuschen wäre, dass der Sender den Empfänger gezielt in die Irre führen möchte. Nur wenn der Sender sich über seine Absicht klar ist und abschätzen kann, wie die vermittelte Fehlinformation das Verhalten des Empfängers zu seinen Gunsten verändert, sind die Bedingungen für Lügen erfüllt. Es wird kontrovers diskutiert, ob es dieses absichtliche Täuschen (intentional deception) gibt. Von den Verfechtern des Lügens bei Tieren werden vor allem Verhaltensbeobachtungen bei Affen vorgetragen. Hier einige Beispiele: Ein Gorilla starrt gelangweilt Löcher in die Luft, um entdecktes Futter vor der Gruppe zu verheimlichen; ein Schimpansenweibchen stöhnt wild, wenn sie es mit dem Ranghöchsten treibt und ist bei rangniederen Sexpartnern eher still; ein älterer Pavian zettelt Streit zwischen den Ranghöheren seiner Gruppe an, um sich ungestört den Weibchen widmen zu können; ein Schimpanse humpelt vor seinem Gegner und macht sich flink aus dem Staub, wenn dieser ihm den Rücken zuwendet. Ein bekanntes für das Lügen bei Tieren herangezogenes Beispiel ist auch die Geschichte eines jungen Pavians, der ein Weibchen mit einer leckeren Knolle sieht und mit einem Schrei signalisiert, dass er bedroht wird. Seine Mutter nimmt an, dass das Weibchen mit der Knolle Ursache der Bedrohung ist und geht auf diese los. Bei dieser Auseinandersetzung fällt die Knolle auf den Boden und das Junge kann sich in Ruhe über die Knolle hermachen. Alle diese Geschichten schildern individuelle Strategien einzelner Tiere und keine arttypischen Verhaltensweisen. Haben diese Tiere bewusst getäuscht, sich in die anderen Tiere hineinversetzt und diese gezielt zu ihrem Vorteil durch Lügen manipuliert? Dazu bräuchten sie ein Selbstbewusstsein, das ihnen von vielen Wissenschaftlern nicht oder nur eingeschränkt zugestanden wird. Es gibt deshalb auch den Versuch, das beobachtete Täuschungsverhalten allein durch Konditionierung zu erklären. Weitere Untersuchungen unter genau kontrollierten Randbedingungen sind notwendig, um entscheiden zu können, ob Tiere tatsächlich in der Lage sind, gezielt zu lügen.

Auch wenn hin und wieder getäuscht wird, steht bei der akustischen Kommunikation der Tiere die „ehrliche" Vermittlung zutreffender Information im Vordergrund. Ein Beispiel für die positive Wirkung von Ehrlichkeit ist das Singen der Kanarienvögel. Bei ihnen haben die Männchen den größten Fortpflanzungserfolg, deren Gesänge durch eine hohe Zahl von vielfältigen Silben mit großer Bandbreite und schneller Wiederholrate überzeugen. Ein solcher Gesang, der nur von den Besten erreicht wird, hat sogar eine Wirkung auf die Eierstöcke der Weibchen und verursacht, dass diese größere Eier legen. Dies ist ein direkter Beweis dafür, dass der Fortpflanzungserfolg direkt mit den im Gesang angezeigten Qualitäten des Senders korreliert. Die akustische Kommunikation bei Tieren ist weitgehend auf Ehrlichkeit angelegt. Täuschungen sind nur dann möglich, wenn sie die Stabilität des gesamten Systems nicht gefährden.

Literatur

Bradbury, J.W., Vehrenkamp, S.L. (1998): Principles of animal communication. Sunderland, Massachusetts, Sinauer Associates.
Catchpole, C.K., Slater, P.J.B. (2000): Bird song. Cambridge, Cambridge University Press.
Fitch, W.T., Hauser, M.D. Unpacking (2002): "Honesty": Vertebrate vocal production and the evolution of acoustic signals. In: *Acoustic Communication* (Ed. Simmons, A. M., Fay, R. R. & Popper, A. N.), pp. 65–137. New York, Springer.
Hauser, M.D. (1996): The evolution of communication. Cambridge, MIT Press.
Hauser, M.D. (1997): Minding the behaviour of deception. In : Whiten A, Byrne RW (eds) Machiavellian intelligence II. pp 112–143. Cambridge, Cambridge Univestiy Press.
Marler, P., Slabberkorn. H. (eds) (2004): Nature's music: The science of birdsong. Elsevier (USA).

Susanne Trauzettel-Klosinski

„Ich seh' etwas, was Du nicht siehst"
Täuschungen bei der visuellen Wahrnehmung

Sinnestäuschungen üben eine Faszination auf den Menschen aus. Wir können die Wirklichkeit nicht als solche erfassen, sondern nur eine mehr oder weniger wirklichkeitsnahe Abbildung davon. Diese auch philosophische Erkenntnis hat bereits Plato in seinem Höhlengleichnis dargestellt (Plato).

Trugbilder können durch visuelle Reizerscheinungen oder durch Fehlinterpretation zustande kommen.

Die Abbildung eines Objektes auf der Netzhaut, seine Weiterverarbeitung in der Sehbahn und im Gehirn

Ein Objekt wird aufgrund des Strahlengangs des einfallenden Lichts auf der Netzhaut umgekehrt abgebildet. Wir sehen die Welt im Auge auf dem Kopf stehen! In der Netzhaut wird Lichtenergie in ein elektrisches Potential verwandelt und das Bild erstmals verarbeitet. Als Nervenimpuls wandert es durch die gesamte Sehbahn, wird im Corpus geniculatum laterale (seitlicher Kniehöcker) weiter verarbeitet, läuft bis zum Okzipitallappen (Sehrinde, Area 17 oder V1), wo es in zahlreiche Einzelkomponenten zerlegt wird. Visuelle Täuschungen können an jeder Stelle der Sehbahn auftreten, am häufigsten allerdings kommen sie im Gehirn vor. Eine weitere Verarbeitung findet in den höheren Sehzentren des Gehirns statt. Dabei ist der parietale Kortex (Scheitellappen) für die visuell-räumliche Analyse („wo?") zuständig, die Verarbeitung nimmt dabei also vom Okzipitallappen den dorsalen Pfad, während die Analyse des „was?" auf dem ventralen Pfad zum temporalen Kortex (Schläfenlappen) erfolgt. Die Integration von Sinnesdaten zu kohärenten Wahrnehmungseindrücken muss von unserem Gehirn ständig durchgeführt werde. Die Signale müssen strukturiert, klassifiziert und mit einer Bedeutung versehen werden (Engel 2003).

Formen visueller Täuschungen

Man unterscheidet Halluzinationen, Pseudohalluzinationen und Illusionen (siehe Tabelle 1).

Halluzinationen
Trugbilder durch visuelle Reizerscheinungen ohne äußere Entsprechung, vom Betroffenen als real wahrgenommen
Pseudohalluzinationen
Trugbilder durch visuelle Reizerscheinungen ohne äußere Entsprechung, vom Betroffenen als nicht real wahrgenommen
Illusionen
Trugbilder mit äußerer Entsprechung, aber fehlgedeutet oder fehlverarbeitet
Sonderform: **Pareidolien**: Phantasiegebilde, die in einen unklar strukturierten Gegenstand hineingesehen werden.

Tab. 1 Formen visueller Täuschungen

Von den visuellen Täuschungen im eigentlichen Sinn sind die sog. „visuellen Reizerscheinungen" zu unterscheiden. Diese können im Rahmen von Halluzinationen und Pseudohalluzinationen vorkommen. Sie können als einfache (z.b. Punkte oder einfache geometrische Formen) oder komplexe (Objekte, Tiere, Szenen, Gesichter) auftreten.

Phosphene:
Helligkeitstäuschungen, Lichtempfindungen
Bei mechanischer Reizung des Auges („Blitzen")
• Druck von außen
• Zug des Glaskörpers an der Netzhaut
Bei Reizerscheinungen in der Sehrinde (Flimmern)
• Flimmerskotom bei Migräne
• Halluzinationen bei manchen Hirninfarkten, hohem Fieber, Psychosen, psychotropen Drogen, Alkoholentzugsdelirium
• Bei fehlendem visuellen Input
Diese Lichterscheinungen haben **kein reales Korrelat** in der Welt außerhalb unseres Körpers

Tab. 2 Visuelle Reizerscheinungen

Phosphene: Helligkeitstäuschungen, Lichtempfindungen: Sie beginnen schon in der **Netzhaut** und entstehen bei mechanischer Reizung des Auges **(Blitzen)** bei Druck von außen und bei Zug des Glaskörpers an der Netzhaut.

Reizerscheinungen in den Sehzentren des Gehirns können verschiedenste Ursachen haben und in ganz unterschiedlichen Hirnarealen entstehen: Flimmerskotom bei Migräne (generiert in der primären Sehrinde, siehe Abb. 1),

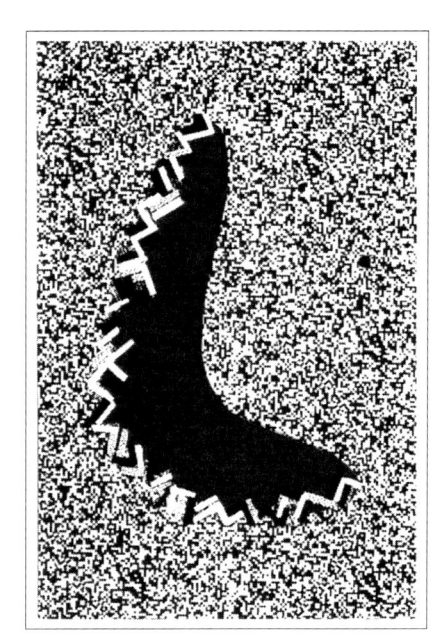

Abb. 1 Flimmerskotom auf einem Rauschmuster. Typisches Zickzack-Muster (Fortifikation) als Ausdruck des flimmernden Phosphens. Der Gesichtsfeldausfall (Skotom) wird als neutral grau wahrgenommen. Ca. 5% der Bevölkerung in der westlichen Welt leiden unter Migräne. In 10% bis 15% geht dem Kopfschmerz eine visuelle Aura voran (Migraine ophthalmique) (aus Grüsser und Landis 1991).

Halluzinationen bei manchen Hirninfarkten, hohem Fieber, Psychosen, psychotropen Drogen, Alkoholentzugsdelier sowie bei fehlendem visuellen Input. Diese Lichterscheinungen haben kein reales Korrelat in der Welt außerhalb unseres Körpers.

Der Schweizer Naturforscher und Philosoph Charles Bonnet hat 1760 als erster Pseudohalluzinationen bei fehlendem visuellen Input beschrieben, so

Abb. 2 Palinopsie = visuelle Perseveration.

zum Beispiel auch bei der Makuladegeneration (Bonnet 1760). Solche Pseudohalluzinationen können in verschiedenen Varianten auftreten: Metamorphopsie = verzerrtes Sehen, Poliopsie = Mehrfachwahrnehmung eines Objektes, Palinopsie = visuelle Perseveration (Abb. 2), Akinetopsie = Fehlen von Bewegungswahrnehmung sowie komplexe visuelle Halluzinationen.

Auch beim chronischen Alkoholabusus kommen komplexe Halluzinationen vor, zum Beispiel das Sehen von Tieren (weiße Mäuse), die objektiv nicht vorhanden sind, sowie die Wahrnehmung bizarrer Gestalten.

Als gemeinsames Korrelat wird bei den visuellen Reizerscheinungen die Auslösung spontaner Aktivität visueller Neurone vermutet. Diese Wahrnehmungen folgen meist der retinotopen Organisation und der funktionellen Spezialisierung ventraler und dorsaler Areale (Zihl 2003).

Optische Illusionen

Normalerweise funktioniert unser Wahrnehmungssystem vorzüglich, indem es Vorhersageberechnungen an Erfahrungswerte anpasst. In so komplexen Situationen wie Autofahren, Skifahren, Tennisspielen müssen wir auf subtile Signale adäquat reagieren. Unser Wahrnehmungssystem ist gezwungen, aus beschränkter Information eine innere Welt zu (re-) konstruieren. Im Alltag funktioniert das so gut, dass man davon überzeugt ist, die Welt in ihrer Realität zu sehen.

Optische Täuschungen sind nicht etwa Fehler des Wahrnehmungsapparates, sie bringen aber unser sonst perfektes Wahrnehmungs-Konstruktionssystem in ungewohnte Sehsituationen, in denen es an seine Grenzen stößt (Bach 2010). Unser Wahrnehmungssystem geht nach der Bayesschen Deutung (Weiss et al 2002, Kersten und Yuille 2004) vor: Die Wahrscheinlichkeit, dass eine bestimmte Szene das aktuelle Netzhautbild erzeugt, wird ersetzt durch die Wahrscheinlichkeit, dass eine bestimmte Szene überhaupt vorkommt – und diese Wahrscheinlichkeit entnehmen wir unserer Erfahrung, unserem Gedächtnis.

Da unser Wahrnehmungssystem auf Wahrscheinlichkeiten aufbaut, ist zu erwarten, dass auch manchmal ein Irrtum – also eine Fehlinterpretation – eintreten muss.

Warum sind Menschen besser bei der Objektwahrnehmung als Computer? Schon Hermann von Helmholtz entwickelte die „Theorie der unbewussten Schlüsse": einige unserer Wahrnehmungen sind das Ergebnis unbewusster Annahmen, die wir über die Welt machen (Helmholtz 1867). Wahrnehmung ist schon Problemlösung und ein Ausdruck verhaltensbezogener Intelligenz (Goldstein 2008).

Den optischen Täuschungen kann man sich nicht entziehen. Wir wissen, *dass* diese Phänomene zustande kommen, aber meist nicht *wie*. Die Erforschung dieser Mechanismen gibt Einblick in die Funktionsweise unseres Sehsystems und gibt der Hirnforschung neue Impulse. Wir stehen dabei erst am Anfang einer faszinierenden Forschung. Dieses Kapitel wird deshalb mehr offene Fragen als Lösungen präsentieren.

Im Folgenden wird eine Auswahl einiger wichtiger Typen von optischen Illusionen dargestellt.

Helligkeits- und Kontrastillusionen

Bei der Simultan-Kontrastillusion (Abb. 3) ist die Frage, ob der horizontale Balken über die gesamte Länge denselben Grauwert besitzt. Dies ist der Fall. Die Grauwerte der Umgebung beeinflussen die Helligkeitswahrnehmung. Abb. 4 zeigt die optische Illusion der Kanisza-Dreiecke (Kanizsa 1976). Unser Gehirn ist in der Lage, angedeutete Strukturen zu einer geschlossenen Form zusammenzusetzen, eine typische Kontrasttäuschung.

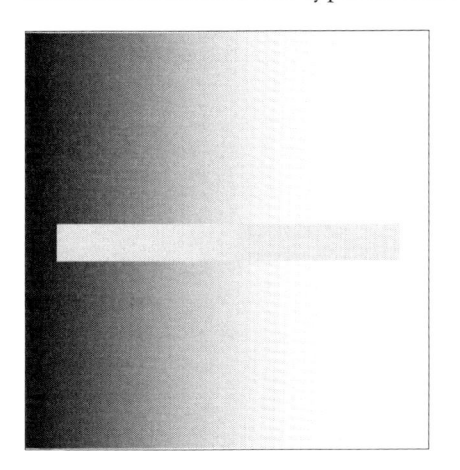

Abb. 3 Hat der horizontale Balken über die gesamte Länge denselben Grauwert? In Wirklichkeit ist dies der Fall. Die Grauwerte der Umgebung beeinflussen die Helligkeitswahrnehmung. Es handelt sich hier um eine Helligkeitsillusion durch simultanen Helligkeitskontrast.

Abb. 4 Erkennen Sie die Dreiecke? Unser Gehirn ist in der Lage, angedeutete Strukturen zu einer geschlossenen Form zusammenzusetzen. Bei diesen Kanisza-Dreiecken handelt es sich um eine typische Kontrasttäuschung. (Abb. aus: Menkhoff 2007)

Schattenwahrnehmung

In Abb. 5 ist die Frage, ob die Kugeln konvex oder konkav sind. Schatten sind aktiv an der mentalen Konstruktion unserer Umgebung beteiligt. Licht kommt normalerweise von oben. Dies bewirkt Regelmäßigkeiten beim Schattenwurf. Die Regelmäßigkeit nutzen wir für die Einschätzung von Schatten und räumlicher Tiefe. Dadurch erscheinen die Kugeln links konvex und rechts konkav (Ramachandran 1988).

Warum schwebt die Vase in Abb. 6? In Wirklichkeit steht sie auf dem Boden. Durch spezielle Beleuchtungstechniken wurde hier der Schatten vom Gegenstand getrennt, sodass der Eindruck des Schwebens entsteht.

Szintillierende Illusionen

Das bekannte Hermann-Gitter (Hermann 1870) weist graue Flecken an den Kreuzungen aus (Abb. 7 links). Einzelne Flecken verschwinden, wenn man den Blick direkt auf sie richtet. Dieser Effekt wurde lange Zeit als Nachbarschaftswechselwirkung der rezeptiven Felder in der Netzhaut interpretiert

Abb. 5 Sind die Kugeln konvex oder konkav? Der Schattenwurf bestimmt unsere Einschätzung: von oben beleuchtet wirken sie als Erhebungen, von unten beleuchtet als Einkerbungen. (Abb. leicht modifiziert nach Ramachandran 1988)

Abb. 6 Die schwebende Vase, eine Schattenillusion. (Abb. aus Menkhoff 2007)

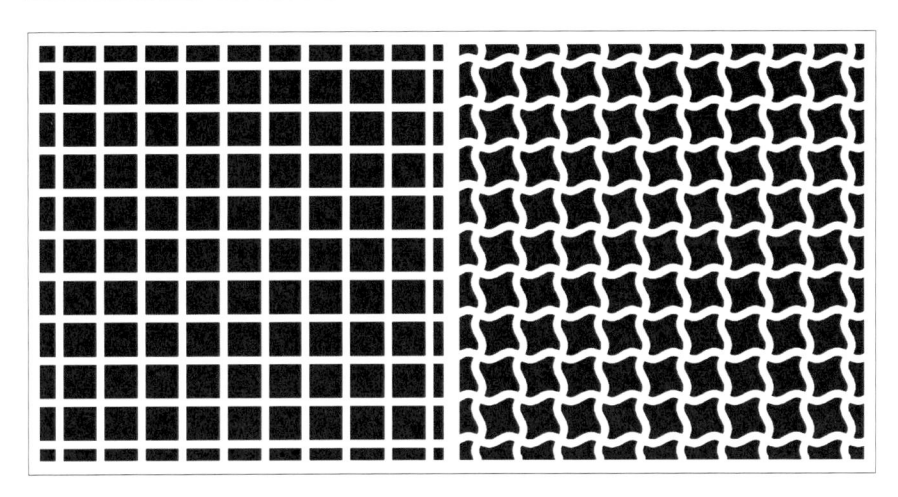

Abb. 7 Die Hermann-Gitter-Täuschung (links) und seine Auslöschung (rechts).

(laterale Hemmung, Baumgartner 1960). Allerdings zeigte vor wenigen Jahren die Variante nach Geier (Geier 2004, 2008), dass die dunklen Flecken verschwinden, wenn die Linien gewellt sind (Abb. 7 rechts). Demonstrationen des Einflusses der Welligkeit auf die Täuschung finden sich bei <http://michaelbach.de/ot/lum_herGridCurved/>.

Die Gitter-Täuschung kann also nicht auf einen reinen Netzhauteffekt zurückgeführt werden, sondern die orientierungsspezifischen Neurone in der primären Sehrinde müssen mit beteiligt sein (Bach 2009). Bei der Hermann-Gitter Täuschung spielt das Prinzip der Helligkeitskonstanz eine Rolle, wie mit künstlichen Netzwerken gezeigt wurde (Corney und Lotto 2007). Unter Helligkeitskonstanz versteht man die Fähigkeit, Helligkeitsunterschiede unabhängig von der Beleuchtung richtig zu deuten, um Objekte besser erkennen zu können. Das Phänomen der Hermann-Gitter-Täuschung sowie seiner Auslöschung löste eine intensive Diskussion über prinzipielle Mechanismen bei der Informationsverarbeitung im visuellen System aus (siehe Bach 2009, Lingelbach und Ehrenstein 2004).

Farbillusionen

In Abb. 8 ist die Frage, ob die schrägen Linien dasselbe Grün aufweisen. Diese Abb. von Kitaokas „Bambus von Sagano" zeigt eine typische Farbassimilation: Farbfelder in einem Muster gleichen sich dem Tonwert der Nachbarfarbe an.

Abb. 8 Kitaokas Bambus von Sagano. Haben die schrägen Linien dasselbe Grün? Ja, dies ist ein Beispiel einer Farbassimilation. (Abb. aus Kitaoka 2003)

Bewegungsillusionen

Beim Betrachten der Abb. 9 beginnen sich die Kreise zu drehen, wenn man den Kopf bewegt. Die Erscheinung entsteht durch Irritation der Neurone, die Bewegungsrichtung erkennen. Ein Beispiel für eine periphere Drift-Illusion ist in Abb. 10 dargestellt: Kitaokas Spinnrad-Illusion.

Abb. 9 Beim Bewegen des Kopfes beginnen sich die Kreise zu drehen. Sind es vier einzelne Kreise oder eine Spirale? (Abb. aus Menkhoff 2007)

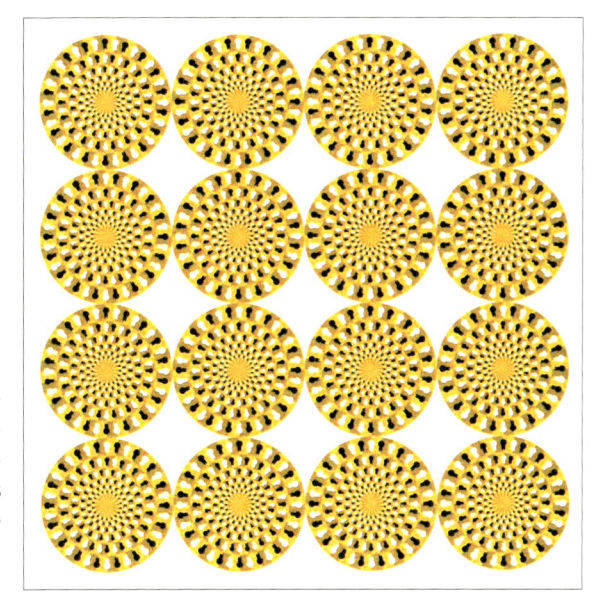

Abb. 10 Kitaokas-Spinnrad-Illusion: Beim Betrachten des Bildes tritt eine Bewegung der Räder ein. Es handelt sich dabei um eine periphere Drift-Illusion. (Abb. aus Kitaoka 2003)

Objekt-Hintergrund-Illusionen

Beim Betrachten der Abb. 11 kann man entweder eine Vase oder zwei einander zugewandte Profile sehen, je nachdem, welchen Bereich der Abbildung man als Objekt und welchen als Hintergrund betrachtet. Was passiert mit den Fischen in Abb. 12? Es kommt zu einem plötzlichen Richtungswechsel. Diese Objekt-Hintergrund-Illusionen nennt man auch Bedeutungsumschlag-Illusionen, die durch Mehrdeutigkeit entstehen.

Abb. 11 Objekt-Hintergrund-Illusion: Je nach Betrachtungsweise sieht man eine Vase oder zwei Profile.

Abb. 12 Was passiert mit den Fischen? Der plötzliche Richtungswechsel kommt durch die Mehrdeutigkeit der Objekt-Hintergrund-Information zustande. (Abb. aus Seckel 2008).

Größentäuschungen

Bei Abb. 13 ist die Frage, welche horizontale Linie länger ist. Es handelt sich hier um die berühmte Müller-Lyer-Täuschung. Verläuft der Winkel nach innen, erscheint die Strecke kürzer. In Abb. 14, der Ebbinghaus-Täuschung, wirkt der rechte innere Kreis größer, in Wirklichkeit sind jedoch beide inneren Kreise gleich groß. Diese Täuschung entsteht durch eine Fehleinschätzung der Fläche.

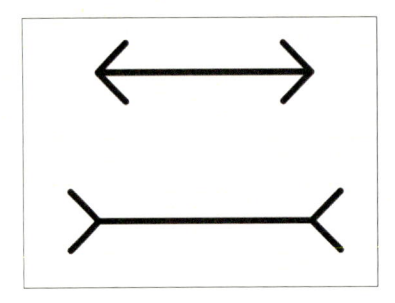

Abb. 13 Müller-Lyer-Täuschung: Welche horizontale Linie ist länger?

Abb. 14 Die Ebbinghaus-Täuschung: Welcher innere Kreis wirkt größer?

Ein weiteres Beispiel für eine Größentäuschung kommt dadurch zustande, dass entferntere Objekte als kleiner wahrgenommen werden. Aus dieser Erfahrung folgert das Gehirn, dass in Abb. 15 die hintere Figur größer ist als die vordere. In Wirklichkeit sind sie beide gleich groß.

Abb. 15 Welches Gespenst ist größer?

Abb. 16 Kontext- und Priming-Illusion (Sandro Del Prete). (Abb. aus Del Prete 2007)

Kontext und Priming-Illusionen

Was in Abb. 16 (gegenüber liegende Seite) wahrgenommen wird, beruht auf den bisherigen Erfahrungen des Betrachters. Auf diesem Bild von Sandro Del Prete (2007) nehmen Kinder primär spielende Delphine wahr. Haben Sie etwas anderes gesehen?

> **Können Sie diesen Text lesen?**
> **Diseer Txet ist lesabr, oobhwl die Busthbcaen der enlzinenen Wreoetr verehrdt snid. Wcthiig ist aillen die Tchasate, dass der etrse und der ltzete Buhscatbe am rgicethin Paltz sind. Alels adrene fuget uensr Gerhin zu sineem snneivllon Gnzean zasumemn.**

Abb. 17 Der Text ist lesbar, obwohl die einzelnen Buchstaben verdreht sind, da unser Gehirn ein sinnvolles Ganzes zusammensetzt.

Abb. 17 zeigt, wie unser Gehirn Einzelbuchstaben zu einem sinnvollen Ganzen zusammenfasst, obwohl die Wörter falsch geschrieben sind.
Der Kontext und die Vorerfahrung können die Wahrnehmung dramatisch verändern. Dieser Effekt wird auch in der Werbung eingesetzt.

Unmögliche Figuren

Abb. 18 zeigt ein Zählparadoxon der Beine des Elefanten: Es findet sich eine auffällige Diskontinuität mit den Linien rechts außen. Ein weiteres berühmtes Beispiel ist Eschers Belvedere (Abb. 19): Das obere Stockwerk steht im rechten Winkel zum unteren. Hierfür gibt es zahlreiche weitere Beispiele aus der Kunst (siehe auch Del Prete 2007).

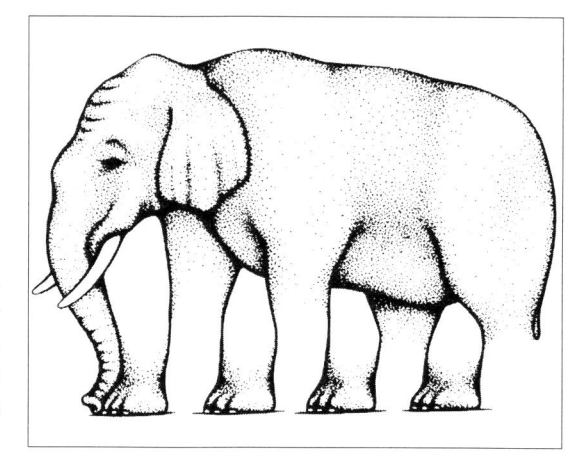

Abb. 18 Der standhafte Elefant, ein Zählparadoxon der Beine, entsteht durch eine auffällige Diskontinuität in den Linien rechts außen. (Abb. aus Seckel 2008).

Abb. 19 Eschers Belvedere, ebenfalls eine unmögliche Figur, da das obere Stockwerk im rechten Winkel zum unteren steht. (Abbildung aus Escher 1958).

Abb. 20 Kopfüber-Illusion: Beim Drehen des Bildes um 180° entsteht ein völlig anderer Gesichtsausdruck. (Abbildung aus Seckel 2008)

Kopfüber-Illusionen

Beim Drehen des Objektes auf den Kopf erscheint ein völlig anderer Gesichtsausdruck (Abb. 20).

Bildmontagen

Das Bild von Giuseppe Arcimboldo aus dem 16. Jahrhundert lässt unschwer ein Portrait erkennen und nicht nur die Einzelteile, aus denen es gemacht ist (Abb. 21). Patienten mit einer Störung der Gesichtserkennung aufgrund einer Hirnschädigung im Bereich des unteren Schläfenlappens, einer Prosopagnosie, sehen hier aber nur die Früchte und nicht das Gesicht.

Abb. 21 Bildmontage von Giuseppe Arcimboldo, 16. Jahrhundert.

Natürliche Illusionen und Pareidolien (Phantasiegebilde)

Die Mond-Illusion (Abb. 22) beruht auf dem Prinzip der Größenkonstanz: Der Vollmond erscheint direkt über dem Horizont 1½ mal größer als im Zenitpunkt. Aber der Sehwinkel ändert sich dabei kaum, d.h. die Abbildung des Mondes auf der Netzhaut ist in beiden Situationen praktisch gleich groß. Über uns, also ohne Vergleichsobjekte, vermutet unsere Wahrnehmung den Mond in so genannter „Normalentfernung" (einige Kilometer). Am Horizont befinden sich Objekte, zum Beispiel Berge. Der Mond ist dahinter, also weiter weg. Das Gehirn vermutet eine größere Entfernung. Bei gleicher Netzhautgröße erscheint er größer (Prinzip der Größenkonstanz) (Bach 2010, Kaufmann und Kaufmann 2000, Ross und Plug 2002). Vergleiche die Größentäuschung in Abb. 15: Auch dort erscheint eine gleich große Figur größer, weil sie in größerer Entfernung vermutet wird.

Ein weit bekanntes Beispiel einer natürlichen Illusion ist auch die Fata Morgana, eine Luftspiegelung, die den Eindruck einer Wasseroberfläche knapp oberhalb des Bodens entstehen lässt.

Abb. 23 zeigt das „Gesicht auf dem Mars": Durch zufällige Landschaftsmerkmale entsteht die Neigung, in solchen Mustern ein Gesicht zu sehen – ein Beispiel für eine Pareidolie. Ein anderes berühmtes Beispiel ist das Ungeheuer Loch Ness.

Unaufmerksamkeitsblindheit

Da unser Gehirn die aufgenommenen Informationen stets in sinnvolle Zusammenhänge konstruieren möchte, werden Informationen, die nicht in den erwarteten Ablauf passen oder mit der gerade anstehenden Aufgabe nichts zu tun haben, aus dem Bewusstsein heraus gefiltert. Diese selektive Wahrnehmung spielt oft auch bei Zeugenaussagen eine Rolle.

Abb. 22 Die Mond-Illusion, entsteht durch das Prinzip der Größenkonstanz (siehe Text).

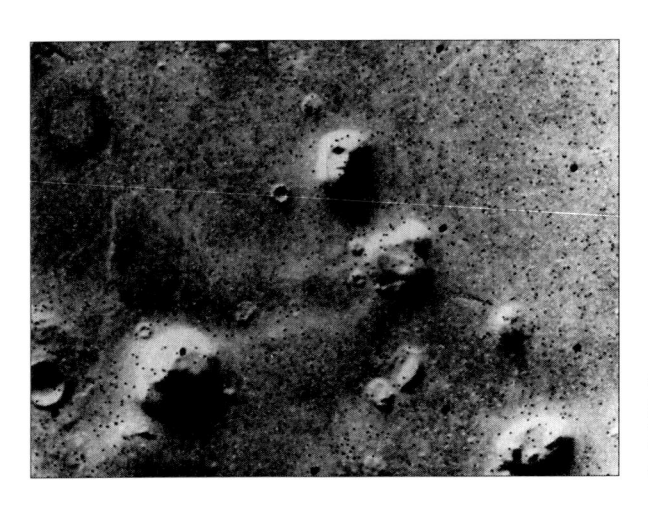

Abb. 23 Das Gesicht auf dem Mars, eine Pareidolie. Eine NASA-Aufnahme der Marsoberfläche.

Verschiedene Beispiele und Videoclips, die die Veränderungsblindheit und Unaufmerksamkeitsblindheit darstellen, findet man bei Mack und Rock (2000) sowie Simons und Chabris (1999) sowie auf verschiedenen Webseiten:
www.psych.ubc.ca/~rensink/flicker und
http://viscog.beckman.uiuc.edu/djs_lab/demos.html
– hier auch das berühmte Gorilla-Experiment bei sustained inattentional blindness – selective looking: flash video opaque gorilla from Simons and Chabris.

Zusammenfassung und Schlussfolgerung

Manche Illusionen können inzwischen aufgrund bekannter Verarbeitungsmechanismen im visuellen System erklärt werden, für andere wird noch eine bessere Kenntnis der Funktionsweise unseres Kortex benötigt. Illusionen schärfen unser Bewusstsein dafür, dass zwischen den Dingen der Welt und ihrer Repräsentation in unserem Gehirn eine Diskrepanz besteht (Fahle 2003). Wahrnehmen ist interpretieren. Unsere Wahrnehmung ist also kein Spiegelbild der Realität, sondern ein aktives, intelligentes Konstrukt, das uns die besten Chancen gibt, in einer komplizierten Welt zu überleben.

Danksagung

Herrn Prof. Michael Bach, Universitäts-Augenklinik Freiburg, danke ich für anregende Diskussionen zu diesem Thema.

Literatur

Bach, M. (2009): Die Hermann-Gitter-Täuschung: Lehrbucherklärung widerlegt. Ophthalmologe 106:913–917.
Bach, M. (2010): Wahrnehmung: Wie wir unsere innere Welt konstruieren, selbst wenn wir auf Grenzen stoßen. Freiburger Universitätsblätter 187:39–48.
Bach, M.: http://www.michaelbach.de/ot/
Baumgartner, G. (1960): Indirekte Größenbestimmung der rezeptiven Felder der Retina beim Menschen mittels der Hermannschen Gittertäuschung. Arch ges Physiol 272:21–22.
Bonnet, C. (1760): Essai analytique sur les facultés de l'âme. Philibert: Copenhagen and Geneva.
Corney, D., Lotto, R.B. (2007): What are lightness illusions and why do we see them? PLoS Comput Biol 3:1790–1800.
Del Prete, S. Hrsg. Koch, A. (2007): Meisterwerke der optischen Illusionen. Tosa / Ueberreuter, Wien.

Engel, A.K. (2003): Neuronale Grundlagen der Merkmalsintegration. In: Karnath, H.-O., Thier, P. (Hrsg): Neuropsychologie, Springer, Berlin Heidelberg New York, 37–46.

Fahle, M. (2003): Visuelle Täuschungen. In: Karnath, H.-O., Thier, P. (Hrsg): Neuropsychologie, Springer, Berlin Heidelberg New York, 47–66.

Geier, J., Séra, L., Bernáth, L. (2004): Stopping the Hermann grid illusion by simple line distortion. Perception 33:53.

Geier, J., Bernáth, L., Hudák, M. & Séra, L. (2008): Straightness as the main factor of the Hermann grid illusion. Perception 37:651–665.

Goldstein, E.B. (2008): Wahrnehmungspsycholgie – Der Grundkurs. Deutsche Ausgabe Hrsg. Irtel, H., 7. Auflage, Springer, Berlin Heidelberg.

Grüsser, O.-J., Landis, Th. (1991): Visual agnosias and other disturbances of visual perception and recognition. In: Cronley-Dillon, J. (ed.): Vision and visual dysfunction (Vol XII). London, Macmillan.

Hermann, L. (1870): Eine Erscheinung simultanen Contrastes. Pflügers Archiv für die gesamte Physiologie 3:13–15.

Kandel, E.R., Wurtz, R.H. (2000): Constructing the visual image. In: Kandel, E.R., Schwartz, J.H., Jessell, T.M. (eds): Principles of neural science, 4. ed., McGraw-Hill New York, 492–506.

Kanizsa, G. (1976): Subjective Contours. In: Scientific American 234(4):48–52.

Kaufman, L., Kaufman, J.H. (2000): Explaining the moon illusion. Proc Natl Acad Sci USA 97:500–505.

Kersten, D., Yuille, A. (2003): Bayesian models of object perception. Curr Opin Neurobiol 13:150–158.

Kitaoka, A. (2003): Phenomenal Characteristics of the peripheral drift illusion. VISION 15:261–262.

Lingelbach, B., Ehrenstein, W. (2004): Neues vom Hermann-Gitter. Dtsch Optikerzeitung 10:10–12.

Mack, A., Rock, L. (2000): Inattentional blindness: MIT Press, Cambridge.

Menkhoff, I. (2007): Die Welt der optischen Illusionen. Parragon, Bath.

Plato. The Republic, Book VII, The allegory of the cave, (427–347 v.Chr.)

Ramachandran, V.S. (1988): Perceiving shape from shading. Sci Am 259(2):76–83.

Rock, I. (1998): Wahrnehmung: Vom visuellen Reiz zum Sehen und Erkennen. Berlin, Heidelberg: Spektrum Akademischer Verlag.

Ross, H.E., Plug, C. (2002): The mystery of the moon illusion: Exploring size perception. Oxford: Oxford University Press.

Seckel, A. (2008): Optische Illusionen. Premio, Münster / Arcturus, London.

Simons, D.J., Chabris, C.F. (1999): Gorillas in our midst: Sustained inattentional blindness for dynamic events. Perception 28: 1059–1074.

Von Helmholtz, H. (1867): Handbuch der physiologischen Optik, Leopold Voss, Hamburg/Leipzig.

Weiss, Y., Simoncelli, E.P., Adelson, E.H. (2002): Motion illusions as optimal percepts. Nat Neurosci 5:598–604.

Zihl, J. (2003): Visuelle Reizerscheinungen. In: Karnath, H.-O., Thier, P. (Hrsg): Neuropsychologie, Springer, Berlin Heidelberg New York, 67–71.

Zu den Autoren

Barth, Gottfried Maria, Dr. med., M. A., Oberarzt der Abteilung Psychiatrie und Psychotherapie im Kindes- und Jugendalter. Osianderstr. 14, D-72076 Tübingen.

Clauß, Marianne, Dr. med., Dipl.-Psych., Mitarbeiterin der Abteilung Psychiatrie und Psychotherapie im Kindes- und Jugendalter, Schwerpunkt Glaubhaftigkeitsbegutachtungen. Osianderstr. 14, D-72076 Tübingen.

Denzinger, Annette, Dr., Leiterin der Tierhaltung und Tierschutzbeauftragte des Zoologischen Instituts sowie Leiterin der Projektgruppe „Raumkognition Echoortender Fledermäuse". Zoologisches Institut der Universität Tübingen. Auf der Morgenstelle 28, 72076 Tübingen.

Felder, Willi, o. Univ.-Prof., Ärztlicher Direktor des Kinder- und Jugendpsychiatrischen Dienstes des Kantons Bern und Lehrstuhl für Kinder- und Jugendpsychiatrie. Kinder- und Jugendpsychiatrische Poliklinik der Universität Bern. Effingerstr. 12, CH-3011 Bern.

Günter, Michael, Prof. Dr. med., kom. Ärztlicher Direktor der Abteilung Psychiatrie und Psychotherapie im Kindes- und Jugendalter der Universität Tübingen. Osianderstr. 14, D-72076 Tübingen.

Kießling, Florian, Dr., Research Fellow Institute of Social and Cultural Anthropology. Center for Anthropology and Mind. University of Oxford, England.

Klosinski, Gunther, Dr. med., o. Univ.-Prof. i. R., Ehemaliger Direktor der Abteilung Psychiatrie und Psychotherapie im Kindes- und Jugendalter der Universität Tübingen. Osianderstr. 14, D-72076 Tübingen.

Osswald, Hartmut, Dr. med., o. Univ.-Prof. i. R., Ehemaliger Direktor des Instituts für Pharmakologie und Toxikologie der Universität Tübingen. Wilhelmstr. 56, D-72074 Tübingen.

Perner, Josef, Dr., o. Univ.-Prof., Universität Salzburg, Fachbereich Psychologie. Heilbrunner Str. 34, A-5020 Salzburg.

Pleuger, Gunter, Dr. jur., Rektor der Universität Frankfurt/Oder (Viadrina), ehem. UNO-Botschafter der BRD. Große Scharnstr. 59, D-15230 Frankfurt/Oder.

RETZER, ARNOLD, Dr. med. Dipl.-Psych. Privatdozent, Gründer und Leiter des Systemischen Instituts Heidelberg (STH). Privatdozent für Psychotherapie an der Universität Heidelberg. Bleichstr. 15, D-69120 Heidelberg.

SCHNITZLER, HANS-ULRICH, Dr. rer. nat., o. Univ.-Prof. i. R., Senior Professor im Center for Integrative Neuroscience. Institut für Neurobiologie, Ehemaliger Lehrstuhlinhaber für Tierphysiologie. Auf der Morgenstelle 28, D-72076 Tübingen.

SCHNEIDER, NINA, Dr., Deutsches Seminar, Medienwissenschaften, Universität Tübingen. Wilhelmstr. 50, 72074 Tübingen.

STÖSSER, DIETER, Dr. med., Kinder- und Jugendpsychiatrischer Dienst, Leitender Arzt Bereich Tagesklinik/Liaison, Postfach 154, CH-8596 Münsterlingen.

STOFFELS, HANS, Prof. Dr. med., Chefarzt, Schlosspark-Klinik, Abteilung Psychiatrie. Akademisches Lehrkrankenhaus der Charité. Heubnerweg 2, D-14059 Berlin.

STREICHER, MARTIN. Vorsitzender Richter am Landgericht Tübingen. Doblerstr. 14, 72074 Tübingen.

TRAUZETTEL-KLOSINSKI, Susanne, Prof. Dr. med., Leiterin der Sehbehindertenambulanz der Universitäts-Augenklinik Tübingen. Osianderstr. 5, D-72076 Tübingen.

Gunther Klosinski (Hrsg.)

Über Gut und Böse

Wissenschaftliche Blicke
auf die gesellschaftliche Moral

2007, 172 Seiten,
€[D] 29,90/SFR 52,20
ISBN 978-3-89308-382-4

Um die gesellschaftliche Moral steht es heute nach landläufiger Meinung nicht zum Besten: allerorten wird ein Werteverfall, ein Schwund an Glaubwürdigkeit, eine weit verbreitete Bereicherungsmentalität beklagt. Die Autoren dieses Buches fragen hier nach: Hat wirklich nur das Böse Konjunktur? Und grundsätzlicher: Welche gesellschaftlichen Rahmenbedingungen beeinflussen unsere Vorstellungen von Moral? Wie entwickelt sich im Kind die Vorstellung von Gut und Böse? Bei der Beschreibung der gesellschaftlichen Verhältnisse bleiben die Autoren freilich nicht stehen – ihnen geht es zentral darum, wie pädagogische, psychiatrische, soziologische, kriminologische und theologische Konzepte von Gut und Böse zu Leitlinien und Maßstäben für unser Handeln und für unsere Erziehung in einer pluralistischen Gesellschaft werden können.

Attempto VERLAG

Narr Francke Attempto Verlag GmbH + Co. KG
Postfach 2560 · D-72015 Tübingen · Fax (07071) 9797-11
www.attempto-verlag.de · info@attempto-verlag.de

Gunther Klosinski (Hrsg.)

Großeltern heute – Hilfe oder Hemmnis

Analysen und Perspektiven für die pädagogisch-psychologische Praxis

2008, 188 Seiten,
€[D] 29,90/Sfr 49,90
ISBN 978-3-89308-404-3

Großeltern sind für die Familien in den letzten Jahren immer wichtiger geworden, was unter anderem daran liegt, dass viele Kinder heute ohne Geschwister aufwachsen und ihre Eltern zunehmend in Arbeitsverhältnissen stehen, bei den Mobilität erwartet wird. Im Guten wie im Schlechten sind Großeltern eine Brücke zur familiären Herkunft, ebenso wie zur Geschichte und zur kulturellen Tradition, in der Kinder und Enkel stehen. Namhafte Experten beleuchten in diesem Band Rolle und Bedeutung der Großeltern für die heutigen Familien. Ihre Erkenntnisse sind ein Gewinn für die pädagogisch-psychologische Arbeit mit Kindern.

Mit Beiträgen von:
Bernhard Greiner · Michael Günter · Michael Karle · Gunther Klosinski · Karl-Josef Kuschel · Reinhart Lempp · Kurt Lüscher · Rolf Oerter · Ingrid Riedel · Wilhelm Rotthaus · Friedrich Schweitzer · Leonie Speidel · Ingrid Stohrer · Hans Thiersch

Narr Francke Attempto Verlag GmbH + Co. KG
Postfach 25 60 · D-72015 Tübingen · Fax (0 7071) 97 97-11
Internet: www.attempto-verlag.de · E-Mail: info@attempto-verlag.de